AF247395

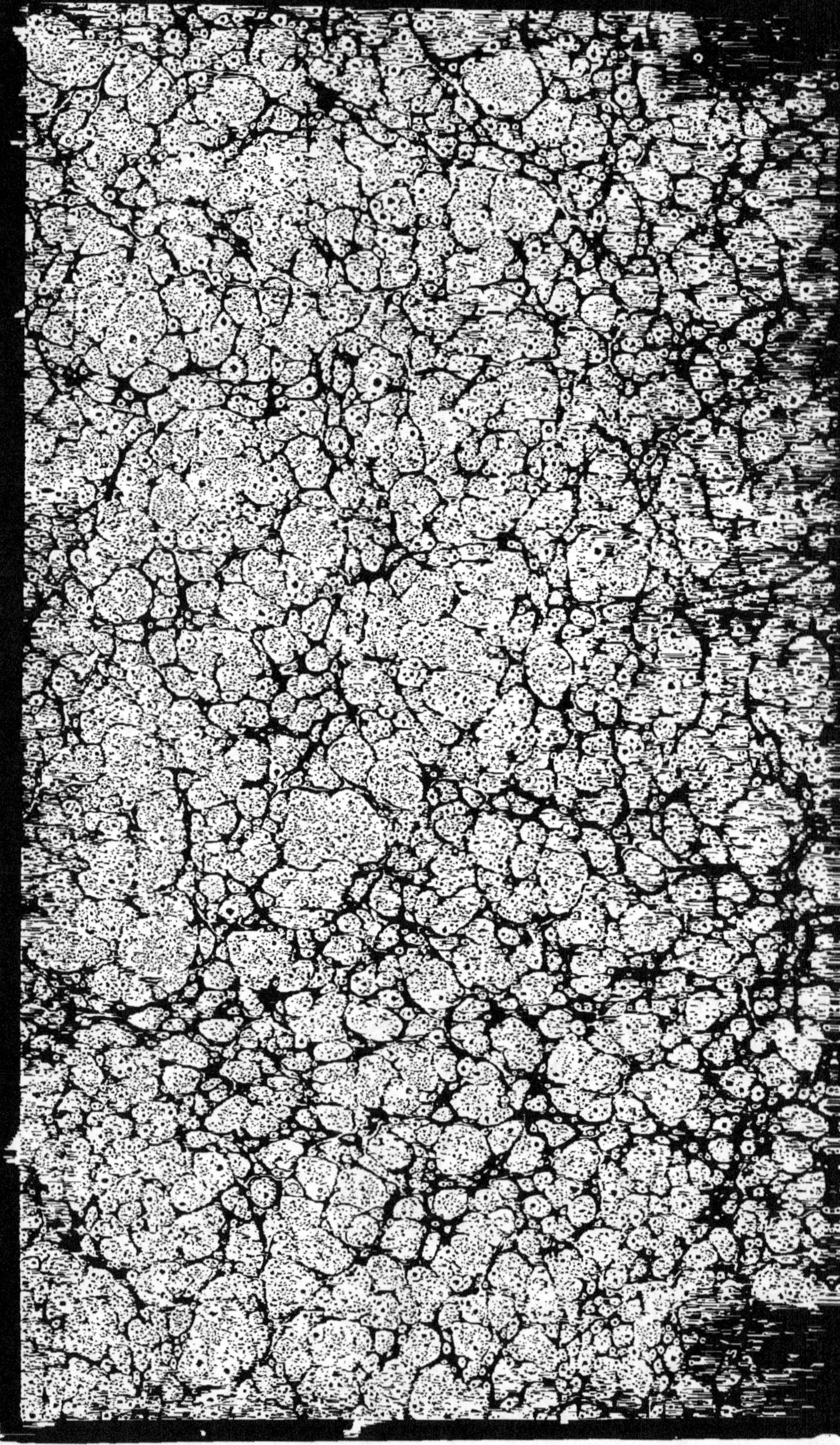

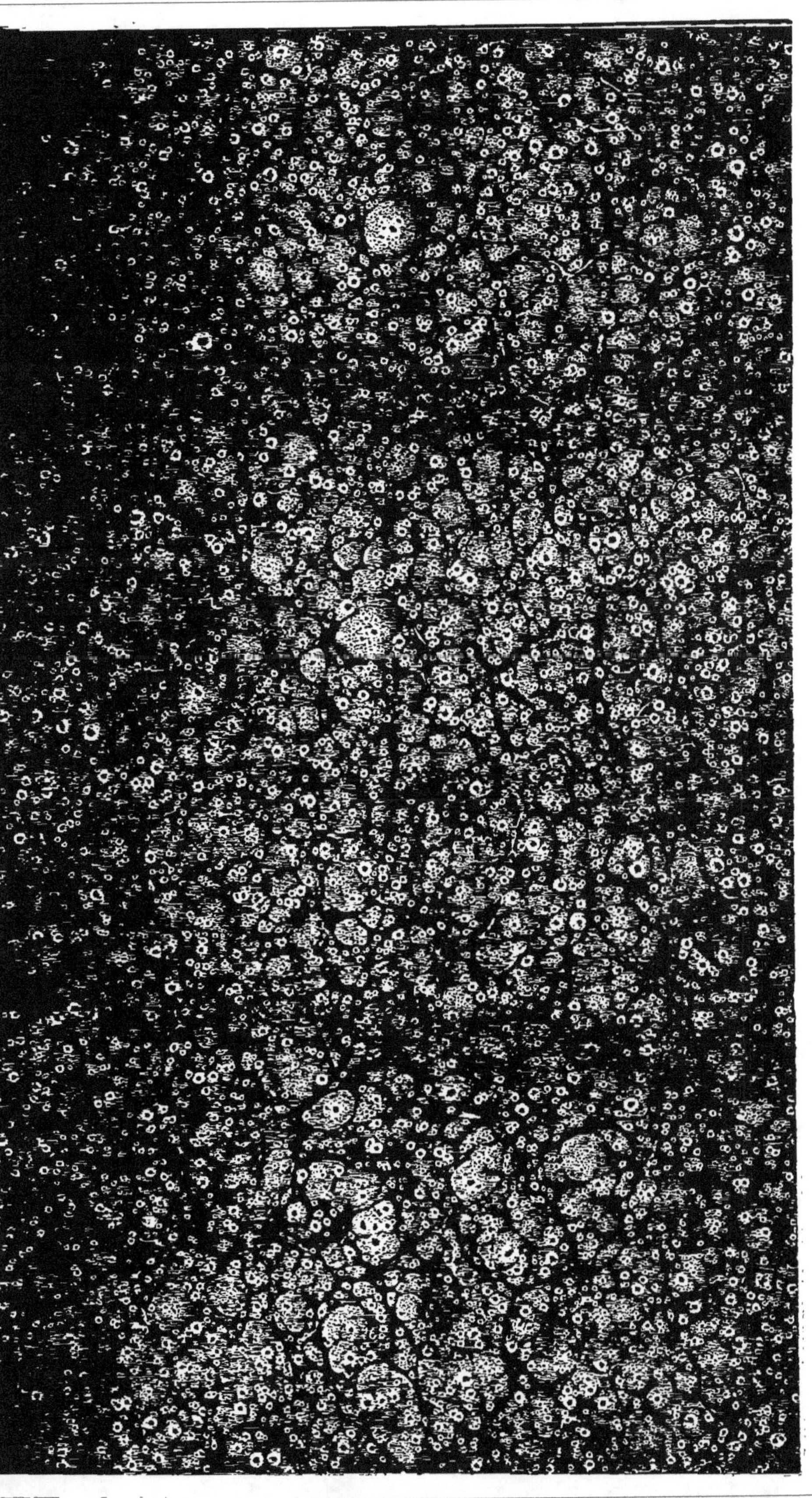

X

c)

20702

MÉTHODE

DE COMPOSITION

ET DE STYLE.

Paris. — Typographie Panckoucke, rue des Poitevins, 8 et 14.

MÉTHODE
DE COMPOSITION
ET DE STYLE

SUIVIE D'UN CHOIX DE MODÈLES EN PROSE ET EN VERS

A L'USAGE

DES CLASSES DE RHÉTORIQUE SUPPLÉMENTAIRE DANS LES LYCÉES
DES ÉCOLES NORMALES PRIMAIRES
DES ÉCOLES PRIMAIRES SUPÉRIEURES, DES CLASSES PRÉPARATOIRES
AUX PROFESSIONS COMMERCIALES ET INDUSTRIELLES
ET DES INSTITUTIONS DE JEUNES PERSONNES

PAR TH.-H. BARRAU

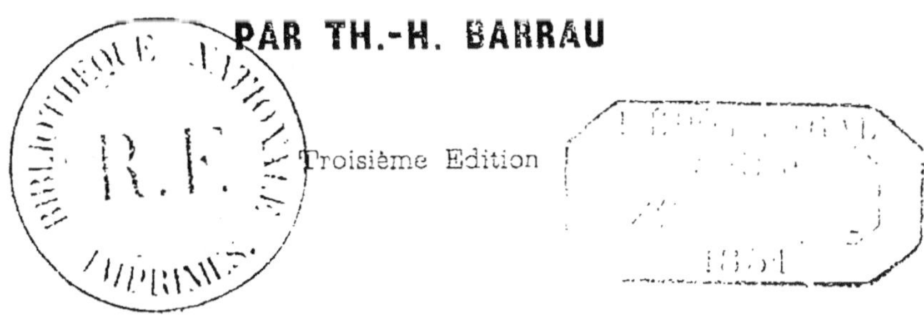

Troisième Edition

PARIS

LIBRAIRIE DE L. HACHETTE ET Cie

RUE PIERRE-SARRAZIN, N° 14

(Quartier de l'École de médecine)

1851

AVERTISSEMENT.

Cette nouvelle méthode de composition et de style, dont deux éditions se sont rapidement écoulées, est destinée spécialement aux jeunes gens qui ne se sont point préparés à l'étude de la littérature par celle des langues anciennes; nous avons écarté avec soin tout souvenir des écrivains de la Grèce et de Rome, aussi bien que toute allusion qui serait difficile à comprendre; nous supposons que nos lecteurs ne connaissent de l'antiquité profane que les généralités de son histoire, auxquelles il n'est permis à personne de rester tout à fait étranger.

En simplifiant ainsi l'étude de la composition littéraire, nous avons cherché avant tout à être clair et intelligible; nous ne le serons cependant que pour l'élève qui se livrera à ce travail avec une attention et une application soutenues. En mettant cette belle étude à la portée de tous, nous avons voulu la populariser, et non l'amoindrir; notre intention n'a pas été de l'abaisser au niveau des intelligences vulgaires, mais de les ennoblir et les élever jusqu'à elle.

Voici le plan que nous avons cru devoir suivre.

La science de la pensée, qu'on appelle ordinairement *logique*, et la science de la parole, à laquelle on donne le nom trop souvent profané de *rhétorique*, ne peuvent, selon nous, être séparées, et ne forment, à vrai dire, qu'une seule et même science. Nous les avons donc toujours fait marcher de front. En cela nous nous écartons de la marche généralement suivie.

Nous nous en écartons encore davantage dans la disposition des matières de notre enseignement.

Voici en effet comment nous procédons :

Nous étudions d'abord la composition littéraire dans son élément le plus simple, l'*idée*, de laquelle nous ne séparons pas le *jugement*.

Après avoir considéré les idées et les jugements en eux-mêmes, nous nous occupons des *mots* qui servent à les exprimer, et nous approfondissons l'étude de la *diction*, que nous nous gardons bien de confondre avec le style.

Quand notre élève sait classer ses idées et les exprimer, former des jugements et les exposer, nous abordons avec lui une étude plus difficile, celle du *raisonnement*, à l'aide duquel il pourra constater la valeur des jugements et en former de nouveaux, résoudre les questions d'un ordre quelconque, démontrer les propositions ou les réfuter.

Maintenant notre élève sait *penser*, il faut lui apprendre à *écrire*, ou, en d'autres termes, l'initier aux secrets du *style*, qui vivifie les pensées, c'est-à-dire qui les échauffe par le sentiment, qui les colore par les images, qui les enrichit par les développements.

Dans le cinquième chapitre, l'élève, suffisamment instruit de tous les détails de la composition littéraire, s'élève à la connaissance de cette même composition considérée dans son ensemble et dans les lois générales qui la dominent.

Tels sont les objets que nous traitons successivement dans nos cinq premiers chapitres, et qui embrassent les règles de la composition littéraire en général.

Le sixième et le septième chapitre donnent les règles spéciales de chacun des genres de composition dans lesquels les jeunes gens doivent indispensablement s'exercer, à savoir, la *narration*, la *description*, le *dialogue*, les *lettres*, et enfin celui qui réunit et résume tous les autres, et qu'on peut considérer comme la plus belle œuvre de l'esprit humain, le *discours*.

Tel est le plan que nous avons cru devoir suivre. On voit que nous allons toujours de ce qui est plus facile à ce qui l'est moins, et de ce qui est moins complexe à ce qui l'est davantage.

Les auteurs qui ont traité avant nous le même sujet ont suivi un ordre inverse. Nous croyons que leur marche est parfaitement convenable pour un traité *ex professo*, mais que la nôtre est plus avantageuse dans un livre élémentaire destiné aux commençants. L'exposition scientifique et la démonstration didactique ne peuvent pas procéder de même : l'une finit souvent par où l'autre commence.

Dans un appendice que nous avons fait aussi court que possible, nous donnons en trois chapitres quelques notions indispensables sur la versification française, sur l'art de lire à haute voix, et sur les divers genres de littérature en vers et en prose.

Ces dix chapitres forment la première partie de la méthode ou, pour mieux dire, la méthode tout entière.

La seconde partie contient, outre quelques explications et additions relatives aux règles, un choix de morceaux tirés des meilleurs écrivains, morceaux annotés et disposés de manière à servir d'éclaircissements et d'exemples aux préceptes exposés dans la première partie.

Les élèves devront apprendre ces morceaux par cœur : ainsi, tout en ornant leur mémoire, ils se familiariseront avec la manière de penser et d'écrire des meilleurs auteurs. Cette étude pratique, éclairée par l'étude théorique des préceptes, formera en eux à la fois le goût, le raisonnement et le style.

MÉTHODE

DE COMPOSITION

ET DE STYLE.

PREMIÈRE PARTIE.
PRÉCEPTES.

CHAPITRE PREMIER.
DE L'IDÉE ET DU JUGEMENT.

§ I. DE L'IDÉE.

DE L'IDÉE ET DU JUGEMENT EN GÉNÉRAL. — DES MOTS CONSIDÉRÉS COMME SIGNES DES IDÉES. — DE LA NÉCESSITÉ DE DÉFINIR ET DE DISTINGUER. — DES IDÉES ABSTRAITES ET DES IDÉES GÉNÉRALES. — DE LA LIAISON DES IDÉES. — DES IDÉES ACCESSOIRES; DE L'EUPHÉMISME.

De l'idée et du jugement en général.

Quand nous pensons à une chose quelconque[1], on dit que nous avons l'*idée*[2] de cette chose, que nous la *percevons*.

---

1. Soit que cette chose existe substantiellement, *l'or, l'argent, la terre;* soit qu'elle existe comme manière d'être, *réial, rondeur;* soit qu'elle n'ait qu'une existence fictive, *l'hippogriffe, l'escarboucle,* et quelque complexe que soit la chose à laquelle nous pensons.

2. Le mot *idée*, dans tout ce chapitre, est pris dans le sens indiqué par cette définition.

Dans la suite de cet ouvrage, comme dans l'usage ordinaire, on étend la signification de ce mot *idée* aux pensées, aux jugements, aux réflexions, etc.

Les idées s'expriment par des mots.

Quand notre attention se fixe sur deux idées, et qu'examinant le rapport de l'une avec l'autre, nous décidons qu'elles se conviennent ou qu'elles ne se conviennent pas, cette opération de notre esprit s'appelle *juger*; notre jugement[1] est *affirmatif* dans le premier cas, *négatif* dans le second. Le jugement exprimé par des mots s'appelle ordinairement *proposition*.

Dieu, justice, matériel, courageux, Français, inhumain, voilà des idées.

« Dieu est juste, — les Français sont courageux, — Dieu n'est point matériel, — les Français ne sont pas inhumains; » voilà des jugements résultant de ce que mon esprit reconnaît dans les deux premiers exemples la convenance des idées qu'il compare, et dans les deux derniers leur disconvenance.

L'*idée*, comme on le voit par ces exemples, peut se définir : La notion qu'a notre esprit d'une chose quelconque.

Les idées, en se combinant, forment des notions plus ou moins complexes, qu'on peut appeler *idées complexes*.

Ainsi dans ce jugement : « La bonté magnanime de Henri IV mérite[2] l'admiration de tous les siècles, » les deux idées comparées sont *bonté magnanime de Henri IV, méritant l'admiration de tous les siècles*, toutes deux complexes.

Des mots considérés comme signes des idées.

Les *mots* sont les signes de nos idées; non-seulement

1. Nous n'emploierons le mot *jugement*, pris en ce sens, que dans ce chapitre; ailleurs, au lieu de *jugement*, nous dirons, comme dans l'usage ordinaire : *pensées, faits, idées*, etc.

2. *Mérite*, c'est-à-dire *est méritant* l'admiration de tous les siècles. Nous supposons qu'aucun de nos lecteurs n'est étranger à l'analyse logique.

ils nous servent à les communiquer à nos semblables, mais encore ils nous sont indispensables pour retenir et même pour concevoir toute autre chose que des idées tout à fait simples.

La raison nous enseigne à observer certaines règles, relativement à l'emploi des mots.

Il faut : 1° *Attacher aux mots une idée claire, nette et distincte;* faute d'observer cette règle, on s'égare. Par exemple, les jeunes élèves quelquefois se trouvent embarrassés en étudiant les éléments de la géométrie, parce que, lorsqu'on leur parle des *angles,* ils n'en ont pas une idéé nette, et se figurent qu'il s'agit des côtés, et non du simple écartement que ces côtés laissent entre eux.

2°. *Attacher aux mots l'idée que les lois générales de la langue et les usages particuliers de chaque science y attachent.* Beaucoup de gens ne peuvent comprendre que l'air est *pesant.* Pourquoi? parce qu'ils comprennent *pesant* comme synonyme de *lourd.* La *pesanteur,* en physique, est la tendance qu'ont tous les corps à se diriger vers le centre de la terre.

3°. *Reconnaître et distinguer les variations que le sens d'un mot peut subir, et les diverses idées qu'il a pu signifier selon les temps et selon les personnes qui s'en servent.* Boileau a dit :

On peut être à la fois et pompeux et *plaisant.*

Plaisant, qui aujourd'hui signifie seulement *amusant, comique,* signifiait aussi *agréable* dans le siècle de Louis XIV. Entendu d'une autre manière, le vers de Boileau serait contraire à la raison.

4°. *Distinguer les diverses acceptions analogues du*

même mot. Car un même mot peut avoir plusieurs si-gnifications, qu'il est très-aisé de confondre.

Prenons pour exemple le mot *réflexion,* appliqué non à la lumière, mais à l'esprit. Nous reconnaîtrons qu'il a trois significations analogues, mais distinctes ; il signifie en effet :

D'abord, une faculté de l'esprit : « La *réflexion* est fondée sur l'attention. »

En second lieu, l'usage et l'exercice de cette faculté : « Mon premier mouvement m'aurait entraîné trop loin ; la *réflexion* m'a retenu. »

En troisième lieu, le résultat, le produit de cette faculté : « Votre *réflexion* me paraît juste. »

5°. *Enfin, ne pas prendre les mots pour des choses.* On tomberait dans cette faute si, par exemple, en en-tendant parler du *hasard* et de la *fatalité,* on se figurait qu'il existe réellement un être ou une force désignée par ces noms ; ou si l'on croyait que le soleil tourne autour de la terre, parce que nous avons conservé l'ha-bitude de dire : *le soleil se couche, le soleil se lève ;* ou si l'on s'imaginait qu'en France, au XVIIe siècle, ré-gnait le polythéisme, parce qu'en vers et souvent même en prose, on parlait des *dieux,* et qu'on faisait conti-nuellement des invocations et des allusions aux fausses divinités du paganisme.

De la nécessité de définir et de distinguer.

Pour attacher aux mots dont on se sert une idée claire et distincte, il est souvent indispensable de les définir.

Définir un mot, c'est expliquer le sens qu'on y attache.

« *L'arithmétique* est la science des nombres, l'art de

calculer. — La *justice* est cette vertu qui fait que l'on rend à chacun ce qui lui appartient, que l'on respecte les droits d'autrui. »

Il y a des mots qu'il est inutile et qu'il serait même impossible de définir, parce qu'ils sont, pour nous, plus clairs que toute définition qu'on chercherait à en donner. Tels sont les mots : *étendue, égalité, durée, pensée, mouvement.*

Dans beaucoup de cas, il est très-important de bien définir : car trop souvent les hommes ne sont en désaccord que parce qu'ils n'ont pas défini les mots dont ils se servent, ou parce qu'ils les ont mal définis. L'erreur alors n'est guère que dans les expressions. Ce que j'affirme de l'objet, je l'affirme de l'idée que j'y attache ; ce que vous niez de ce même objet, vous le niez de l'idée que vous y appliquez. Nous ne sommes donc opposés de sentiment qu'en apparence, puisque nous parlons de deux choses différentes sous un même nom. Quand vous lirez clairement dans mon idée, quand je lirai clairement dans la vôtre, vous affirmerez ce que j'affirme, je nierai ce que vous niez ; et cette conciliation des idées ne s'opère qu'au moyen des *définitions.*

Ainsi l'on a pu discuter, dans les premiers temps de l'Église, sur le culte rendu aux saints. « Ce culte leur est dû, disaient les uns ; — notre culte n'est dû qu'à Dieu, » disaient les autres. On s'est entendu en *définissant* le sens du mot *culte,* et tout le monde s'est trouvé d'accord. Qu'est-ce que le *culte ?* C'est l'honneur qu'on rend à Dieu par des actes de religion. Puis donc que c'est à Dieu que s'adressent les témoignages de vénération donnés à ses élus, ce culte est légitime.

On voit, par cet exemple, qu'en définissant il faut souvent distinguer.

Distinguer, c'est marquer les divers sens dans lesquels une expression ou une proposition peut être entendue. Ainsi, on me dit : « La lecture forme l'esprit et le cœur. » Je *distingue*, et je réponds : « Entendons-nous : oui, je suis d'accord avec vous, si vous parlez de la lecture des bons livres ; non, je ne puis vous approuver, si vous parlez de la lecture des romans et des livres frivoles. »

Des idées abstraites et des idées générales [1].

Il y a des idées *abstraites*.

Abstraire, c'est séparer par la pensée ce qui ne saurait être séparé dans la réalité.

Ainsi, les qualités d'un objet, sa couleur, sa forme, son mouvement, ne peuvent en réalité être séparées de cet objet ; cependant mon esprit les en sépare et les considère isolément ; les idées qu'il s'en forme se nomment des *idées abstraites*.

Par exemple, il n'y a point de longueur sans largeur, de surface sans épaisseur : rien de plus ordinaire, cependant, non-seulement dans les sciences, mais dans l'usage de la vie, que de considérer en elles-mêmes, et indépendamment de ce qui est nécessaire à leur existence, les lignes et les superficies.

C'est dans ce sens qu'on appelle *abstraits* les nombres qui ne sont pas concrets : car il n'existe dans la nature que des assemblages concrets d'unités ; les idées de nombres *non concrets* sont donc des idées *abstraites*.

Lorsque, par abstraction, nous considérons dans plusieurs choses ce qu'elles ont de commun, nous formons dans notre esprit une *idée générale*.

[1]. Les commençants peuvent passer cet article : ils y reviendront après avoir bien appris et bien compris les trois premiers chapitres.

L'idée de *blancheur* désigne une qualité commune au lait, à l'albâtre, à la neige. L'idée de *couleur* est encore plus générale : elle s'applique au blanc, au rouge, au vert, etc.

L'idée d'*homme* désigne tous les êtres en qui se trouve ce caractère commun d'une âme raisonnable unie à un corps organisé.

Les idées générales se forment, comme on voit, par abstraction.

Par exemple, j'ai tracé sur mon cahier trois lignes d'inégale longueur, formant trois angles. Je considère ce que j'ai tracé, et je dis : « Ce triangle est *scalène*. » Voilà une idée qu'on peut appeler une idée individuelle, ne désignant qu'un objet. Je fais abstraction[1] de ce qui constitue l'individualité de mon triangle[2]; j'ai alors l'idée générale de *triangle scalène*[3]. Si je fais abstraction de l'inégalité des côtés, j'ai une idée plus générale, celle de *triangle*, qui comprend les triangles équilatéraux et isocèles, aussi bien que les scalènes.

Je vais plus loin : je fais abstraction du nombre des côtés; j'ai une idée plus générale, celle de *polygone*, qui, outre les triangles, comprend les pentagones, les quadrilatères, etc.

Je vais plus loin encore; je fais abstraction de la qualité qu'ont les lignes d'être droites; j'ai alors l'idée encore plus générale de *figure géométrique*, qui, outre les polygones, comprend les cercles, les ovales, etc.

Ainsi, si en considérant la figure que j'ai tracée sur le cahier, je dis : « Voilà mon triangle scalène; » j'ex-

---

1. *Je fais abstraction d'une chose si*gnifie *je ne pense pas à cette chose, je suppose quelle n'existe pas.*

2. Par exemple, de la longueur qu'a réellement chaque côté ; je cesse de considérer que le premier a, je suppose, 2 millimètres ; le second, 3 millimètres : le troisième, 4 millimètres.

3. *Générale*, parce qu'elle convient à tous les triangles scalènes, quelle que soit la dimension des côtés et des angles, et non au seul triangle scalène que j'ai tracé

prime une idée individuelle; et j'exprime une idée générale, si je dis : « Voilà un triangle scalène; » et de
plus en plus générale si je dis : « Voilà un triangle,
voilà un polygone; voilà une figure de géométrie. »

Plus j'abstrais, plus l'idée se généralise.

Ainsi se forment les espèces, les genres, les classes,
qui comprennent un plus ou moins grand nombre d'individus sous une même dénomination, exprimant ce
que ces individus ont de commun.

La *classe* contient plusieurs *genres*; le *genre* contient
plusieurs *espèces*; l'*espèce* se subdivise quelquefois en
variétés, et embrasse plusieurs *individus*.

De la liaison des idées.

On dit que des idées sont *liées*, lorsque l'une, en se
présentant à notre esprit, en réveille une autre qui
souvent, à son tour, en rappelle une troisième, et
ainsi de suite. Ainsi la vue d'une bague ou d'un livre
réveille en nous le souvenir de l'ami qui nous l'a donné;
ainsi, quand nous voyons la couronne de feuillage sus-
pendue aux murs de notre demeure, ou quand nous
y pensons, cette idée réveille celle du prix que nous
avons obtenu; l'idée du prix, à son tour, rappelle les
idées du collége, de nos maîtres, de nos camarades,
idées qui peuvent aussi en réveiller d'autres.

Un jeune homme d'Otahiti, qu'un capitaine français
avait amené en France, fut conduit au Jardin des
plantes, à Paris. Il considérait tout d'un œil assez indifférent, lorsqu'il aperçut un bananier, arbre de son
pays. Aussitôt, il s'élança vers cet arbre, le serrant
avec force, pleurant, sanglotant, et répétant sans cesse
ce mot : « Otahiti! » Pourquoi ces transports si vifs?
C'est que la vue du bananier avait réveillé en lui l'idée

de la terre natale, de ses parents, de ses amis, de tout ce qui lui était cher.

Telle est la puissance de la liaison des idées ; elle a surtout pour cause l'attention que nous leur avons donnée, lorsqu'elles se sont présentées ensemble à notre esprit, ou que l'une a été immédiatement suivie de l'autre.

On peut rapporter à la liaison des idées ce que nous allons dire des *idées accessoires.*

Des idées accessoires.

Outre l'idée principale dont un mot est le signe et qu'il réveille directement, ce même mot peut réveiller indirectement d'autres idées, qu'on appelle *idées accessoires.* Ces idées accessoires viennent de l'usage, des circonstances, des préjugés, quelquefois de l'étymologie même du mot, souvent du son de voix, de l'expression de la physionomie, du geste de la personne qui l'emploie.

Ainsi, « vous en avez menti, » et « vous ne parlez pas sérieusement, » voilà deux expressions dont la signification est la même ; elles veulent dire toutes deux : *Vous pensez autre chose que ce que vous dites.* Mais à la première sont liées, par l'usage, les idées de mépris et d'insulte ; à la seconde celles d'égards et de ménagements pour la personne à qui l'on parle. La première est outrageante ; la seconde est polie.

On voit par là pourquoi il y a des mots contraires à la décence, et d'autres qui ne le sont pas quoique signifiant les mêmes choses.

On voit aussi par là qu'on peut dire les vérités les plus sévères, sans blesser ceux à qui on les adresse, si l'on sait joindre à l'expression de ces vérités des idées accessoires qui soient agréables et bienveillantes.

Ainsi l'on offensera quelqu'un si on lui dit : « Votre conduite a été imprudente et téméraire. » On lui dira la même chose sans le blesser en s'exprimant ainsi : « Je vois avec douleur que, dans cette circonstance, vous avez oublié votre prudence ordinaire. »

Il arrive bien souvent qu'on déguise ainsi des idées odieuses, désagréables ou tristes, sous des noms qui en expriment en apparence de moins pénibles. C'est ainsi qu'on dit : « Il n'est plus, » ou bien, « Nous l'avons perdu » pour « Il est mort. »

Cette manière de parler s'appelle *euphémisme*.

Les tournures négatives servent merveilleusement à l'euphémisme. Il y a plus de politesse à dire : « Il ne jouit pas de toute sa raison, « que, « Il est fou ; » et, « Il n'a guère d'esprit, » que, « Il est bête. »

------

§ II. DES JUGEMENTS ET DES MOTIFS DE JUGEMENT.

DE LA PROPOSITION. — DE L'OPPOSITION DES JUGEMENTS. — DES MOTIFS DE JUGEMENT.

De la proposition.

La *proposition* est en réalité la même chose que le jugement ; c'est, comme nous l'avons déjà dit, le *jugement exprimé par des mots ;* ou, si l'on veut, c'est l'*expression du jugement.*

De même que dans tout jugement il y a trois choses, à savoir les deux idées que l'on compare, et l'affirmation ou la négation de la convenance de l'une avec l'autre, il y a dans toute proposition trois choses, à savoir, deux *termes*, ou mots dont chacun indique une des idées comparées, et le mot qui affirme la convenance de deux idées, ou qui, affecté d'un signe négatif, affirme leur disconvenance. Le terme dont on affirme que l'autre lui convient ou ne lui convient pas, s'appelle *sujet*; le terme que l'on affirme ou nie de l'autre, s'appelle *attribut*; le mot qui indique l'affirmation s'appelle *verbe*.

« Dieu est éternel. — L'homme n'est pas éternel. » *Dieu, homme,* sujets; *éternel,* attribut; *est,* verbe.

Nous ne parlerons pas davantage de la proposition. Les règles relatives à la proposition, ainsi qu'à l'art de l'analyser, appartiennent plutôt à la grammaire qu'à la logique, et se trouvent dans tous les livres élémentaires.

De l'opposition des jugements.

On dit que deux jugements sont *opposés,* ou que deux propositions sont *opposées,* lorsque l'une nie ce que l'autre affirme.

Il y a deux sortes de propositions opposées, les contradictoires et les contraires.

Deux propositions sont *contradictoires*, lorsque l'une dit exactement ce qu'il faut pour détruire l'autre, rien de moins, rien de plus : « Gerson *est l'auteur* du livre de l'*Imitation*[1]; Gerson *n'est pas l'auteur* du livre de l'*Imitation. — Tous les Allemands sont* musiciens ; Les Allemands *ne sont pas tous* musiciens. — *Tous les jeunes gens sont* extravagants ; *Il y a des jeunes gens* sensés. »

Deux propositions sont *contraires*, lorsque l'une des deux dit plus qu'il ne faut pour détruire l'autre[2] :

---

1. *De l'Imitation de Jésus-Christ.*
2. On voit par là pourquoi, quand quelqu'un, par exemple, est tombé, et qu'on lui demande s'il s'est fait du mal, il ne doit pas répondre *au contraire :* car *au contraire,* dans ce cas, signifie : non-seulement je ne me suis pas fait de mal, mais encore *je me suis fait du bien....* Souffrez-vous ? — *Non* signifie *je ne souffre pas; au contraire* signifie *j'éprouve un sentiment de plaisir et de bien-être.*

« Tous les jeunes gens sont extravagants ; Tous les jeunes gens sont sensés, ou Aucun jeune homme n'est extravagant. — Gerson est l'auteur du livre de l'*Imitation* ; A'Kempis est l'auteur du livre de l'*Imitation*. — Les tragédies de La Harpe [1] sont excellentes ; Les tragédies de La Harpe sont détestables. »

Il est évident que deux propositions, ou contraires, ou contradictoires, ne sauraient être vraies en même temps ; mais les contraires peuvent être toutes deux fausses, et il se pourrait qu'entre elles deux se trouvât la proposition vraie ; c'est ce qu'on voit dans le dernier exemple, les tragédies de La Harpe ne sont ni détestables ni excellentes ; elles sont médiocres.

Il n'en est pas de même des propositions contradictoires ; elles ne peuvent être toutes deux fausses ; et de ce que l'une est fausse, il suit nécessairement que l'autre est vraie : car elles se réduisent à cette formule : La chose est, ou n'est pas ; point de milieu. S'il est faux de dire qu'elle est, il est vrai de dire qu'elle n'est pas ; s'il est faux de dire qu'elle n'est pas, il est juste et nécessaire de dire qu'elle est [2]. « Il pleut ou il ne pleut pas ; or, il ne pleut pas : donc il est faux de dire qu'il pleut. »

Des motifs de jugement.

Des motifs en général.

Le *motif* d'un jugement est la cause qui nous détermine à le porter.

Tout jugement a nécessairement un motif : car un homme ne se décide jamais à affirmer ou à nier quelque chose sans savoir pourquoi il affirme ou il nie.

---

1. Auteur d'un bon cours de littérature.
2. On verra, à l'article du raisonnement, comment, sur cette propriété des propositions contradictoires, sont fondés deux très-beaux raisonnements, le *dilemme* et le *syllogisme disjonctif*.

Les *motifs généraux* de nos jugements peuvent se réduire à cinq : l'évidence, la conscience, le témoignage des sens, le témoignage des hommes, auxquels on peut ajouter la mémoire [1].

De l'évidence.

L'*évidence* est une perception claire et distincte du rapport qui existe entre les choses ; c'est comme une vive lumière qui éclaire l'esprit et qui ne laisse aucun nuage sur la vérité du jugement.

Il y a deux sortes d'évidence : l'*évidence des axiomes* [2] et l'*évidence de démonstration*.

Les *axiomes* sont des propositions évidentes par elles-mêmes, et qu'on ne peut pas démontrer, parce qu'elles sont plus claires que toute démonstration possible. Il serait aussi inutile de chercher des preuves pour être convaincu de la vérité d'un axiome, que d'allumer une lanterne pour voir le soleil. « Le tout est plus grand que sa partie. — Deux quantités, dont chacune est égale à une troisième, sont égales entre elles. » Voilà des axiomes mathématiques. « Dieu est infiniment bon. — Nous devons de la reconnaissance à ceux qui nous ont fait du bien. » Voilà des axiomes de la raison.

L'*évidence de démonstration* est celle d'une proposition qui, n'étant pas évidente par elle-même, le devient parce qu'on reconnaît [3] qu'elle est la conséquence nécessaire d'une autre proposition dont l'évidence ne saurait être contestée. « Les trois angles d'un triangle sont égaux à deux angles droits. — L'âme humaine est immatérielle. »

---

1. On pourrait y joindre *l'analogie ;* mais juger par analogie, c'est en réalité raisonner par induction. Voir le chap. III.

2. Ou *évidence immédiate.*

3. A l'aide du raisonnement. Voir le chap. III.

De la conscience.

Le *sentiment intime* ou la *conscience* [1] est la perception que nous avons de ce qui se passe en nous-mêmes ; c'est la connaissance des opérations de notre âme, de sa volonté, des diverses manières dont elle est affectée, soit par elle-même, soit relativement au corps qu'elle anime. Notre âme éprouve-t-elle du chagrin, de la joie, des désirs, des craintes, une jouissance ou une douleur, même corporelle, nous nous en apercevons aussitôt, c'est ce qu'on appelle la *conscience,* le *sentiment intime.*

La conscience ne saurait nous tromper : il est impossible que nous sentions en nous ce qui ne serait pas en nous.

Du témoignage des sens.

Nos *sens* sont les organes à l'aide desquels notre âme communique avec le monde physique et matériel.

Il y en a cinq : la vue, l'ouïe, le tact, l'odorat, le goût, les deux premiers ont une grande importance, enrichissent l'esprit d'une foule d'idées, et servent de base à une infinité de jugements.

Nos sens ne peuvent nous tromper, quant à la sensation même ; nous éprouvons toujours, en effet, la sensation que nous croyons éprouver ; mais il est des cas où nous pouvons nous abuser sur la nature même de la chose qui a occasionné la sensation. Ainsi un bâton plongé dans l'eau nous paraît recourbé, et il est droit ; une tour, vue de loin, nous semble ronde, et elle est

1. Il est utile de rappeler ici qu'en morale et dans le langage ordinaire, *conscience* signifie cette *lumière intérieure, ce sentiment intérieur* par lequel l'homme se rend témoignage à lui-même du bien et du mal qu'il fait, et trouve dans ce témoignage une récompense ou un châtiment.

carrée ; j'entends un bruit que je crois être celui du tonnerre, c'est une voiture qui passe.

Ce n'est donc pas toujours un motif suffisant de juger que de pouvoir dire : J'ai vu, j'ai entendu ; il faut se bien assurer qu'on a vu ou entendu la chose telle qu'elle est, et qu'on ne s'est point fait illusion.

Du témoignage des hommes.

L'homme ne peut tout savoir par lui-même. Pour une infinité de choses, il faut qu'il s'en rapporte au *témoignage*[1] *de ses semblables.*

Le témoignage humain, exprimé soit par la parole, soit par des écrits, soit par des monuments, est le fondement de la société humaine, puisque sans lui il n'y a ni sciences, ni arts, ni propriété, ni administration, ni moyen de connaître les lois et de rendre la justice ; il n'y a même pas de religion, puisque les vérités saintes que le ciel a révélées à la terre nous sont transmises par l'enseignement et par la tradition, c'est-à-dire par le témoignage des hommes.

Ce témoignage, considéré dans l'influence qu'il a sur nos jugements, s'appelle aussi *autorité.*

Notre adhésion au témoignage des hommes ne doit pas être aveugle. Pour y ajouter foi, nous voulons en général qu'il y ait plus d'un témoin ; que le témoin comprenne bien ce qu'il veut dire et l'énonce avec clarté ; qu'il n'ait ni pu ni voulu se tromper, et qu'il n'ait pas eu d'intérêt à nous tromper ; que le fait qu'il atteste soit vraisemblable, et en lui-même et relativement aux circonstances, et, autant que possible, lié à d'autres faits.

---

1. Le mot *témoignage* s'applique à tout ce que nous apprenons par le moyen d'autrui, et non par nous-mêmes, comme par les livres, par les monuments, par les journaux, par les instituteurs, par les divers agents de l'autorité publique, etc.

Quand le témoignage réunit à un haut degré toutes ces conditions, il agit sur nous avec une force invincible et produit une complète certitude. Les livres seuls m'ont parlé de *Charlemagne*. Je ne connais *Alger* que par les journaux, par les livres, par les personnes qui disent avoir visité cette ville. Néanmoins, la rénovation de l'empire d'Occident par Charlemagne, l'occupation d'Alger par les Français, sont des faits dont je suis aussi certain que de ma propre existence. En douter serait une preuve de démence.

Quand le témoignage des hommes ne réunit pas toutes les conditions énoncées ci-dessus, par exemple, celle de la pluralité des témoins ou de la vraisemblance du fait, il peut cependant encore produire quelquefois en nous la certitude, si le témoin nous inspire beaucoup de confiance. Mais plus souvent il ne produit que la probabilité, ou même il est l'objet du doute, de la défiance, ou enfin il est rejeté comme sans valeur.

De la mémoire.

A ces quatre motifs de nos jugements, on peut ajouter la *mémoire*, cette faculté de notre âme, par laquelle elle conserve et se retrace, soit à son gré, soit même malgré elle, les impressions qu'elle a reçues. Sans le secours de la mémoire, nous n'aurions aucune connaissance, pas même celle du *moi*, la plus simple de toutes.

La mémoire est, en général, un motif puissant de certitude. Dire : J'ai éprouvé cela, j'ai vu cela, parce que je me souviens d'avoir éprouvé et vu cela; est un jugement parfaitement raisonnable.

Il y a quelques exceptions, sans doute. L'âge, les maladies, les accidents portent atteinte à la mémoire ; mais leur effet est d'affaiblir ou d'effacer les impressions que nous avons éprouvées, et non de nous faire croire faussement que nous en avons éprouvé d'autres.

Exemples relatifs à ce qui précède.

Quelques exemples fort clairs vont faire comprendre comment tous nos jugements ont pour base un des cinq motifs généraux que nous venons d'indiquer :

« J'aime mes parents. » *Conscience* ou *sentiment intime;* cet amour est en moi, et je l'y sens.

« Voilà une fleur belle et odorante. » *Témoignage des sens;* je vois cette fleur, et j'en respire le parfum.

« Londres est une grande et riche cité. » *Témoignage des hommes;* on me l'a dit, je l'ai lu.

« Dieu est bon. — Le tout est plus grand que sa partie. » *Évidence;* ce sont là des axiomes.

« Le côté de l'hexagone inscrit est égal au rayon. — La vertu sera récompensée ou dans ce monde ou dans l'autre. » *Évidence produite par le raisonnement;* cela est démontré.

« J'ai fait un voyage en Hollande il y a deux ans. » *Mémoire;* je me rappelle les faits de ce voyage, faits que j'ai connus par le sentiment intime et par le témoignage de mes sens.

CHAPITRE DEUXIÈME.

DE LA DICTION.

§ I. DES PHRASES.

DE LA DICTION ET DES PHRASES EN GÉNÉRAL. — DE LA CONSTRUCTION DES PHRASES ET DE L'INVERSION. — DU PLÉONASME, DE L'ELLIPSE, DE LA SYLLEPSE ET DE LA PARENTHÈSE. — DES PÉRIODES ET DES PHRASES COUPÉES. — DE L'HARMONIE DE LA PHRASE.

De la diction et des phrases en général.

Les idées, comme nous l'avons déjà dit, *s'expriment* à l'aide des mots.

Exprimer une idée, un jugement, c'est donc l'énoncer à l'aide des mots.

Les mots réunis pour l'énonciation des jugements, des idées, des faits, des rapports, en un mot, de tout ce qui est l'objet de notre pensée, forment des *phrases*.

La phrase consiste dans une ou plusieurs propositions formant un sens complet. Elle est le plus souvent expositive : « Nous adorons Dieu ; nous pratiquons la justice ; nous aimons notre patrie. » Elle est quelquefois interrogative : « Adorez-vous Dieu ? êtes-vous juste ? aimez-vous votre pays ? » Ou impérative : « Adore Dieu ; sois juste, et chéris ta patrie. » Ou exclamative : « Qu'il est beau, qu'il est doux de remplir ses devoirs envers Dieu et envers son pays ! »

La manière de rendre et d'exprimer les idées, et de tourner les phrases s'appelle *diction, élocution;* quelques personnes l'appellent *style.* Nous nous servirons aussi de ce mot, parce qu'en effet la diction est dans le style ; mais l'acception du mot style est plus étendue, et ne se borne pas à la diction, comme nous le verrons dans le quatrième chapitre.

De la construction des phrases et de l'inversion.

La construction de la phrase, c'est-à-dire l'arrangement des mots, doit être conforme aux règles de la syntaxe.

Il y a néanmoins une dérogation à ces règles, qui est permise dans certains cas : c'est ce qu'on appelle *inversion*.

L'*inversion*, comme nous venons de le dire, est une dérogation aux règles ordinaires de la construction grammaticale.

Ainsi le sujet se place après le verbe, non-seulement toutes les fois que la phrase est interrogative, mais encore dans beaucoup de cas où elle est expositive : « Là où commencent les soupçons cesse l'amitié.... D'abord arrivent les reproches ; ensuite viendront les querelles. »

Déjà prenait l'essor pour se sauver dans les montagnes cet aigle dont le vol hardi avait d'abord effrayé nos provinces. (FLÉ-CHIER.)

Quelquefois le complément indirect d'un verbe se place avant ce verbe : « De toutes ces observations, je tire cette conclusion, que, etc. — Aux objections que vous venez de faire, je répondrai que, etc. »

La versification [1] admet des *inversions* hardies et fréquentes ; celles que la prose peut se permettre sont extrêmement rares ; il ne faut employer que celles qu'un constant usage a autorisées.

1. Voir l'APPENDICE, chap. I⁰ʳ, § 5, des *licences poétiques*.

Du pléonasme, de l'ellipse, de la syllepse et de la parenthèse.

La construction de la phrase autorise quelquefois l'usage du pléonasme, de l'ellipse, de la syllepse[1] et de la parenthèse.

Le *pléonasme*, qui consiste à ajouter des mots inutiles pour l'intelligence de la phrase, n'est pas un défaut[2] lorsqu'il ajoute à l'agrément ou à l'énergie : « J'ai *vu* la chose *de mes yeux*; je l'ai *entendue de mes oreilles.* — Tel est *votre* avis, *à vous; moi, je* pense autrement. — Aimez-*le, ce Dieu* si bon. — Quand reviendront-*ils, ces jours* heureux? »

C'est au pléonasme qu'on peut rapporter la *répétition*, qui consiste à dire le même mot plusieurs fois, afin d'insister plus fortement sur l'idée.

> *Rompez, rompez* tout pacte avec l'impiété.
> (RACINE.)

> Mais *Dieu* t'entend gémir, *Dieu* vers qui te ramène
>   Un vrai remords né des douleurs;
> *Dieu* qui sait pardonner à la nature humaine
>   D'être faible dans les malheurs.
> (GILBERT.)

L'*ellipse* est le contraire du pléonasme; elle retranche des mots qui semblent nécessaires pour l'intelligence de la phrase, et donne par là plus de rapidité et de vivacité à l'expression :

> Ainsi dit le renard, et *flatteurs d'applaudir.*
> (LA FONTAINE.)

C'est-à-dire : « *les* flatteurs *s'empressèrent* d'applaudir. »

---

1. Ce mot n'est pas aussi usité que les trois autres.

2. Le pléonasme est toujours un défaut quand il n'est qu'une inutile redondance de paroles, comme : Ils se sont dit *réciproquement l'un à l'autre* des injures; vos raisons m'ont paru *assez suffisantes;* cette bibliothèque est *pleine de beaucoup* de livres. Voir dans la seconde partie d'autres exemples de pléonasmes vicieux.

> *Moi, des tanches!* dit-il, *moi, héron, que je fasse*
> Une si pauvre chère !...
>
> (La Fontaine.)

C'est-à-dire : « moi, *je mangerais* des tanches ! je *suis* un héron ; *convient-il* que je fasse une si pauvre chère ! »

L'exemple suivant présente une *ellipse* très-hardie, qui peut induire en erreur les lecteurs peu intelligents. Il s'agit des migrations des oiseaux :

> Ceux qui, de nos hivers redoutant le courroux,
> Vont se réfugier dans des climats plus doux,
> Ne laisseront jamais la saison rigoureuse
> Surprendre parmi nous leur troupe *paresseuse*.
>
> (Louis Racine.)

C'est-à-dire : « *Qui n'est pas* paresseuse, *et qui le serait si elle se laissait surprendre.* »

Quelquefois on fait accorder un mot, non avec le mot auquel il se rapporte, mais avec l'idée qu'il réveille dans l'esprit :

> Entre *le pauvre* et vous vous prendrez Dieu pour juge,
> Vous souvenant, mon fils, que, caché sous ce lin,
> *Comme eux* vous fûtes pauvre et *comme eux* orphelin.
>
> (Racine.)

Il faut se permettre très-rarement cette dérogation aux règles, appelée *syllepse* par les grammairiens.

Faire une *parenthèse*, c'est intercaler dans une phrase une autre phrase qui forme un sens distinct : « Un sybarite (je rougis presque de le dire) ne put dormir sur un lit de roses, parce qu'une des feuilles s'était repliée sous son corps. »

Il faut éviter de multiplier les parenthèses, et surtout de les allonger.

Des périodes et des phrases coupées.

La *période* est une phrase assez étendue, où le sens

est suspendu une ou plusieurs fois, de manière à établir entre les membres une symétrie d'égalité ou de progression.

La période plaît à l'oreille, à cause de cette symétrie ; elle plaît à l'esprit, parce qu'elle rapproche et unit plusieurs idées sans les confondre.

Nous allons présenter la même pensée sous la forme de période à quatre, à trois, à deux membres :

A quatre membres : « Pourquoi voudriez-vous être respecté dans vos malheurs, — pourquoi voudriez-vous qu'on fût sensible à vos peines, — vous, qui, dans vos prospérités, avez montré tant d'insolence, — vous, qui n'avez jamais accordé une larme, un regard aux infortunés ? »

A trois membres : « Pourquoi voudriez-vous être plaint et respecté dans vos malheurs, — vous, qui dans vos prospérités avez montré tant d'insolence, — vous, qui n'avez jamais accordé une larme, un regard aux infortunés ? »

A deux membres : « Pourquoi voudriez-vous être plaint et respecté dans vos malheurs, — vous, qui, dans vos prospérités, avez montré tant de dureté et d'insolence ? »

Quand les phrases, au lieu d'être fondues en périodes, sont séparées et courtes, on dit que le style est *coupé :* « Dans la prospérité vous vous êtes montré insolent ; jamais vous n'avez accordé une larme, un regard aux infortunés. Aujourd'hui vous êtes malheureux, et personne n'a pitié de vous. Qu'y a-t-il de plus juste ? »

Parmi les auteurs français, Massillon a préféré le style périodique ; Labruyère, le style coupé.

Un mélange heureux de ces deux manières contribue à donner de la variété au style.

De l'harmonie [1] de la phrase [2].

On dit que le style est *harmonieux*, lorsque la suite des syllabes forme un ensemble agréable à l'oreille.

Cette *harmonie* doit venir naturellement; la rechercher serait pénible et peu utile : ce serait même puéril. Mais on doit éviter avec soin tout ce qui pourrait blesser l'oreille : ainsi l'on évitera la répétition d'une même syllabe ou d'une même articulation : « Le pain dont *nous nous nourrissons.* — On ne doit se fier *qu'à quelqu'un qu'on connaît.* » On a fait le vers suivant, pour montrer combien ce défaut est ridicule :

Ciel! si ceci se sait, ses soins sont sans succès.

On évitera aussi la rencontre désagréable des voyelles : « Henri IV al*la à A*miens et de *là à A*rras. »

On ne mettra pas trop d'inégalité entre les membres de la phrase, et l'on prendra garde que le dernier membre ne soit trop court et ne tombe brusquement [3] : « Je ne crois pas, malgré les plaintes de ceux qui se disent trompés par lui, qu'il mente. »

On s'abstiendra de donner aux phrases une longueur démesurée; on ne mettra pas, non plus, à la suite les unes des autres plusieurs phrases très-courtes.

On prendra garde de multiplier les *qui* et les *que*, et de les enchevêtrer les uns dans les autres.

On évitera de terminer les membres de phrases par des consonnances semblables : « Celui qui a fait le mal sans *réflexion* a beau dire pour sa *justification* qu'il n'avait pas une mauvaise *intention.* » Ces sortes de rimes produisent dans la prose un effet désagréable.

---

1. Ce mot est impropre; mais l'usage l'a consacré.

2. On dit ordinairement *harmonie du style;* on dit aussi *nombre,* style *nombreux,* mais moins fréquemment.

3. Excepté quand cette chute a lieu à dessein, pour ajouter à l'énergie; ce qu'on ne doit se permettre que très-rarement.

Si l'on évite tous ces défauts, et si l'on entremêle les périodes et les phrases coupées de manière à obtenir une certaine variété de mouvement (ce qui se fera presque naturellement, avec un peu d'attention), le style aura l'harmonie désirable. Il est inutile, dans notre langue, de se préoccuper davantage de cet objet.

On dit qu'il y a *harmonie imitative* lorsque, par le son ou l'arrangement des mots qu'on emploie, on imite le bruit ou le mouvement des choses dont on parle. Dans ce vers :

> Pour qui *sont ces serpents qui sifflent sur* vos têtes ?
>
> (RACINE.)

la multiplicité des s rappelle le sifflement des serpents.

Les deux vers suivants expriment assez bien la marche lente d'un attelage de bœufs :

> Quatre bœufs attelés, d'un pas tranquille et lent
> Promenaient dans Paris le monarque indolent.
>
> (BOILEAU.)

---

§ II. DES EXPRESSIONS PRISES AU SENS PROPRE [1].

DE LA COMPARAISON. — DE L'ANTITHÈSE; DU CONTRASTE. — DE L'ÉPITHÈTE.

De la comparaison [2].

On peut donner aux idées plus de clarté, à l'expression de ces idées plus d'éclat et plus d'agrément, en établissant entre elles des rapports de ressemblance ou d'opposition.

Le rapport de ressemblance s'appelle *comparaison* [3]; le rapport d'opposition s'appelle *antithèse*.

---

1. On comprendra bien le titre de ce paragraphe lorsqu'on aura lu le commencement du paragraphe suivant.

2. La *comparaison* et *l'antithèse* ne sont point par elles-mêmes des *figures* (voir le chapitre suivant), puisqu'on peut les exprimer par des termes pris au sens propre; mais on peut aussi les exprimer par des termes figurés. On pourrait dire la même chose de *l'épithète*.

3. Ne confondez pas avec la *comparaison* employée comme forme de rai-

La *comparaison* établit un rapport de ressemblance [1]
entre deux choses, et rend l'idée de l'une plus claire
ou plus vive par son analogie avec l'autre : « Ce gar-
çon court *comme un lièvre.* — Il dort *comme un loir.*
— La vie de l'homme passe *comme un songe.* » Un
poëte, parlant de la loi de Dieu :

> Loi sainte, loi désirable,
> Ta richesse est *préférable*
> *A la richesse de l'or;*
> Et ta douceur est *pareille*
> *Au miel* dont la jeune abeille
> Compose son cher trésor.
>
> (J.-B. Rousseau.)

Les compositions du genre ordinaire n'admettent que
des comparaisons très-courtes : ce n'est que dans la
poésie et dans les morceaux oratoires du genre le plus
élevé que l'auteur peut se permettre de longues comparaisons. En voici des exemples; Bossuet, parlant du
génie militaire du prince de Condé :

Comme une aigle qu'on voit toujours, soit qu'elle vole au
milieu des airs, soit qu'elle se pose sur le haut de quelque rocher, porter de tous côtés des regards perçants, et tomber si
sûrement sur sa proie, qu'on ne peut éviter ses ongles non plus
que ses yeux : aussi vifs étaient les regards, aussi vite et impé-
tueuse était l'attaque, aussi fortes et inévitables étaient les mains
du prince de Condé.

Voltaire, par une double comparaison, fait comprendre que, dans les troubles politiques, les hommes
les plus vils parviennent quelquefois aux rangs les plus
élevés :

> Ainsi lorsque les vents, fougueux tyrans des eaux,
> De la Seine ou du Rhône ont soulevé les flots,

sonnement ou moyen de développement.
Voir le chap. IV.

1. Il y a aussi une comparaison qu'on
peut appeler *négative*, parce qu'elle établit un rapport de dissemblance ; elle a
quelque analogie avec l'*antithèse*.

> Le limon, croupissant dans leurs grottes profondes,
> S'élève en bouillonnant sur la face des ondes....
> Ainsi, dans les fureurs de ces embrasements
> Qui changent les cités en de funestes champs,
> Le fer, l'airain, le plomb, que les feux amollissent,
> Se mêlent dans la flamme à l'or qu'ils obscurcissent.

Une comparaison prolongée entre deux personnes ou entre deux choses se nomme *parallèle*. Tel est, dans la *Henriade*, le parallèle de deux célèbres ministres, les cardinaux de Richelieu et de Mazarin :

> Richelieu, grand, sublime, implacable ennemi,
> Mazarin, souple, adroit et dangereux ami ;
> L'un fuyant avec art et cédant à l'orage,
> L'autre aux flots irrités opposant son courage ;
> Tous deux haïs du peuple, et tous deux admirés.

De l'antithèse ; du contraste.

L'antithèse rapproche des idées opposées : « été, hiver ; — rire, larmes ; — folie, sagesse. »

> Tel *brille* au *second* rang qui s'*éclipse* au *premier*.
> Il devint *lâche* roi d'*intrépide* guerrier.
>
> (VOLTAIRE.)
>
> ....Monsieur, ici présent,
> M'a d'un *fort grand* soufflet fait un *petit* présent.
>
> (RACINE.)

L'antithèse oppose aussi les pensées aux pensées : « Ce ne sont pas les places qui honorent les hommes, ce sont les hommes qui honorent les places. — On demandait à Phocion pourquoi il préférait toujours la paix à la guerre : « C'est, répondit-il, parce que pendant la paix les enfants ensevelissent leurs pères, et que pendant la guerre les pères ensevelissent leurs enfants. »

L'antithèse est un des plus brillants ornements du style. On doit n'en user que sobrement.

L'antithèse, considérée plus en grand, prend le nom de *contraste*.

Le *contraste*[1] consiste dans une opposition de couleurs, de tons, de situations, de sentiments, d'objets.

Le contraste est une source féconde de beautés naturelles et artistiques. L'éclat et le bruit de la foudre produisent bien plus d'impression au milieu des ténèbres et du silence de la nuit, et un mendiant vulgaire excite bien moins de pitié que le conquérant de l'Afrique et de l'Italie, Bélisaire, demandant l'aumône. Le contraste entre la misère de ce grand homme et son ancienne prospérité émeut fortement le cœur.

Boileau, pour mieux relever l'infatigable activité de Louis XIV, la fait contraster avec l'apathie des rois fainéants (c'est la Mollesse personnifiée qui parle[2]) :

> Hélas ! qu'est devenu ce temps , cet heureux temps
> Où les rois s'honoraient du nom de fainéants,
> S'endormaient sur le trône , et , me servant sans honte,
> Laissaient leur sceptre aux mains ou d'un maire ou d'un comte!
> Aucun soin n'approchait de leur paisible cour.
> On reposait la nuit, on dormait tout le jour....
> Ce doux siècle n'est plus. Le ciel impitoyable
> A placé sur le trône un prince infatigable :
> Il brave mes douceurs, il est sourd à ma voix ;
> Tous les jours il m'éveille au bruit de ses exploits.
> Rien ne peut arrêter sa vigilante audace :
> L'été n'a point de feux, l'hiver n'a point de glace[3].

De l'épithète.

On appelle *épithète* un adjectif sans lequel l'idée de l'écrivain serait suffisamment comprise, mais qui sert à donner à l'expression plus de force ou plus de grâce.

---

1. Ce que nous disons ici du contraste se rapporte plutôt à l'art de la composition qu'à la diction. Mais nous n'avons pas voulu séparer le contraste de l'antithèse, dont il est comme un développement.

2. Voir plus bas l'article de l'allégorie.

3. Remarquez deux antithèses dans ce vers.

Quand un adjectif est nécessaire à l'intelligence de la pensée, il n'est pas épithète : « L'homme *juste* ne craint pas les *vaines* menaces des méchants. » *Juste* est adjectif; *vaines* est épithète.

Il est des adjectifs qui ne peuvent se placer qu'après le nom auquel ils se rapportent, d'autres qui ne peuvent se placer qu'avant ce même nom, d'autres qui changent de sens selon qu'on les place avant ou après. L'usage est à cet égard le seul guide que l'on puisse suivre ; on ne saurait s'en écarter sans s'exposer au reproche de négligence ou d'incorrection [1].

Cependant les grands écrivains s'affranchissent quelquefois de la règle imposée par l'usage. On ne met ordinairement les adjectifs *souterrain* et *paternel* qu'après les noms; La Fontaine les met avant :

> Après qu'il eut trotté, brouté, fait tous ses tours,
> Jeannot Lapin retourne aux *souterrains séjours*.
> O dieux hospitaliers ! que vois-je ici paraître?
> Dit l'animal chassé du *paternel logis*.

Il ne faut point prodiguer les épithètes, surtout en prose.

Il faut éviter les épithètes insignifiantes, surtout celles qui offrent à peu près le même sens que le nom auquel on les joint ; par exemple : *obscurité ténébreuse, triste douleur ;* dites : *obscurité profonde, amère douleur.*

Quelquefois des noms ou des adverbes peuvent tenir lieu d'épithète :

> Adieu Paris, *ville de fumée et de boue.*
> (J.-J. ROUSSEAU.)

On peut voir dans les vers suivants combien l'heu-

---

1. Toutes les difficultés relatives à la place que doit occuper chaque adjectif sont résolues dans le *Dictionnaire raisonné des difficultés de la langue française*, par Laveaux, 5e édition, librairie de L. Hachette et Cie.

reux choix des épithètes contribue à donner de l'agrément à ce qu'on dit :

> Dans le réduit *obscur* d'une alcôve *enfoncée*
> S'élève un lit de plume *à grands frais amassée;*
> Quatre rideaux *pompeux,* par un *double* contour,
> En défendent l'entrée à la clarté du jour.
>
> (BOILEAU.)

Supprimez les épithètes, et dites seulement : « Dans une alcôve s'élève un lit entouré de quatre rideaux, » toute la beauté du passage disparaît.

---

§ III. DES EXPRESSIONS PRISES AU SENS FIGURÉ.

DES FIGURES EN GÉNÉRAL. — DES FIGURES DE MOTS. — DES FIGURES
DE PENSÉE.

Des figures en général.

Nous avons dit qu'*exprimer* une idée, un jugement, c'est l'énoncer à l'aide des mots. Il y a deux sortes d'expressions : l'expression propre et l'expression figurée.

L'expression *propre* est celle qui représente directement et exactement son objet : « La jeunesse ; — la vieillesse ; — une chaleur ardente. »

L'expression *figurée* est celle qui associe à l'idée de son objet d'autres idées, ou qui même y substitue des idées analogues : « La fleur de l'âge ; — le soir de la vie ; — une chaleur dévorante. »

Si je dis d'un homme : « Il est irrité ; » si je dis : « Il est doué d'un talent extraordinaire ; » je me sers des expressions propres. J'exprime les mêmes idées en style figuré, si je dis : « Il est enflammé de colère ; » si je dis : « C'est un aigle¹. »

---

1. Dans le premier exemple, idée du *feu* associée à celle de la *colère;* dans

Les *figures* de style [1] sont donc des expressions ou des tours de phrases qui ajoutent à ce qu'on dit de la vivacité, de la force, ou de l'agrément.

Éclaircissons cette définition par un exemple, et montrons comment elle dérive des principes que nous venons de poser.

Pour rendre une pensée, on a, je suppose, le choix entre deux expressions : l'une de ces expressions est celle qui, d'après les règles ordinaires du langage, énonce exactement cette pensée sans y rien ajouter, sans en rien retrancher, sans la passionner ni l'embellir; qu'on se serve de cette expression, le style ne sera pas figuré. Mais si, pour rendre cette même pensée avec plus de charme, on emploie une expression qui ajoute ou retranche à la pensée, qui l'embellit ou la passionne, le style devient figuré.

Ainsi l'on parle sans figure, si l'on dit : « Quoique jeune, j'allais bientôt mourir. » Mais le style devient figuré, si l'on dit :

> J'ai vu mes tristes journées
> Décliner vers leur penchant;
> Au midi de mes années
> Je touchais à mon couchant.
>
> (J.-B. ROUSSEAU.)

Le langage dépourvu de figures est froid et sans couleur ; les figures donnent au style du mouvement et de la vie.

L'exposition des sciences abstraites n'admet point les figures ; elles abondent dans tous les autres genres de composition, et la conversation même ne saurait s'en passer.

---

le second, idée du *vol rapide* d'un oiseau substituée à celle de l'*activité créatrice* de la pensée.

[1]. On les appelle aussi *figures de rhétorique :* il est bon de connaître ces figures, mais sans y attacher trop d'importance.

On distingue assez généralement des figures de mots
et des figures de pensée[1].

On appelle *figures de mots* celles qui consistent à
employer un mot pour un autre, comme quand je dis :
« C'est un aigle, » au lieu de : « C'est un homme de
génie, » et *figures de pensée*, celles qui modifient l'idée
principale par fiction, par mouvement, par combinaison, comme quand, au lieu de dire : « Louis XIV for-
cera Alger de se soumettre, » Bossuet s'adresse à Alger
même et dit : « Tu céderas ou tu tomberas sous ce vainqueur, Alger, riche des dépouilles de la chrétienté ! »
Si l'on change le mot, la figure de mots disparaît ; il
n'y a plus de figure, si je dis : « C'est un homme de
génie. » Si l'on change ou si l'on supprime des mots,
la figure de pensée peut subsister ; par exemple, l'*apostrophe* subsisterait dans l'exemple ci-dessus, quand
bien même on changerait tous les mots : « Alger, enrichie aux dépens des peuples chrétiens, tu te soumettras
à Louis ou tu succomberas. »

Des figures de mots.

Des tropes en général.

Les figures de mots les plus usitées s'appellent *tropes*.

Nous venons de voir qu'une idée peut se rendre ou
par le mot propre, ou par une expression figurée.

Il suit de là qu'un mot peut être employé ou au
sens propre ou au sens figuré.

Le *sens propre*, c'est la signification primitive du
mot, c'est l'idée qu'il réveille directement et exactement. Mais quand, par l'effet d'une analogie quelconque,
que, ce mot exprime une autre idée que celle qu'il dé-

---

1. Cette distinction nous semble très-peu importante ; mais tous les ouvrages de rhétorique ont cru devoir la mention-ner : voilà pourquoi nous en parlons.

vait d'abord exprimer, on dit qu'il est pris au *sens figuré;* et c'est ce qu'on appelle un *trope.*

Les *tropes* sont donc des figures par lesquelles on prend un mot dans une acception qui s'écarte plus ou moins de la signification primitive. Ainsi *brillant,* au sens propre, se dit de la lumière; au sens figuré, il se dit de l'esprit, du talent, d'une assemblée, d'un discours.

Ainsi le mot *poison,* le mot *soif,* sont pris au sens propre quand il s'agit du poison mêlé aux aliments, du désir de boire; ils sont pris au sens figuré quand on dit : « Le *poison* de la flatterie, la *soif* des conquêtes. »

J'emploie le mot *ange* au sens propre, quand je dis : « L'ange Gabriel; » je l'emploie au sens figuré, quand, pour désigner une jeune personne remarquable par l'innocence des mœurs et par le charme du caractère, je dis : « C'est un ange. »

Faisons ici une remarque importante. La nécessité a détourné une infinité de mots de leur signification primitive, pour leur en donner en outre d'autres qui y ont quelque rapport. Ainsi, *langue* signifiait primitivement et signifie encore cette portion de chair mobile qui s'agite dans la bouche; ce mot est pris dans une autre acception quand on dit : « La *langue* française; la *langue* musicale. » Ce n'est point faire une figure que d'employer le mot *langue* dans ces deux dernières acceptions, puisqu'il n'y a pas d'autres termes pour exprimer les idées qu'il représente.

Comprenons donc bien que l'on ne fait aucune figure[1] quand on dit la *clarté*[2] d'un discours, une *feuille* de

---

1. Ces mots peuvent être *figurés* pour le grammairien ou le lexicographe; ils ne le sont pas pour l'écrivain.

2. Primitivement, *clarté* se disait seulement du jour; *feuille* se disait seulement des plantes.

papier, puisqu'on ne peut pas dire autrement. Mais quand pour rendre une idée on a le choix entre un terme pris au sens propre et un terme pris au sens figuré, et qu'on choisit le second, on fait une figure. Par exemple, quand on dit d'un soldat : « Il est tombé au champ d'honneur ; » parce qu'on pouvait dire : « Il a été tué dans un combat ; » et quand on dit de J.-B. Rousseau, auteur de belles odes sacrées :

Le Brabant fut sa tombe et Paris son berceau,

parce qu'on pouvait dire : « Il était né à Paris, et il est mort à Bruxelles. »

Il y a deux sortes de tropes : la *métonymie* et la *métaphore;* elles emploient toutes deux un nom à la place d'un autre : la première, par analogie; la seconde, par comparaison.

De la métonymie.

On peut définir la *métonymie* un trope qui substitue au nom d'une chose le nom d'une autre qui a quelque rapport avec elle : rapport de cause, d'effet, d'espèce, de genre, de partie, etc.

Par la métonymie, on prend la cause pour l'effet : par exemple, l'auteur d'un ouvrage pour l'ouvrage lui-même : « J'ai lu tout Racine, » c'est-à-dire toutes les *œuvres de Racine.*

L'effet pour la cause : « Il est l'auteur de bien des funérailles ; » c'est-à-dire : « Il *a causé la mort de beaucoup de personnes.*

Le signe ou l'emblème d'une chose pour cette chose même : la *croix,* pour la religion chrétienne ; le *bâton* de maréchal, pour la dignité de maréchal de France.

2.

L'instrument, pour la profession qui l'emploie, ou même pour l'homme qui exerce cette profession : « Une vaillante épée, une plume habile, » signifient souvent *un brave capitaine, un auteur distingué.*

Pour quel sujet nouveau dois-je *monter ma lyre?*
(DELILLE.)

c'est-à-dire sur quel sujet dois-je *faire des vers ?*

  Le nom d'un pays, pour le peuple qui l'habite, ou pour les chefs qui le gouvernent[1] : « La France est belliqueuse et lettrée ; — La France et l'Angleterre se sont unies pour la répression de la traite des noirs ; » et en général le contenant pour le contenu : « Boire une bouteille ; » ou le contenu pour le contenant : « Tout Paris a joui de ce spectacle ; » c'est-à-dire : « Tous les habitants de Paris. »

Un nom abstrait pour un nom de personne ou de chose : « L'*amitié* s'alarme facilement ; » pour *un ami* s'alarme ; « le *gouvernement,* » pour les *hommes qui gouvernent.*

La métonymie prend la partie pour le tout : « Une flotte de cent *voiles*, » c'est-à-dire de cent *vaisseaux;* le tout pour la partie : « Les *mortels,* » pour les *hommes;* la matière dont une chose est faite, pour la chose même : « Croiser le *fer,* » pour croiser l'*épée;* le singulier pour le pluriel : « L'*ennemi* s'avance, » pour *les ennemis;* le nombre déterminé pour le nombre incertain : « *Vingt* fois, pour *plusieurs* fois. »

Elle substitue un nom propre à un nom commun,

---

1. Quelques-unes de ces métonymies ont si bien passé dans la langue usuelle, qu'il est devenu à peu près impossible de parler autrement.

et réciproquement : « Le fils de l'homme , » c'est-à-dire *Jésus-Christ.*

Un *Auguste* aisément peut faire des *Virgiles;*

c'est-à-dire un *prince* qui protége les lettres peut faire surgir de grands *poëtes.*

Elle étend et altère la signification propre d'un mot ; c'est ainsi que *tomber* signifie quelquefois *périr;* qu'on dit : « Aller *à cheval* sur un bâton. »

C'est par une sorte de métonymie qu'on change les personnes des verbes ; un maître dit à ses élèves : « *Nous* n'étudions pas, » c'est-à-dire *vous* n'étudiez pas ; ou les temps : « Il *s'avance, il est* vainqueur, » pour il *s'avança* et *fut* vainqueur.

On pourrait indiquer plusieurs autres usages de la métonymie. Nous avons fait connaître les principaux.

De la métaphore.

Nous avons vu que la comparaison établit un rapport de ressemblance entre deux objets : « La vie de l'homme sur la terre *est comme un combat.* — La colère de Dieu *est comme un feu* dévorant. »

La métaphore, plus hardie, donne à un objet le nom même de l'objet auquel l'esprit le compare : « La vie de l'homme sur la terre *est un combat.* — La colère de Dieu *est un feu* qui dévore. »

Toute métaphore peut se résoudre en une comparaison.

Examinons ces expressions métaphoriques : « *Éclairez-moi des lumières* de votre expérience. — Ce jeune homme est *enflammé* d'amour pour la gloire. — La jeunesse est le *printemps* de la vie. »

Nous y reconnaîtrons ces comparaisons faites par l'esprit ; « L'expérience est comme une lumière qui éclaire notre raison. — L'amour de la gloire est comme un feu. — La jeunesse est, dans la vie, ce que le printemps est dans l'année. »

Quelquefois une comparaison commencée se termine en une métaphore :

> L'honneur est *comme une île* escarpée et sans bords ;
> *On n'y peut plus rentrer dès qu'on en est dehors.*
> (BOILEAU.)
>
> Et, *semblable à l'abeille* en nos jardins éclose,
> De différentes fleurs *j'assemble et je compose*
> *Le miel* que je produis.
> (J.-B. ROUSSEAU.)

De toutes les figures qui peuvent orner le langage, la métaphore est la plus belle et la plus riche : elle donne de la variété et de la vivacité aux pensées, en les revêtant, pour ainsi dire, d'images sensibles. La Fontaine, en parlant de la mort du sage, dit d'abord simplement :

> Rien ne trouble sa fin..........

Mais quel charme n'ajoute-t-il pas à l'expression de cette pensée, en la reproduisant par cette belle métaphore :

> ....C'est le soir d'un beau jour.

On doit éviter d'abuser de cette figure et de la prodiguer.

On doit aussi éviter d'employer des métaphores bizarres, forcées, contraires au génie de la langue ; comme cet auteur qui appelle les forêts *les cathédrales de la nature,* et qui dit d'un coupable, *qu'il s'est enfoncé dans les sombres cavernes du crime ;* mais on dira bien qu'un homme s'est *souillé* par le crime, que les forêts sont un *sanctuaire où l'on sent la présence de Dieu.*

Les expressions métaphoriques doivent toujours avoir une certaine noblesse. Un Anglais faisait une métaphore très-ridicule dans notre langue, quand il disait d'un de nos illustres écrivains : « Cet homme est le *quinquet* de sa patrie. » La métaphore eût été convenable, s'il eût dit : « Cet homme est le *flambeau* de son pays. »

Il ne faut pas, non plus, que les métaphores soient en désaccord les unes avec les autres. On peut dire d'un conquérant : « Il tonne, il foudroie. » On peut dire aussi de lui : « C'est un lion. » Mais on ne peut pas dire : « Ce lion lance la foudre de toutes parts. »

Une métaphore continuée et prolongée devient une allégorie.

L'*allégorie* consiste à présenter une suite d'idées qui servent de comparaison pour en faire entendre d'autres. Je dis d'une personne qui s'est écartée de ses devoirs : « C'est une brebis égarée. » Voilà une métaphore. Je puis continuer la métaphore, et dire, par exemple : « C'est une brebis égarée ; mais le bon pasteur ne l'abandonnera pas ; il se mettra à sa recherche ; il la fera rentrer dans le bercail. » Voilà une allégorie. C'est une suite d'idées qui servent de comparaison pour faire entendre celles-ci : « Cette personne a oublié ses devoirs ; mais Dieu veillera sur elle, lui inspirera de meilleurs sentiments et l'amènera à une bonne conduite. »

Bossuet veut nous faire comprendre que celui qui a déjà fait de grands progrès dans la vertu est exposé à en perdre tout le fruit, s'il cesse de veiller attentivement sur lui-même. Pour rendre cette idée plus sensible, il nous représente un navigateur qui s'endort sur une mer tranquille, et qui périt victime de sa téméraire confiance.

Rien de plus funeste que l'assoupissement de l'âme qui croit être avancée dans la vertu. L'esprit veille et dispute contre le sommeil, selon le précepte du Sauveur. Mais une voix secrète lui dit pour l'inviter au repos : « Tout est calme, tout est tranquille ; toutes les tempêtes sont apaisées ; le ciel est serein, les vagues dociles, le vaisseau s'avance tout seul : ne voulez-vous pas prendre un peu de repos ? » L'esprit se laisse aller et sommeille : assuré sur la face de la mer calmée et sur la protection du ciel dont il a fait si souvent l'épreuve, il abandonne le gouvernail et laisse aller le vaisseau à l'abandon : les vents se soulèvent, il est submergé.

La *parabole* est une allégorie en forme de récit ; elle laisse entrevoir, sous les voiles transparents d'une action feinte, quelque grave et importante vérité : l'Écriture sainte nous en offre plusieurs exemples ; la plus célèbre est celle de l'*Enfant prodigue*.

C'est encore par allégorie que l'on *personnifie* une chose, une idée, c'est-à-dire qu'on lui attribue la figure, les sentiments, le langage d'une personne réelle. La poésie, la peinture, la sculpture, sont fécondes en allégories de ce genre. Ainsi l'on représente le *printemps* sous les traits d'un jeune homme couronné de fleurs ; l'*hiver*, sous ceux d'un vieillard transi, qui réchauffe ses mains sur des charbons allumés. Le plus ordinairement ces allégories ont un sens moral. On représente la *justice* sous les traits d'une femme qui tient une balance, et dont les yeux sont bandés, pour faire comprendre que le juge doit peser les raisons, sans considérer les personnes.

Il est une stupide et lourde déité,
L'*Ignorance* est son nom ; la *Paresse* pesante
L'enfanta sans douleur au bord d'une eau dormante :

Le *Hasard* l'accompagne et l'*Erreur* la conduit ;
De faux pas en faux pas la *Sottise* la suit.
(LEMIÈRE.)

On peut rapporter aux allégories de ce genre la *fable* ou l'*apologue*. En supposant les animaux, les plantes mêmes, doués de la raison et de la parole, et en leur attribuant toute sorte d'actions et d'aventures, c'est l'homme que le fabuliste veut peindre, c'est un avis utile qu'il veut nous donner. Ainsi, dans *le Coche et la Mouche*, il nous montre la sotte vanité des importants, qui croient tout faire et ne font rien. Dans *le Lion et le Rat*, il nous enseigne qu'on doit toujours rendre service, même aux plus faibles.

Toute allégorie doit être claire et facile à comprendre ; c'est ce qu'exprime fort bien ce vers, si ingénieusement allégorique, à propos de l'allégorie :

L'Allégorie habite un palais diaphane.
(LEMIÈRE.)

Des figures de pensée.

Quant aux figures qui ne sont pas des tropes, et qu'on appelle ordinairement *figures de pensée*, quoiqu'elles soient souvent en réalité des figures de mots, nous allons faire connaître les plus importantes.

La *périphrase* étend et développe ce qu'on pourrait dire en moins de mots, mais d'une manière moins élégante.

Quelquefois elle remplace seulement un mot par quelques autres : « Le vainqueur de Pharsale, » c'est-à-dire César. La Fontaine dit : « La gent trotte-menu, » pour les souris.

D'autres fois elle étend et orne la pensée même. Ainsi Bossuet, pour dire qu'en Angleterre **on était** *obligé de célébrer la messe en secret*, emploie cette magnifique périphrase :

Il fallait cacher la pénitence avec autant de soin qu'on aurait caché les crimes, et *Jésus-Christ,* à la grande honte des hommes ingrats, *était obligé de chercher d'autres voiles et d'autres ténèbres que ces voiles et ces ténèbres mystiques dont il s'enveloppe volontairement dans l'eucharistie.*

L'*interrogation* donne de la vivacité au style[1] :

Qui te rend si hardi de troubler mon breuvage?
(LA FONTAINE.)

Qui ne sent point l'effet de tes soins généreux?
L'univers sous ton règne *a-t-il* des malheureux?
(BOILEAU.)

Quelquefois l'interrogation est suivie de la réponse :

Manger moutons, canaille, sotte espèce,
Est-ce un péché? Non, non; vous leur fîtes, seigneur,
En les croquant beaucoup d'honneur.
(LA FONTAINE.)

Quelquefois les interrogations et les réponses se succèdent. Massillon, parlant du plaisir que les hommes élevés en dignité trouvent à faire du bien :

Quel usage plus doux et plus flatteur pourriez-vous faire de votre élévation et de votre opulence? Vous attirer des hommages? mais ce sont là les soins de l'autorité, ce n'en est pas le plaisir. Voir autour de vous multiplier à l'infini vos serviteurs? mais ce sont des témoins qui vous embarrassent et qui vous gênent, plutôt qu'une pompe qui vous décore.

L'*exclamation* est un cri de l'âme, tantôt arraché par une émotion violente :

O vanité! ô néant! ô mortels ignorants de leurs destinées!
(BOSSUET.)

---

1. Il est clair que lorsqu'on interroge dans l'intention d'avoir une réponse, on ne fait pas une figure. Voir plus loin la note sur la dubitation.

tantôt inspiré par un sentiment tendre ou triste :

Heureux qui pourrait vous suivre sur les rivages les plus inconnus ! heureux qui pourrait vivre et mourir avec vous ! (FÉNELON.)

quelquefois suggéré par la réflexion :

Qu'il est beau, qu'il est doux de vivre en paix avec ses frères !

L'*ironie*[1] consiste à dire précisément tout le contraire de ce qu'on veut faire entendre : « Vous vous conduisez bien ! » dit quelquefois un maître à un élève dont il est mécontent. Boileau, se moquant d'un mauvais prédicateur que personne n'allait entendre :

Cotin, à ses sermons traînant toute la terre,
Fend des flots d'auditeurs pour aller à sa chaire.

L'*hyperbole*[2] exagère les choses, en employant des expressions qui, prises à la lettre, iraient au delà de la vérité, mais que ceux qui nous écoutent réduisent aisément à leur juste valeur : « Aller *comme une tortue*. — Répandre un *torrent* de larmes. » Un poëte peint, par cette hyperbole effrayante, l'horreur des massacres de la Saint-Barthélemy :

Et des fleuves français les eaux ensanglantées
Ne portaient que des morts aux mers épouvantées.
(VOLTAIRE.)

Il ne faut ni abuser de l'hyperbole, ni la pousser trop loin, comme ce poëte qui, relégué dans les landes de Gascogne, où les serpents sont en assez grand nombre, écrivait à Louis XIII :

On m'a mis, *loin de votre empire*,
Dans un désert où les serpents

1. On l'appelle aussi *antiphrase*.
2. L'hyperbole est une figure, quand celui qui la fait ne veut pas qu'on y croie ; mais, s'il prétend s'exprimer au sens propre, l'hyperbole n'est plus un ornement du style, c'est un mensonge. Tel est, dans la fable des deux voyageurs, le *chou aussi grand qu'une maison*.

Boivent les pleurs que je répands,
Et *soufflent l'air* que je respire.

Dire moins, pour faire entendre plus [1], c'est comme le contraire de l'hyperbole. C'est ainsi qu'on dit d'un homme de beaucoup d'esprit : « Il n'est pas bête. »

La *gradation* présente une suite d'idées dont chacune a plus de force que celle qui précède.

.................Quoi ! pour son châtiment,
Vous ne donnez qu'un jour, qu'une heure, qu'un moment !
(RACINE.)

Par la *concession*, on a l'air d'accorder quelque chose à son adversaire, pour en tirer avantage contre lui. Ainsi, après avoir prouvé à une personne qui s'échauffe souvent jusqu'à la colère dans les discussions, que les motifs pour lesquels elle s'emporte sont frivoles, on ajoute : « Mais *je veux* que ces motifs soient graves, *je vous accorde* qu'ils aient beaucoup d'importance, est-ce en vous mettant en colère que vous ferez triompher votre avis ? »

Par la *communication*, on a l'air de se soumettre au jugement de ceux à qui l'on s'adresse, ou de leur demander un conseil. C'est ainsi qu'un maître dit à un élève qui a commis quelque grave désobéissance : « Mais je vous le demande à vous-même, peut-on laisser une telle faute impunie ? Que feriez-vous à ma place ? Pensez-vous qu'un collége dans lequel on autoriserait de pareils écarts pourrait subsister ? »

Par la *correction*, on se reprend, pour dire quelque chose de plus juste ou de plus fort : « Bossuet, dans ses oraisons funèbres, a égalé les plus grands orateurs d'Athènes et de Rome. *Mais que dis-je ? égalé !* il est

1. Cette figure porte le nom assez peu usité de *litote*. On l'appelle aussi *diminution*. Elle est, dans le style sérieux, d'un usage assez rare.

quelquefois autant au-dessus d'eux que les pensées du
ciel sont au-dessus des pensées de la terre. »

Par la *dubitation*[1], on paraît incertain de ce qu'on
doit dire ou de ce qu'on doit faire. Scipion s'adressant
à ses soldats révoltés :

En vérité, je ne sais comment vous adresser la parole. Vous
appellerai-je citoyens? mais vous n'appartenez plus à la patrie,
puisque vous la trahissez; soldats? mais sans discipline il n'y a
point d'armée; étrangers? mais vous avez l'extérieur, l'habit,
les armes des Romains.

Par la *suspension*, on tient l'esprit des lecteurs dans
l'attente de ce qu'on va dire, afin d'en augmenter l'effet. Un poëte parlant du supplice de Jeanne d'Arc :

> D'où vient ce bruit lugubre? où courent ces guerriers
> Dont la foule à longs flots roule et se précipite?
>   La joie éclate sur leurs traits :
>   Sans doute l'honneur les enflamme ;
> Ils vont pour un assaut former leurs rangs épais....
>   Non.... ces guerriers sont des Anglais
>   Qui vont voir mourir une femme !
> (Casimir Delavigne.)

Par la *prétermission*[2], on a l'air de passer sous silence
des choses que néanmoins on fait entendre très-claire-
ment. Ainsi, fort souvent, en disant : « Je ne vous al-
léguerai pas que.... — Je ne vous reprocherai pas
que.... » on énonce en réalité l'allégation ou le reproche qu'on a l'air de supprimer.

Vous vous figurez qu'en vous attachant au parti de la vertu
vous trouverez bien des amertumes. Mais, *sans parler des divines consolations que Dieu prépare ici-bas, même à ceux qui*

---

1. Il n'y a point de figure lorsqu'on
est réellement dans le doute et dans
l'incertitude sur ce qu'on doit dire ou
faire. Ainsi, c'est à tort que dans les traités
de rhétorique on cite comme modèle de
dubitation le monologue d'Auguste dans
Cinna, celui de Mithridate dans Racine,
celui de Didon dans le IVe liv. de l'*Enéide*.

2. Cette figure s'appelle aussi *prété-
rition*.

suivent sa loi, sans parler de cette paix intérieure, fruit de la bonne conscience, qu'on peut appeler en même temps et un avant-goût et le gage de la félicité qui est réservée dans le cie aux âmes fidèles, ne s'expose-t-on pas à mille fois plus d'amertume en abandonnant le parti de la vertu qu'en le suivant? (MASSILLON.)

Par la *réticence*, on s'interrompt tout à coup, et on laisse la phrase inachevée, mais de manière à faire deviner ce qu'on supprime. La cruelle Athalie s'adressant au grand prêtre Joad :

> Je devrais, sur l'autel où ta main sacrifie,
> *Te….* mais du prix qu'on m'offre il faut me contenter.
>
> (RACINE.)

Faire *allusion* à une chose, c'est la rappeler d'une manière indirecte sans la dire expressément. Un poëte raconte que dans une bataille Henri IV sauva la vie à Biron, qui dans la suite le trahit :

> Par ton prince sauvé, tu vis, jeune Biron,
> Tu vis…. *Songe du moins à lui rester fidèle.*
>
> (VOLTAIRE.)

Boileau, si célèbre par ses satires, avait un jour l'air de blâmer quelques personnes qui jouaient aux cartes : « Il vaut mieux jouer que *médire,* » lui répondit l'une d'elles.

Les fables de La Fontaine sont pleines d'allusions ingénieuses aux mœurs et aux habitudes de son siècle.

Quelquefois la malveillance suppose l'allusion là où elle n'est pas. Ainsi, les ennemis de Fénelon aigrirent contre lui Louis XIV, en prétendant que le *Télémaque* était rempli d'allusions aux fautes ou aux faiblesses de ce monarque.

Il faut éviter de faire des allusions obscures, déplacées ou prétentieuses.

Par l'*apostrophe*, on s'interrompt, pour adresser la parole à quelque personne présente ou absente, ou à Dieu même. Polyeucte, nouvellement converti à la foi chrétienne, et résistant aux sollicitations de son épouse Pauline, qui veut le ramener au culte des idoles, s'écrie :

> Seigneur ! de vos bontés il faut que je l'obtienne,
> Elle a trop de vertus pour n'être point chrétienne ;
> Avec trop de mérite il vous plut la former
> Pour ne vous point connaître et ne vous point aimer !

Quelquefois l'apostrophe s'adresse à des objets inanimés. Louis Racine, voulant dire que la puissance de Dieu contient la mer dans ses limites, emploie cette apostrophe :

> Et toi, dont le courroux veut engloutir la terre,
> Mer terrible, en ton lit quelle main te resserre ?
> Pour forcer ta prison tu fais de vains efforts :
> La rage de tes flots expire sur tes bords.

On peut rapporter à l'apostrophe cette sorte de figure de langage par laquelle on se parle à soi-même :

> Prends les ailes de la colombe,
> Prends, disais-je, ô mon âme, et fuis dans les déserts.
> (LEBRUN.)

Quelquefois l'orateur ou le poëte, vivement ému, suppose du sentiment aux choses inanimées, s'entretient avec elles, fait parler les personnes absentes, même les morts. Cette figure se nomme *prosopopée*. Boileau célébrant la construction du canal de Languedoc sous Louis XIV :

> J'entends déjà *frémir* les deux mers *étonnées*
> De voir leurs flots unis aux pieds des Pyrénées.

Fléchier, faisant l'éloge du vertueux Montausier, l'homme le plus sincère et le plus franc de son siècle, dit dans son exorde :

Oserais-je dans ce discours employer la fiction et le mensonge? Ce tombeau s'ouvrirait, ces ossements se rejoindraient et se ranimeraient pour me dire : « Pourquoi viens-tu mentir pour moi qui ne mentis jamais pour personne? Laisse-moi reposer dans le sein de la vérité, et ne viens pas troubler ma paix par la flatterie, que j'ai toujours haïe. »

---

§ IV. DES QUALITÉS DE LA DICTION.

DE LA PURETÉ; DE LA CORRECTION. — DE LA CLARTÉ. — DE LA PRÉCISION. — DU NATUREL. — DE LA NOBLESSE.

De la pureté; de la correction.

Les qualités nécessaires à la diction[1] sont : la pureté, la clarté, la précision, le naturel, la noblesse; c'est-à-dire que le langage doit toujours être pur, clair, précis, naturel, noble, quelque sujet que l'on traite, ou de vive voix ou par écrit.

La *pureté* consiste dans la correction grammaticale et dans la propriété des termes.

La *correction* consiste à observer les règles de la syntaxe, et à n'employer que des mots et des tournures consacrés par l'usage.

La *propriété des termes* consiste à employer les mots dans leur véritable acception, et à rendre chaque idée par l'expression qui lui convient le mieux.

Le défaut contraire à la pureté s'appelle *incorrection*. Ainsi, c'est être incorrect que de dire : « Rappelez-vous *de* mes conseils. » L'usage exige : « Rappelez-vous mes conseils. — Mandrin était un brigand *illustre*. » Le mot propre est un brigand *célèbre*. — « On doit cor-

---

1. C'est ce qu'on appelle ordinairement les *qualités essentielles du style*.

ıriger les abus qui peuvent l'*être*. » La syntaxe veut :
« Qui *peuvent être corrigés*. »

C'est, sinon une incorrection, du moins une négligence, que d'employer fréquemment le même mot ou même simplement de le répéter, à moins de plusieurs lignes de distance[1]. Néanmoins cette répétition[2] est permise quand elle est nécessitée par la nature du sujet que l'on traite, ou quand elle sert à donner à la phrase plus de précision ou plus de clarté.

Le *néologisme* est un défaut contraire à la pureté du style : il consiste à employer des mots étrangers à la langue ou même à en inventer[3]. Le néologisme de quelques grands écrivains peut enrichir la langue ; celui des hommes ordinaires ne peut que gâter leur style et l'obscurcir.

En évitant le néologisme et l'incorrection, on doit prendre bien garde de tomber dans le *purisme*. On appelle ainsi l'affectation de n'employer que des expressions et des tournures choisies, et le soin de rechercher une pureté excessive. Ce défaut bannit l'aisance, et produit un effet désagréable, aussi bien dans la conversation que dans les compositions écrites.

De la clarté.

La *clarté* pourrait être définie : Cette transparence du langage qui laisse voir distinctement et nettement les idées sous les mots ; c'est cette qualité du style qui fait que l'on comprend sur-le-champ et sans effort la pensée de l'écrivain. Cette qualité est évidemment la première

---

1. Cette règle ne s'applique ni aux pronoms, ni à une foule de mots auxiliaires, invariables ou autres, dont l'emploi, dans notre langue, est continuel.

2. Ne pas confondre avec la *répétition*, sorte de pléonasme. Voir plus haut, page 20.

3. Ou à changer le sens des mots.

de toutes, puisque l'on ne parle que pour se faire entendre.

Pour qu'une phrase soit claire, il faut en bannir soigneusement toute expression *équivoque*, c'est-à-dire qui pourrait être prise en deux sens. « Il a raconté à son ami la conduite de son fils. » On ne sait s'il s'agit du fils de celui-ci ou de celui-là.

Un autre défaut contraire à la clarté est l'*obscurité*, qui naît de la confusion des idées, de l'affectation du langage, de l'arrangement maladroit des mots, et qui provient même le plus souvent de ce que l'auteur ne comprend pas bien nettement lui-même ce qu'il veut dire :

> Ce que l'on conçoit bien s'énonce clairement,
> Et les mots pour le dire arrivent aisément.
>
> (BOILEAU.)

L'obscurité vient de la confusion des idées dans ce passage :

> Le jeune homme ne vit que d'élans, de transports ; heureux quand les mains qui le dirigent ne s'efforcent point d'éteindre le feu qui le dévore et qu'elles ne pourraient parvenir à étouffer, mais qu'elles cherchent à contenir ce feu, à le lancer vers les vertus sublimes. (LACÉPÈDE.)

Elle naît de l'affectation du langage dans cette phrase :

> Il franchit les barrières qui sont entre l'homme et l'infini, et, le compas à la main, mesure les deux extrémités de cette grande chaîne. (THOMAS.)

Elle tient à l'arrangement des mots dans cet exemple :

> *Vous êtes-vous connus* dans le monde habité [1] ?
> On *ne le peut* qu'aux lieux pleins de tranquillité.
>
> (LA FONTAINE.)

---

1. Le sens est : *Chacun de vous s'est-il connu lui-même ? On ne peut acquérir la connaissance de soi-même que dans les lieux pleins de tranquillité.*

Enfin , elle vient de ce que l'auteur ne comprenait peut-être pas lui-même ce qu'il voulait dire, dans cette phrase :

Quand on veut écrire sur les femmes, il faut tremper sa plume dans la rosée et teindre son style des couleurs de l'arc-en-ciel. (THOMAS.)

De la précision.

La *précision* contribue beaucoup à la clarté; la précision consiste à ne dire que ce qui est nécessaire pour l'intelligence de la pensée et pour l'élégance du langage. Elle est ennemie des redites, des longueurs, des détails inutiles. Quand le style est précis, on ne peut rien ajouter à la phrase sans l'affaiblir, on ne peut rien en retrancher sans l'obscurcir.

Le défaut opposé est la *prolixité* ou *diffusion*, qui multiplie les paroles sans ajouter à la force ni à l'agrément de ce qu'on dit : « Hier matin , à cinq heures, je suis arrivé dans la cour des messageries ; j'ai reconnu parmi les autres voitures celle qui devait m'emmener ; je suis monté sur le marchepied ; je suis entré dans la voiture ; je me suis assis sur la banquette : le postillon a fouetté les chevaux, qui sont partis au trot. » Voilà un modèle de prolixité; pour s'exprimer avec précision, il fallait dire : « Hier matin , à cinq heures, je suis parti par la diligence. »

Du naturel.

Le *naturel*, qu'on nomme aussi *simplicité*, consiste à s'exprimer sans recherche et sans effort, avec une sorte d'aisance , sans jamais défigurer la pensée ni forcer l'expression. Le naturel n'exclut pas les ornements, mais n'admet que ceux qui semblent s'être présentés d'eux-mêmes, et bannit tous ceux qui donneraient au style un air contraint et emphatique.

Les fables de La Fontaine offrent le plus heureux modèle du naturel, uni à toutes les autres qualités du style.

Le défaut opposé à cette qualité est l'*affectation*.

L'affectation consiste à s'exprimer d'une manière recherchée ou trop ornée, ou à établir entre les idées des rapports forcés ou faux. Un poëte dit, en parlant de Louis IX, qui, lors du débarquement en Égypte, entra dans la mer :

Le beau feu de son cœur lui fait mépriser l'eau.

Une personne, au lieu de dire tout simplement : « Asseyez-vous, » s'exprime ainsi :

Contentez l'envie que ce fauteuil a de vous embrasser. (Mo-LIÈRE.)

L'affectation rend le style *enflé* et *ampoulé*, lorsque l'on cache le vide et la vulgarité des idées sous des expressions pompeuses et sonores. Ainsi un poëte, au lieu de dire *le roi vient*, emploie cette phrase ridiculement emphatique :

Ce grand roi roule ici ses pas impérieux.

Ces défauts produisent le *galimatias*; on appelle ainsi un langage excessivement embrouillé et emphatique, qui semble beaucoup dire, et qui, en réalité, ne dit rien. Tels sont les vers d'un poëte espagnol sur la mort de Charles-Quint; en voici le sens :

Que l'univers soit sa tombe; qu'elle ait pour voûte le ciel; que les étoiles y remplacent les cierges, et l'Océan les larmes.

De la noblesse.

La *noblesse* consiste à éviter toutes les expressions triviales ou grossières : elle doit se trouver dans les compositions du genre même le plus simple, et n'est jamais incompatible avec la naïveté et le naturel. Boileau a dit :

> Quoi que vous écriviez, évitez la bassesse;
> Le style le moins noble a pourtant sa noblesse.

On parvient à tout dire noblement, soit par d'heureuses circonlocutions, soit par d'habiles préparations, soit par de savantes alliances de mots. Un poëte a réussi à parler noblement du *petit sou* que demandent les Savoyards :

> J'ai faim; vous qui passez, daignez me secourir.
> Tandis qu'en vos palais tout flatte votre envie,
> A genoux sur le seuil, j'y pleure bien souvent.
> Donnez; peu me suffit, je ne suis qu'un enfant :
>   *Un petit sou* me rend la vie.
>   (Guiraud.)

Le défaut opposé est la *bassesse*. Les choses qui, par elles-mêmes sont intéressantes, deviennent ridicules ou niaises quand on les exprime d'une manière basse. Dans une ancienne tragédie, on vient dire à une mère :

> Votre fils s'est jeté du haut d'une fenêtre.
> Il faut bien vite, il faut aller le secourir.
> Hélas ! madame, il est en danger de mourir.

CHAPITRE TROISIÈME.

DU RAISONNEMENT.

§ I. LOIS GÉNÉRALES DU RAISONNEMENT.

DE LA PREUVE EN GÉNÉRAL ET DE LA DÉMONSTRATION. — DU RAISONNE-
MENT EN GÉNÉRAL. — DES BASES DU RAISONNEMENT; DE LA DÉDUCTION;
DE L'INDUCTION; DE L'AUTORITÉ. — DE LA DÉMONSTRATION PAR L'AB-
SURDE. — DE LA CONSÉQUENCE DANS LE RAISONNEMENT.

De la preuve en général et de la démonstration.

Après nous être occupés, dans le premier chapitre, des pensées considérées en elles-mêmes, et, dans le second, des moyens de les exprimer et de les embellir, nous allons voir maintenant comment on peut en reconnaître et en constater la vérité : ce qui a lieu à l'aide du raisonnement, et s'appelle ordinairement *prouver*.

Prouver une proposition quelconque, c'est la rendre certaine, de douteuse qu'elle était ou pouvait être auparavant.

Avant d'être prouvée, cette proposition peut s'apeler *question*.

On *examine*, on *discute* une question ; on *prouve*, on *démontre* une proposition.

Ainsi un auteur peut dire : « La terre est-elle aplatie aux pôles ? telle est la *question* que je vais *examiner* ; » ou bien : « La terre est aplatie aux pôles et renflée à l'équateur ; telle est la *proposition* que je vais *démontrer*. »

En général, on peut dire que celui qui cherche à

reconnaître la vérité *examine et discute une question*, et que celui qui, convaincu d'une vérité, tâche d'en convaincre les autres, *prouve* ou du moins cherche à *prouver une proposition*.

L'un et l'autre parviennent à leur but à l'aide d'une ou de plusieurs propositions, qu'on appelle *preuve*, et qui produisent l'évidence.

Quand on ne peut pas parvenir à rendre une proposition évidente, on tâche au moins de la rendre vraisemblable.

La découverte et la démonstration de la vérité, c'est-à-dire la discussion et la preuve, ont lieu à l'aide du *raisonnement*.

On n'emploie le raisonnement que pour découvrir ou prouver une vérité qui n'est pas apparente. Dans tous les autres cas, l'exposition des idées suffit pour remplir le but de l'auteur.

Du raisonnement en général.

Raisonner, c'est, d'un ou de plusieurs jugements, tirer un autre jugement; c'est reconnaître qu'une proposition contestée dérive nécessairement d'une proposition reconnue comme vraie, et est, par conséquent, vraie.

Cette proposition à laquelle on a recours pour reconnaître la vérité d'une autre, est ordinairement ou un axiome de la raison, ou un fait non contesté, ou une proposition déjà démontrée.

Éclaircissons cette théorie par des exemples.

Je veux savoir si la faiblesse de caractère, que tant de personnes ne regardent que comme un défaut excusable, est un vice.

Je pose cette proposition, qui ne souffre aucune difficulté : « Toute habitude qui conduit à de mauvaises actions est un vice. » C'est là un axiome de la raison, que personne ne peut contester.

Je fais la remarque suivante : « La faiblesse par laquelle nous laissons prendre de l'ascendant sur nous aux personnes qui n'y ont aucun droit, nous conduit aux mauvaises actions que ces personnes exigent de nous. » Je vois alors clairement que la faiblesse mérite le nom de vice [1].

Je veux prouver que le séjour de Londres n'est pas agréable ; j'établis ce fait, qui n'est point contesté : « Le soleil, à Londres, ne brille presque jamais. » J'en conclus, avec une grande apparence de raison, que le séjour de Londres n'est guère agréable.

Je veux démontrer que, quand deux lignes droites se coupent, les angles opposés au sommet sont égaux. Il a déjà été prouvé [2] que tous les angles droits sont égaux entre eux, et que toute droite qui en rencontre une autre fait avec elle deux angles adjacents dont la somme équivaut à deux angles droits. Raisonnant d'après ces données, je dis : « Le premier angle et le second égalent deux droits ; le second et le troisième égalent deux droits : donc le troisième égale le premier. »

Dans ces trois exemples, j'ai prouvé la proposition qui était douteuse à l'aide d'une proposition qui ne l'était pas, en faisant voir que celle-là était la conséquence nécessaire de celle-ci : j'ai fait un *raisonnement*.

Ainsi donc, poser une proposition reconnue comme vraie et montrer qu'elle a un rapport nécessaire avec

1. Ce raisonnement est un syllogisme.
2. Dans un traité de géométrie où est démontrée ensuite la proposition citée ci-dessus comme exemple.

la proposition douteuse ou contestée, c'est ce qu'on appelle *raisonner*.

Des bases du raisonnement ; de la déduction ; de l'induction ; de l'autorité.

Tout raisonnement repose sur un des trois principes suivants : la déduction, l'induction, l'autorité.

La *déduction* tire d'un principe général une conclusion particulière ou générale.

L'*induction* conclut d'un fait particulier à un autre fait particulier, ou même à une vérité générale.

L'*autorité*[1] détermine nos jugements en raison de la confiance que nous accordons à un témoignage ou à un précepte.

« La société des méchants est funeste ; donc, il faut l'éviter. » Ce raisonnement repose sur la déduction.

« Tous ceux qui se lient avec ce jeune homme deviennent de mauvais sujets ; j'en conclus qu'il est corrompu. » Ce raisonnement repose sur l'induction.

« Plusieurs témoins d'une honnêteté reconnue disent avoir vu un homme commettre un vol ; donc, cet homme est coupable. » Ce raisonnement repose sur l'autorité.

De la déduction naît irrésistiblement la *certitude :* l'induction et l'autorité, selon le caractère dont elles sont revêtues, produisent la certitude ou la vraisemblance.

Tous nos raisonnements se rapportent à un de ces trois principes. En voici un exemple familier : « Cet enfant a le pouls agité et irrégulier ; donc, il a la fièvre. » *Induction*[2]. — « Le repos est nécessaire aux malades ;

---

1. Voyez, page 15, le sens qu'il faut ici attacher à ce mot.

2. Induction. Car l'agitation et l'irrégularité du pouls pourraient provenir

donc, il ne faut pas faire de bruit autour de lui. » *Déduction*[1]. — « Le médecin qui est venu le voir paraît inquiet; donc, la maladie est sérieuse. » *Autorité*.

La religion, la philosophie, la morale, et surtout les mathématiques raisonnent presque toujours à l'aide de la déduction; les propositions qu'elles établissent s'engendrent mutuellement; elles naissent les unes des autres.

Dans les affaires humaines et dans les sciences physiques, l'induction joue un rôle immense : les propositions alors ne s'engendrent pas; elles se lient, elles s'enchaînent.

De la démonstration par l'absurde.

Parmi les moyens de prouver fondés sur la déduction, il en est un fort remarquable qu'on appelle la *démonstration par l'absurde*.

On appelle *absurde* une chose qui ne peut pas être, parce qu'elle serait contraire à la nature ou au bon sens : « Deux et deux ne font pas quatre. — La partie est aussi grande que le tout. — L'écolier doit faire la leçon au maître. » Voilà des propositions absurdes.

Il est évident qu'une proposition de laquelle dérive *nécessairement* une absurdité est absurde elle-même : car le faux ne peut naître que du faux et n'est pas renfermé dans le vrai.

Si donc je prouve que de la proposition que je combats dérive nécessairement une absurdité, la proposition que je combats se trouve par là même démontrée fausse.

Et une proposition que je soutiens se trouve néces-

---

d'une autre cause que de la fièvre : par exemple, si l'enfant, afin de passer pour malade, avait longtemps remué la main avec force.

1. La conclusion est tirée d'un fait généralement reconnu. Voyez, page 53, le second alinéa de l'article : *Du raisonnement en général*.

sairement vraie, quand je fais voir que si elle n'était pas vraie, il résulterait de là une absurdité.

Les raisonnements de ce genre peuvent se formuler ainsi : « Supposons que la proposition que je soutiens soit fausse, » ou, ce qui revient au même : « Supposons que la contradictoire soit vraie ; si la contradictoire était vraie, il s'ensuivrait une absurdité ; donc, la contradictoire est fausse, et la proposition que je soutiens est nécessairement vraie. »

Cette manière de raisonner qui, en géométrie, jette quelquefois de l'obscurité dans l'esprit des commençants, n'en a pas moins une force irrésistible ; on l'emploie aussi quelquefois dans les démonstrations philosophiques et dans les affaires de la vie ; ainsi, pour prouver l'immortalité de l'âme, on établit et l'on démontre la proposition suivante : « Si l'âme n'est pas immortelle, Dieu est injuste. » Or, comme il est absurde de dire que Dieu est injuste, il s'ensuit qu'il est absurde de supposer que l'âme n'est pas immortelle.

De la conséquence dans le raisonnement.

Dans tout raisonnement il faut distinguer la conclusion et la conséquence. La *conclusion* est la proposition que l'on tire d'une autre ou de plusieurs autres propositions, et qui est ordinairement précédée du mot *donc*.

La *conséquence* est le rapport de la conclusion aux propositions dont on la tire.

Si je dis : « Titus fut un empereur romain; donc, il fut clément, » cette conclusion, quoique exprimant une chose vraie, n'a pas le sens commun, parce qu'elle ne résulte pas de ce qui précède ; il n'y a point de *conséquence.*

Si je dis : « Titus fut un tyran ; donc, nous devons

58 PRÉCEPTES.

haïr sa mémoire, » il y a *conséquence* dans mon raisonnement. La conclusion est bien déduite ; mais elle se trouve fausse, parce que le fait dont je l'ai tirée est faux.

Pour que le raisonnement soit bon, que faut-il donc ? que le principe posé ou le fait allégué soit vrai et que la conséquence soit juste ; alors la conclusion sera inattaquable.

La proposition ou les propositions dont on tire une conclusion s'appellent l'*antécédent* ou les *prémisses*.

Le mot *donc* se place devant la conclusion et indique la conséquence.

Quand le raisonnement est renversé et que la conclusion est exprimée avant l'antécédent, la conséquence est indiquée par le mot *car*, que l'on place devant l'antécédent. « Les jeux de mains peuvent dégénérer en querelles ; *donc*, il est bon de s'en abstenir. — Il est bon de s'abstenir des jeux de mains : *car* ils peuvent dégénérer en querelles. »

---

§ II. DES DIVERSES FORMES DE RAISONNEMENT.

DU SYLLOGISME. — DE L'ENTHYMÈME. — DU DILEMME. — DES SYLLOGISMES COMPOSÉS.

Du syllogisme.

Le raisonnement peut prendre plusieurs formes : les plus usitées sont celles qu'on nomme syllogisme, enthymème, dilemme.

Le *syllogisme* est un raisonnement composé de trois propositions, à savoir : les deux *prémisses*, dont l'une se nomme *majeure* et l'autre *mineure*, et la *conclusion*[1].

1. Une exposition plus rigoureuse du syllogisme paraîtrait à nos lecteurs difficile à comprendre, et serait sans utilité pour eux.

Majeure : « Quiconque laisse mourir ceux qu'il peut et doit sauver, est homicide ; »

Mineure : « Or, ceux qui, dans les calamités publiques, pouvant faire l'aumône, ne la font pas, laissent périr ceux qu'ils pourraient et devraient sauver ; »

Conclusion : « Donc, ils sont homicides. »

Autre exemple :

Majeure : Tout vrai chrétien est charitable ; »

Mineure : « Or, nul homme impitoyable envers les pauvres n'est charitable ; »

Conclusion : « Donc, un homme impitoyable envers les pauvres n'est pas un vrai chrétien. »

Pour qu'un syllogisme soit juste, il faut que l'une des deux prémisses contienne la conclusion, et que l'autre prémisse fasse voir qu'en effet la conclusion y est contenue. Ainsi, la conclusion du premier syllogisme que nous avons cité est évidemment contenue dans la majeure ; la mineure le fait voir. La conclusion du second est dans la mineure ; la majeure le fait voir.

D'après cette règle, examinons le syllogisme suivant : « Les Français sont braves ; or, les Espagnols ne sont pas Français ; donc, les Espagnols ne sont pas braves. » Nous en reconnaîtrons tout de suite la fausseté : car cette conclusion n'est ni dans la première prémisse, qui ne parle pas des Espagnols, ni dans la seconde, qui dit bien à la vérité que les Espagnols n'appartiennent pas à la nation française, mais qui ne dit pas qu'ils n'aient point les qualités des Français.

De l'enthymème.

L'*enthymème* est un raisonnement composé de deux propositions, dont l'une est la conséquence [1] de l'autre :

---

1. *Conséquence*, dans cette phrase, signifie *conclusion tirée conséquemment.*

c'est un syllogisme, dont une des deux prémisses a été supprimée, parce que ceux qui nous lisent ou nous écoutent peuvent facilement la suppléer.

Exemple d'enthymème : « L'avare vit dans des craintes continuelles ; donc, il ne saurait être heureux. » La proposition sous-entendue est la majeure : « Un homme qui vit dans des craintes continuelles ne saurait être heureux. » Autre enthymème : « Le vrai mérite est toujours modeste ; donc, ceux qui parlent continuellement d'eux-mêmes n'ont pas un vrai mérite. » La proposition sous-entendue est la mineure : « Ceux qui parlent continuellement d'eux-mêmes ne sont pas modestes. »

Pour reconnaître si un enthymème est juste, il suffit de lui donner la forme du syllogisme, et d'appliquer la règle indiquée plus haut.

Dans le langage ordinaire et dans les compositions littéraires, on présente rarement le raisonnement sous la forme de l'enthymème, plus rarement encore sous celle du syllogisme. On intervertit l'ordre des propositions, on les développe, on les accompagne de preuves ou d'éclaircissements ; on supprime tout ce que l'intelligence de l'auditeur peut suppléer. On dit, par exemple : « Ceux qui parlent continuellement d'eux-mêmes ne sauraient avoir un vrai mérite : car le vrai mérite est toujours modeste. » Et : « Comment l'avare pourrait-il être heureux, lui qui vit dans des craintes continuelles ? »

Mais, de quelque manière qu'un raisonnement soit exprimé, on peut toujours le ramener à la forme du syllogisme. Prenons pour exemple ce vers :

> Quoi ! vous êtes dévot, et vous vous emportez !
> (MOLIÈRE.)

Voici le raisonnement régulièrement formulé : *Ma-*

jeure : « Un dévot ne doit pas se mettre en colère ; » *mineure :* « Or, vous êtes dévot ; » *conclusion :* « Donc, vous ne devez pas vous emporter. »

Du dilemme.

Le *dilemme* est un raisonnement qu'on a appelé *poignard à double lame, et qui frappe en deux sens.* Voici en quoi il consiste. On établit deux propositions contradictoires, puis on fait voir que de chacune des deux dérive la même conclusion. Cette conclusion, si elle est bien tirée, est nécessairement vraie : car l'une des deux propositions dont on la tire est vraie [1].

Démosthène, à qui son ennemi Eschine faisait un crime d'avoir engagé les Athéniens à prendre les armes contre Philippe, parce que cette guerre avait été malheureuse pour eux, confond son accusateur par ce dilemme :

Quand j'ai donné aux Athéniens ce conseil, ou vous avez prévu les malheurs qui devaient s'ensuivre, ou vous ne les avez pas prévus. Si vous ne les avez pas prévus, vous, l'un des hommes d'État les plus habiles de notre république, pourquoi me faire aujourd'hui un crime d'une ignorance et d'une imprévoyance que vous avez partagées? C'est de votre part un acte de déloyauté et de barbarie. Si vous les avez prévus, comment se fait-il que vous, orateur célèbre et citoyen influent, vous ne vous soyez point opposé à mes conseils, et que vous n'ayez pas ouvert la bouche dans nos assemblées? C'était évidemment trahir la patrie. Donc, dans l'un ou dans l'autre cas, vous êtes un misérable.

Des syllogismes composés.

Il ne faut pas confondre le dilemme avec le *syllogisme disjonctif* [2].

Dans le *syllogisme disjonctif* on commence aussi par

---

1. Voir chap. Ier, § 2, *Des propositions opposées.*

2. Beaucoup de personnes, même fort instruites, s'y trompent.

établir deux propositions contradictoires ; puis on fait voir que l'une des deux est vraie ou fausse, d'où résulte évidemment la fausseté ou la vérité de l'autre : « Ou c'est la terre qui tourne autour du soleil, ou c'est le soleil qui tourne autour de la terre ; mais il n'est pas raisonnable de croire que le soleil tourne autour d'un globe qui est un million de fois plus petit que lui ; donc, la terre tourne autour du soleil. »

Dans le dilemme et dans le syllogisme disjonctif, il faut avoir bien soin que les deux propositions[1] soient contradictoires et ne souffrent pas de milieu. Ainsi, le raisonnement suivant est vicieux : « Quand un père commande à ses enfants des choses injustes, il faut, ou qu'ils manquent au respect qu'ils lui doivent, ou qu'ils lui obéissent ; mais il n'est pas permis aux enfants de manquer de respect à un père ; donc, ils doivent obéir. » Il y a un milieu, qui est de ne pas consentir à faire une chose injuste, tout en se maintenant dans les bornes du respect et en se montrant obéissant sur tous les autres points.

Voici d'autres exemples de syllogismes composés[2] :

Syllogisme *copulatif*[3] : « On ne peut pas être à la fois et un ambitieux et un bon citoyen ; or, Jules César était un ambitieux ; donc, il n'était pas un bon citoyen. »

Syllogisme *conditionnel* : « Si nous étions nés uniquement pour les plaisirs des sens, ils devraient nous satisfaire, et ne laisseraient pas un fond d'ennui et de tristesse dans notre cœur ; or, ils ne nous satisfont jamais entièrement, et ils nous laissent un fond d'ennui et de

---

1. Que l'on établit en commençant.

2. On dit qu'un syllogisme est *composé*, lorsque la mineure se trouve énoncée dans la majeure. Il est inutile que nos lecteurs s'occupent de ces définitions, qui sont nécessairement un peu obscures pour eux. Les exemples que nous citons sont assez clairs pour tenir lieu de définitions.

3. Cette expression n'est guère usitée.

tristesse ; donc, nous ne sommes pas uniquement nés pour les plaisirs des sens. »

Enfin nous indiquerons le *sorite*, qu'un exemple fera connaître plus facilement qu'une définition : « La négligence amène la paresse, la paresse produit le dégoût du travail, le dégoût du travail amène l'oisiveté, l'oisiveté produit le vice ; donc, la négligence peut amener le vice. »

---

§ III. DE LA RÉFUTATION.

THÉORIE DE LA RÉFUTATION. — EXEMPLES DES DIVERSES MANIÈRES DE RÉFUTER. — RÈGLES RELATIVES A LA RÉFUTATION.

Théorie de la réfutation.

Une série de preuves à l'aide desquelles on donne à la proposition qu'on soutient le caractère de l'évidence, s'appelle *démonstration*[1].

La *réfutation* est une partie essentielle de la démonstration.

Réfuter, c'est détruire les objections qu'on nous fait ou qu'on peut nous faire : c'est aussi combattre une opinion qui nous semble erronée.

Détruire les principes sur lesquels notre adversaire fonde ses raisonnements ; ou faire voir que d'un principe vrai il a tiré de fausses conséquences ; ou déduire d'un principe établi par lui-même une conclusion qui tourne contre lui ; prouver qu'il a donné comme vrai ce qui est douteux ou même faux, et qu'il a confondu ce qui doit être distingué : tels sont ordinairement les moyens qu'on emploie pour réfuter.

---

[1]. Dans le chapitre relatif au discours, nous ajouterons sur la preuve et sur la démonstration quelques préceptes qui en complèteront la théorie.

Exemples des diverses manières de réfuter.

Eclaircissons cette théorie par un exemple.

Nous soutenons, et avec raison, que le suicide est un acte criminel. Répondons aux objections que nous adresse celui qui le justifie.

Il dit : « On n'est jamais coupable quand on ne fait pas de mal à autrui. Or, celui qui attente à sa propre vie est dans ce cas. » Nous *détruisons le principe* sur lequel ce raisonnement est fondé : « On est toujours coupable quand on viole la loi de Dieu ou celle des hommes, soit qu'il en résulte ou non du dommage pour autrui. Le crime est dans l'infraction, et n'est pas seulement dans ses conséquences [1]. »

Nous *déduisons du principe* établi par notre adversaire une conclusion qui tourne contre lui : « D'après vous, c'est quand on fait du mal à autrui qu'on est coupable. Conséquemment, le suicide est un grand crime : car l'exemple qu'il donne produit dans la société un mal immense. »

Notre adversaire réplique : « Dieu est miséricordieux, il me pardonnera. » Nous faisons voir que *d'un principe vrai* il a tiré une fausse conséquence. « Oui, la miséricorde de Dieu est infinie ; mais faire sciemment ce qui est contraire à sa loi et se rendre criminel en comptant d'avance sur le pardon, c'est s'en rendre indigne. »

Il ajoute : « Je ne puis plus supporter la vie ; je suis excusable d'en rejeter le fardeau. » Nous faisons voir qu'il donne *pour vrai ce qui est faux* : « Vous ne pouvez pas, dites-vous ; ce qui est vrai, c'est que vous ne voulez pas. Quels que soient vos chagrins, il vous est tou-

---

1. *Dans ses conséquences* signifie ici *dans ses résultats, dans ses suites.*

jours plus facile d'employer votre force morale à les supporter, que d'abuser de cette même force pour tourner sur vous-même une main criminelle. »

Règles relatives à la réfutation.

Soit qu'on réponde à des objections réellement alléguées par l'adversaire que l'on combat, soit qu'on réponde à celles que l'on se fait à soi-même ou que l'on veut prévenir, on doit observer les règles suivantes :

Il ne faut ni écarter, ni dissimuler, ni éluder aucune objection importante ; on doit les aborder toutes franchement. Reculer ou louvoyer, c'est renoncer d'avance au succès.

En énonçant l'objection, on ne doit pas l'atténuer ; il faut, au contraire, la présenter dans toute sa force ; autrement on croirait que vous affaiblissez la difficulté parce que vous êtes dans l'impuissance de la vaincre.

On doit résoudre l'objection sous toutes ses faces, de manière à ne laisser ni doute ni obscurité dans l'esprit du lecteur.

Enfin, on ne doit pas s'arrêter à des difficultés sans importance, et combattre péniblement des objections dont la futilité est évidente.

---

§ IV. DES SOPHISMES.

DES SOPHISMES EN GÉNÉRAL. — DE LA PÉTITION DE PRINCIPE ET DU CERCLE VICIEUX. — PROUVER AUTRE CHOSE QUE CE QUI EST EN QUESTION. — JUGER DE LA NATURE D'UNE CHOSE SANS LA CONNAÎTRE. — CONFONDRE LES DIVERSES SIGNIFICATIONS DU MÊME MOT. — PRENDRE POUR CAUSE CE Q   N'EST POINT CAUSE. — DES MOYENS D'ÉVITER LES SOPHISMES.

Des sophismes en général.

Une déduction illégitime, une induction téméraire,

une autorité insuffisante, donnent naissance à des raisonnements qui peuvent avoir quelque apparence de vérité, et qui cependant sont faux : c'est ce qu'on appelle des *sophismes.*

La plupart viennent, en général, plutôt d'une erreur de jugement que d'un vice de raisonnement ; et trop souvent ces erreurs de jugement sont dues à la passion, à la prévention, ou même à la mauvaise foi.

De la pétition de principe et du cercle vicieux.

Le sophisme qu'on appelle *pétition de principe* consiste à supposer comme vrai ce qui est en question, et à donner comme preuve la chose même qui a besoin d'être prouvée. Ainsi une mère trop faible dont le fils est accusé de quelque odieux mensonge dira pour le justifier, « qu'il ne ment jamais, qu'il a trop d'élévation dans les sentiments pour mentir. » Mais c'est là précisément ce qu'on lui conteste.

La pétition de principe prend le nom de *cercle vicieux* lorsqu'on donne pour preuve à une proposition une deuxième proposition que l'on ne peut prouver qu'à l'aide de la première. Tel est le sophisme de cet élève disputeur et entêté qui ne peut vivre avec ses camarades : « Pourquoi, lui dit-on, ne pouvez-vous vous accorder avec vos camarades ? — C'est qu'ils ont un mauvais caractère. — Et sur quoi jugez-vous qu'ils ont un mauvais caractère ? — C'est parce qu'ils ne peuvent s'accorder avec moi. »

Prouver autre chose que ce qui est en question.

Un autre sophisme consiste à *prouver autre chose que ce qui est en question.* Ainsi un impie prétend prouver que la religion a fait beaucoup de mal. Que fait-il pour y parvenir? Il détaille les malheurs et les crimes que la superstition a enfantés. Qu'a-t-il prouvé par là? Que la superstition est funeste et cruelle, ce que personne ne lui contestait. Mais contre la religion il n'a rien prouvé; bien au contraire, car la superstition n'a pas de plus redoutable ennemi qu'une religion éclairée.

Juger de la nature d'une chose sans la connaître.

On fait encore un sophisme, lorsqu'on regarde comme essentiellement et continuellement vrai ce qui n'est vrai qu'accidentellement : « La médecine a échoué quelquefois; donc, la médecine n'est bonne à rien. — Des avocats plaident indifféremment le pour et le contre; donc, l'exercice de cette profession rend l'esprit faux. »

Et encore lorsqu'on juge un tout sans avoir considéré toutes ses parties, lorsqu'on décide une question sans l'avoir examinée sous toutes ses faces. Tel est le sophisme de celui qui veut justifier le suicide : « Ou mon âme est immortelle, ou elle ne l'est pas : dans le premier cas, j'aurai échangé cette vie de souffrances pour une vie meilleure; dans le second cas, tous mes maux sont finis. » Il oublie une troisième possibilité, celle de l'immortalité pour l'expiation et pour la souffrance. Tel était encore le raisonnement de cet Anglais qui, allant d'Espagne à Bordeaux où il s'embarqua pour son pays, et ayant traversé les landes de Gascogne, a cru et a imprimé qu'il y a en France au moins autant de terrains en friche que de terres cultivées.

Confondre les diverses significations du même mot.

C'est encore s'exposer à l'erreur que de *prendre les mots pour des choses*, et d'attacher à un même mot tantôt *un sens, tantôt un autre.* Il y a une constellation qu'on nomme *Balance ;* la balance est le symbole de la justice[1] : Louis XIII naquit sous cette constellation ; on conclut de là qu'il serait ami de la justice, et on lui donna à sa naissance le surnom de Louis le Juste. C'était étrangement abuser de ce mot de *balance.* Ainsi déraisonnait, mais très-volontairement, celui qui disait ; « Gassendi est petit ; or, Gassendi est un philosophe ; donc, Gassendi est un petit philosophe. » Il prenait sciemment le mot de *petit* dans deux acceptions différentes.

Prendre pour cause ce qui n'est point cause.

Par ignorance, par irréflexion, par présomption, on attribue aux choses des causes qu'elles n'ont pas. Ainsi un grammairien inintelligent examine pourquoi, parmi les noms des choses inanimées et des parties du corps, les uns sont masculins, les autres féminins[2]. Au lieu de reconnaître, comme tout homme raisonnable, qu'il n'en sait rien, que la question est insoluble, et qu'en réalité elle ne vaut pas la peine d'être examinée : « Cela vient, dit-il sérieusement, de ce qu'on a donné le genre masculin aux choses qui ont de la force, et le genre féminin à celles qui ont de la grâce. » Rien n'est plus commun, dans les livres des savants comme dans le cours de la vie, que ce sophisme de la cause. Il a lieu surtout lorsque deux faits arrivant l'un après l'autre[3], on en conclut que le premier est cause du second. « Une comète a paru en 1811 ; le vin qu'on fit cette année-là était excellent ; donc, les comètes influent sur la vendange. » Un joueur dit très-sérieusement à une

---

1. Voir plus haut l'article de l'allégorie.
2. Ainsi, en français, *astre* est du masculin et *étoile* du féminin ; le mot qui signifie *tête* est neutre en latin, féminin en grec, masculin en allemand, etc.
3. Ou simultanément.

personne qui s'est assise auprès de lui : « Depuis que vous êtes auprès de moi, je perds ; donc, vous me portez malheur. »

Des moyens d'éviter les sophismes.

Un homme judicieux suspend son jugement sur les choses qui ne lui sont pas parfaitement connues : il ne confond ni les idées avec les mots, ni les diverses acceptions d'un même mot entre elles, ni un individu avec toute son espèce, ni un fait accidentel avec une loi constante : il examine dans chacune de ses parties le tout qu'il veut juger, sous toutes ses faces la question qu'il traite, et il ne donne pas sa propre conviction comme une preuve de ce qu'il avance. Ainsi, s'il ne peut se préserver de l'erreur, à laquelle tous les hommes sont malheureusement exposés, il évite du moins les sophismes dans lesquels l'irréflexion, la présomption ou la passion pourraient le faire tomber[1].

---

1. Au lieu de *raisonner, raisonnement, preuve*, on dit aussi *argumenter, argu-* *mentation, argument*, surtout dans les discussions philosophiques.

CHAPITRE QUATRIÈME.

DES SENTIMENTS ET DES IMAGES ; DU STYLE ; DES DÉVELOPPEMENTS.

§ I. DES SENTIMENTS ET DES IMAGES.

EFFETS DE LA SENSIBILITÉ ET DE L'IMAGINATION DANS LA COMPOSITION LITTÉRAIRE. — DE LA SENSIBILITÉ ET DES SENTIMENTS. — DE L'IMAGINATION. — DES IMAGES. — DES MOUVEMENTS.

Effets de la sensibilité et de l'imagination dans la composition littéraire.

La sûreté du jugement et la force du raisonnement sont le premier mérite de l'écrivain, et peuvent seules donner une valeur réelle à la composition littéraire.

Mais cette composition reste froide et sans couleur, si l'auteur ne sait l'animer par la sensibilité et l'imagination, facultés précieuses qui ont été inégalement départies aux hommes, mais que chacun peut activer en soi par le travail et par une volonté forte.

Plus l'écrivain a de sensibilité, plus il mettra de chaleur dans ses compositions ; plus il a d'imagination, plus il pourra y déployer d'esprit.

Sans esprit et sans chaleur, une composition a beau être exempte de toute espèce de fautes, elle ne peut ni plaire, ni émouvoir ; elle n'a aucun charme, et ne mérite pas plus le nom de composition littéraire qu'un traité de dessin linéaire ou d'arpentage.

De la sensibilité et des sentiments.

La *sensibilité*[1] est cette faculté de l'âme par laquelle elle s'affecte aisément et reçoit promptement les diverses impressions agréables ou douloureuses.

L'âme, en effet, susceptible de toutes sortes d'impressions, est faite pour être émue et agitée : sélon les diverses impulsions qu'elle reçoit, elle aime, elle hait; elle craint, elle espère ; elle méprise, elle admire ; elle s'indigne, elle plaint.

Ces divers mouvements de l'âme, nés de la sensibilité, s'appellent *sentiments*.

La sensibilité a cela de remarquable, qu'elle est ordinairement contagieuse, c'est-à-dire que, par un effet sympathique, les émotions dont nous sommes témoins se communiquent à nous. Qui est ému nous émeut. Nous sourions naturellement en voyant sourire ; et, à l'aspect des larmes d'autrui, les nôtres coulent.

Il suit de là que, pour émouvoir le lecteur, il faut que l'écrivain soit ému lui-même.

Si c'est un moraliste, par exemple, il ne nous fera aimer la vertu, il ne nous fera détester le vice, que s'il est plein d'amour pour l'une et d'horreur pour l'autre. Ces sentiments passeront de son âme dans notre âme. Mais, s'il est insensible aux charmes de la vertu, il aura beau s'exprimer en termes élégants et nobles, il nous laissera froids et, par conséquent, il restera toujours au-dessous de son sujet : car les vérités de la religion et de la morale ne sont pas faites seulement pour être l'objet de notre connaissance, mais aussi pour être celui de notre adoration et de notre amour.

Massillon nous offre dans ses sermons d'admirables

---

1. Nous définissons ici la *sensibilité* considérée sous le rapport littéraire.

exemples du raisonnement animé par tout ce que la sensibilité a de plus vif et de plus tendre.

De l'imagination.

L'*imagination* est cette faculté de l'âme par laquelle la pensée se retrace les objets absents, soit réels, soit fictifs, les transforme ou les modifie à son gré, et en crée même de nouveaux.

L'imagination, par le pouvoir qu'elle a de nous représenter les choses autres qu'elles ne sont en effet, et sous un aspect plus riant ou plus triste que la réalité, peut devenir pour nous, dans la vie, la source de beaucoup de plaisirs et de peines, et donner naissance à bien des déceptions si nous ne savons pas la régler.

Cette faculté vive et brillante est la source des beautés artistiques et littéraires ; elle inspire les œuvres du poëte et donne aux compositions en prose du charme et de l'éclat. Mais elle ne doit jamais dominer exclusivement dans les œuvres de l'intelligence, et ses conceptions les plus hardies doivent toujours être soumises aux lois d'une raison sévère.

Le *Télémaque* de Fénelon présente le modèle de cet heureux accord entre l'imagination et la raison ; dans ce livre immortel, la première ne cesse de donner du charme à la seconde, qui lui sert constamment de guide.

Des images.

Un des effets de l'*imagination*, c'est d'animer le style à l'aide des images [1].

On dit qu'une expression *fait image*, lorsqu'elle peint

---

1. Ne pas confondre les *images* avec les *figures*. Beaucoup de figures, surtout de métaphores, font image ; mais il s'en faut de beaucoup que toutes les images soient des figures, et que toutes les figures soient des images.

quelque chose à l'esprit. Il n'y a point d'image dans :
« Il tire l'épée ; » il y en a une dans : « Il fait briller
le fer. »

Quand La Fontaine dit :

> Un jour sur ses longs pieds allait je ne sais où,
> Le héron au long bec, emmanché d'un long cou,

il fait une image ; on croit voir le héron.

Bossuet fait une image quand il dit :

> L'univers allait s'enfonçant dans les ténèbres de l'idolâtrie.

Lorsque les pensées de l'écrivain se présentent fréquemment sous la forme d'images naturelles et vives,
on dit que son style est *pittoresque*. C'est dans ce sens
qu'on dit d'un auteur qu'il est un *grand peintre*, et que
Napoléon disait à Bernardin de Saint-Pierre : « Votre
plume est un pinceau. »

Les images naissent naturellement d'une imagination
riche et animée ; les rechercher par le travail serait
inutile : on fatiguerait le lecteur, on se fatiguerait soi-
même, et le style, au lieu d'être pittoresque, devien-
drait forcé, enluminé et faux.

Voyez par quelles images gracieuses Lamartine exprime cette pensée : « Le moment de ne plus faire de
vers est arrivé ; je renonce à la poésie, quoiqu'à regret.»

> Adieu donc, adieu, voici l'heure,
> Lyre aux soupirs mélodieux ;
> En vain sous ma main qui t'effleure,
> Ta fibre encor frémit et pleure ;
> Voici l'heure de nos adieux.
> Reçois cette larme rebelle
> Que mes yeux ne peuvent cacher...

Et celle-ci : « Je me levais avant le jour pour composer des vers de piété. » (C'est toujours à sa lyre qu'il s'adresse.)

> Pour chanter celui que j'adore,
> Quand je t'emportais avec moi
> Sur les monts que le soleil dore,
> Le premier rayon de l'aurore
> Ne se réveillait qu'après toi.

Veut-on des images d'une nature différente ; voici comment un poëte exprime cette idée : « Je ne boirai pas de vin de Champagne. »

> Non, ce n'est pas pour moi qu'une liqueur mousseuse,
> Et de sa liberté follement amoureuse,
> Frémit dans sa prison, s'indigne de ses fers,
> Et lance en pétillant son bouchon dans les airs.
>
> (COLNET.)

Des mouvements.

Les *mouvements*, dans le style, tiennent surtout au sentiment.

On appelle *mouvement* un tour vif et rapide donné à l'expression de la pensée. Ainsi Bossuet, en parlant du jeune prince de Condé :

> *Le voyez-vous, comme il vole* à la victoire ou à la mort?

Clytemnestre, dans la tragédie d'*Iphigénie* par Racine :

> *Non, je ne l'aurai point* amenée au supplice....
> *Venez*, si vous l'osez, *la ravir* à sa mère.

Un poëte, parcourant des tombeaux, lit sur les marbres des inscriptions mensongères :

> Lisons : « Ci-gît le grand.... » *Brisez-vous, imposteurs!*
> *Eh quoi! des os* en poudre ont encor des flatteurs !
>
> (FEUTRY.)

§ II. DU STYLE.

DU STYLE EN GÉNÉRAL. — DE LA CONVENANCE ET DE LA VARIÉTÉ DU STYLE.
— DE LA BEAUTÉ ET DES DÉFAUTS DU STYLE.

Du style en général.

Les idées, les jugements, les faits, les sentiments, les conceptions de l'imagination sont ce qu'on appelle dans une composition littéraire les *pensées*.

La manière dont on rend les pensées s'appelle le *style*.

La diction, comme nous l'avons vu, est le style considéré spécialement dans l'emploi des mots ; mais le style ne consiste pas seulement dans le choix des mots : il choisit et combine les idées.

La raison, l'imagination et le sentiment concourent tous les trois au mérite du style. C'est le style qui met de l'ordre et du mouvement dans les pensées, et donne à la composition littéraire la chaleur et le coloris.

On comprend aisément par là qu'une composition littéraire peut être pitoyable sous le rapport du style, quoique la diction en soit irréprochable.

Quand le style d'un ouvrage réunit les qualités convenables, on dit que cet ouvrage est *bien écrit*.

Les ouvrages bien écrits sont les seuls qui obtiennent un succès durable et qui arrivent à la postérité.

Les plus parfaits modèles de style dans notre langue sont : en prose, Fénelon, Massillon, Buffon ; en vers, Boileau et surtout Racine.

Parmi les qualités du style, quelques-unes tiennent essentiellement à la diction ; nous les avons fait connaître.

Nous allons parler maintenant de la convenance et des qualités diverses qui font la *beauté* du style.

De la convenance et de la variété du style.

Si l'on considère le style relativement au sujet que l'on traite, sa qualité capitale est la *convenance*, c'est-à-dire que le caractère du style doit varier selon la nature des idées qu'on exprime et selon les circonstances dans lesquelles on parle. On conçoit, par exemple, qu'une fable, un sermon, une comédie, exigent un style tout différent.

Ainsi le langage doit répondre aux divers caractères que le sujet imprime nécessairement à la pensée ; c'est avec elle que le style s'élève et s'abaisse ; c'est par elle et pour elle que l'imagination le colore, que la passion l'anime ; selon les exigences du sujet, il est simple, sévère, badin, enjoué, piquant, léger, fleuri, gracieux, brillant, animé, pittoresque, enfin sublime, ce qui est le plus haut degré auquel il puisse atteindre.

Le style est *sublime*, lorsqu'il exprime les grandes choses et les sentiments élevés d'une manière également grande et élevée ; à ce genre appartient tout ce que l'éloquence et la poésie ont de plus hardi, de plus capable de subjuguer les esprits et de commander l'admiration.

On peut citer comme modèles du style sublime, en vers, l'ode sur le vaisseau *le Vengeur ;* en prose, le morceau de Bossuet sur Charles-Gustave.

Il est bon, dans une composition étendue, que le style ait de la *variété :* car l'uniformité produit l'ennui.

> Un style trop égal et toujours uniforme
> En vain brille à nos yeux ; il faut qu'il nous endorme :
> On lit peu ces auteurs nés pour nous ennuyer,
> Qui toujours sur un ton semblent psalmodier.
> (BOILEAU.)

L'auteur même le plus sublime lasserait bientôt l'ad-

miration, s'il ne savait varier son style, c'est-à-dire
passer sans effort d'un ton à un autre.

De la beauté et des défauts du style.

Quel que soit le caractère général du style, deux
qualités précieuses en font la beauté; ces deux qualités
sont l'élégance et l'énergie.

L'*élégance* est le résultat de la justesse et de l'agrément. Elle éclaire et embellit l'idée principale en grou-
pant autour d'elle des idées accessoires qui forment un
ensemble noble et gracieux, elle choisit les expressions,
et n'emploie que celles qui plaisent à l'esprit et à l'o-
reille. La fable *le Chêne et le Roseau* est d'un bout à
l'autre un chef-d'œuvre d'élégance.

L'*énergie* consiste dans une combinaison de la vivacité et de la force : de la force, qui grave profondément les idées dans notre esprit; de la vivacité qui les
anime et les passionne. Le discours du paysan du **Da-
nube** au sénat romain, dans La Fontaine, est, depuis le
commencement jusqu'à la fin, un modèle d'énergie.

Ces deux qualités sont indispensables à la beauté du
style. Quelques autres qualités y contribuent selon la
nature du sujet que l'on traite.

La *naïveté* ne convient que dans des sujets très-
simples; elle consiste dans une ingénuité de sentiment
ou quelquefois de malice, qui échappe sans réflexion,
et qui s'exprime sans art. Telles sont, dans la fable de
La Fontaine, les paroles du savetier au financier.

La *finesse* fait entendre à côté et au delà de ce qu'on
dit, et paraît vouloir cacher la pensée pour mieux la
faire voir. La *délicatesse* est au sentiment ce que la
finesse est à l'esprit; elle exprime avec une réserve ingénieuse des choses aimables, et donne de la grâce à

l'éloge. Il y a de la finesse dans ce mot d'un homme d'esprit adressé à un ministre : « Vous avez travaillé dix ans à vous rendre inutile. » Il y a de la délicatesse dans ce mot d'un ancien sage sur l'amitié : « Quand je suis avec mon ami, je ne suis pas seul, et nous ne sommes pas deux. »

La *véhémence* est le mouvement rapide de la passion. La *richesse* est la réunion de l'abondance et de l'éclat. La *magnificence* anime encore cette richesse par l'audace de l'expression.

On admire la véhémence dans Mirabeau, la richesse dans Massillon, la magnificence dans plusieurs passages de Buffon, par exemple le tableau de la nature sauvage et de la nature cultivée.

On dit que le style a de la *sécheresse*, quand il manque d'animation et d'ornement ; de la *roideur*, lorsqu'il n'a ni facilité, ni variété ; on dit qu'il est *déclamatoire*, quand on emploie, hors de propos, des expressions et des phrases pompeuses ; qu'il est *plat*, qu'il est *fade*, qu'il est *terne*, lorsqu'il n'a pas l'élégance, l'intérêt, le coloris que le sujet semblait réclamer.

* * *

§ XII. DES DÉVELOPPEMENTS.

DES DÉVELOPPEMENTS EN GÉNÉRAL. — DES RÉSUMÉS. — DE LA DÉFINITION. — DE L'ÉNUMÉRATION. — DES PRINCIPES ET FAITS GÉNÉRAUX. — DES CAUSES ET DES EFFETS. — DE LA COMPARAISON. — DE L'INCOMPATIBILITÉ. — DES CIRCONSTANCES. — DES EXEMPLES ; DE LA PREUVE PERSONNELLE.

Des développements en général.

L'art du style ne consiste pas seulement à exprimer les pensées, mais à les développer.

Les *développements* sont l'œuvre combinée du raisonnement[1] et du style.

Développer une pensée, c'est l'expliquer de manière à faire ressortir tout ce qu'elle offre de vrai, de fort, d'intéressant.

Quelquefois le développement n'est autre chose qu'une paraphrase. La *paraphrase* reproduit simplement la pensée, mais en d'autres termes et avec plus d'étendue.

Plus souvent le développement consiste à choisir les circonstances les plus frappantes qui peuvent faire valoir la pensée. C'est ce qu'on peut voir dans le passage suivant de Massillon. L'orateur veut développer cette pensée : « C'est par la douceur, et non par la violence, que les premiers chrétiens ont fait triompher l'Église. »

L'Église n'opposa jamais aux persécutions que la patience et la fermeté ; la loi fut le seul glaive avec lequel elle vainquit les tyrans ; le sang de ses martyrs tout seul fut la semence des fidèles. Ses premiers docteurs ne furent pas envoyés comme des lions pour porter partout le carnage, mais comme des agneaux pour être eux-mêmes égorgés. Ils prouvèrent, non en combattant, mais en mourant pour la foi, la vérité de leur mission.

Développer[2], ce n'est donc pas, comme on pourrait le croire, multiplier et prodiguer les mots, c'est combiner des idées.

Développer, c'est énoncer d'une manière explicite tout ce qui est implicitement contenu dans la pensée principale ; c'est éclairer cette pensée, en montrant de quelles pensées elle procède et quelles pensées naissent d'elle ; c'est aussi quelquefois l'échauffer par les mouvements et la colorer par des images.

---

1. C'est-à-dire de l'art de raisonner appliqué au sujet qu'on traite.

2. Dans les traités de rhétorique, au lieu de *développer*, *développement*, on dit *amplifier*, *amplification*. Aujourd'hui toutefois ces deux derniers mots sont rarement employés dans un sens favorable.

Quand un développement réunit ces conditions, on dit qu'il est *heureux*, qu'il est *riche*.

Ainsi, rien de plus heureux, de plus riche que le développement suivant de Massillon. La pensée à développer était celle-ci : « L'ambition rend ceux qu'elle domine malheureux par la jalousie. »

De l'ambition naissent les jalousies dévorantes ; et cette passion si basse et si lâche est pourtant le vice et le malheur des grands. Jaloux de la réputation d'autrui, la gloire qui ne leur appartient pas est pour eux comme une tache qui les flétrit et qui les déshonore. Jaloux des grâces [1] qui tombent à côté d'eux, il semble qu'on leur arrache celles qui se répandent sur les autres. Jaloux de la faveur [2], on est digne de leur haine et de leur mépris dès qu'on l'est de l'amitié et de la confiance du maître. Jaloux même des succès glorieux à l'État, la joie publique est souvent pour eux un chagrin secret et domestique ; les victoires remportées par leurs rivaux sur nos ennemis leur sont plus amères qu'à nos ennemis mêmes ; leur maison, comme celle d'Aman [3], est une maison de deuil et de tristesse, tandis que celle de Mardochée triomphe et reçoit au milieu de la capitale les acclamations publiques ; et, peu contents d'être insensibles à la gloire des événements, ils cherchent à se consoler en s'efforçant de les obscurcir par la malignité des réflexions et des censures. Enfin, cette injuste passion tourne tout en amertume, et on trouve le secret de n'être jamais heureux, soit par ses propres maux, soit par les biens qui arrivent aux autres.

Il ne faut pas développer une pensée hors de propos ou trop longuement ; c'est ce qu'on appelle la *délayer*.

Il ne faut pas developper des choses peu importantes dans un langage étudié. Voltaire a dit avec raison :

> Évitons ce verbiage
> Qui noie éloquemment un rien
> Dans un fatras de beau langage.

1. Des places et des dignités accordées par le souverain.　　2. De la bienveillance du souverain.

3. Allusion à l'histoire d'Esther.

Des résumés.

L'opération inverse à celle de développer se nomme résumer.

Résumer, c'est réduire les principales pensées développées dans un travail littéraire à leur expression la plus simple.

Un résumé bien fait est utile pour fixer dans l'esprit le plan, l'objet et les résultats d'une composition littéraire.

Le résumé dans lequel on s'attache surtout à faire apprécier une composition dans son ensemble et dans ses détails, prend le nom d'*analyse;* et, si l'on y joint des observations critiques sur les pensées et le style de l'auteur, c'est ce qu'on appelle *analyse littéraire.*

Il est certains moyens généraux de développer et de prouver[1] qu'il est bon de connaître, sans y attacher néanmoins trop d'importance, et auxquels on peut avoir recours dans l'occasion. Nous allons en dire quelques mots.

De la définition.

La *définition*[2] explique la nature d'une chose et en donne une idée juste et claire. Il y en a deux sortes, la définition philosophique et la définition oratoire.

La première caractérise un objet d'une manière rigoureuse et précise : « L'éloquence est le talent de persuader. — L'homme est une âme intelligente unie à un corps organisé. »

---

1. Dans les livres de rhétorique on les appelle *lieux communs*.... Mais le plus généralement on emploie cette dernière expression dans un sens défavorable. *Ce sont là des lieux communs,* signifie : « Ce sont là des vérités générales, vulgairement connues, et qui n'ont pas d'application directe et spéciale au sujet qu'on avait à traiter. » C'est également dans un sens défavorable qu'on dit : *C'est de la rhétorique, de l'amplification, de la déclamation;* c'est-à-dire : « Ce sont des phrases étudiées qui ne prouvent rien. »

2. Nous avons parlé de la définition des mots : il s'agit ici de celle des choses.

La seconde est plus étendue et plus belle ; elle choisit pour caractériser la chose les attributs et les circonstances qui peuvent produire le plus d'effet : « L'éloquence est la souveraine des cœurs. »

L'homme est un roseau, le plus faible de la nature ; mais c'est un roseau pensant. (PASCAL.)

> L'homme, en sa course passagère,
> N'est rien qu'une vapeur légère
> Que le soleil fait dissiper :
> Sa clarté n'est qu'une nuit sombre,
> Et ses jours passent comme l'ombre
> Que l'œil suit et voit échapper.
>
> (J.-B. ROUSSEAU.)

L'exemple suivant fera voir comment la définition est un moyen de développer et de prouver.

On veut relever la gloire d'un homme qui a su commander une armée avec succès ; on y parvient en donnant la définition d'une armée :

Qu'est-ce qu'une armée? C'est un corps animé de passions différentes, qu'un homme habile fait mouvoir pour la défense de la patrie ; c'est une troupe d'hommes armés qui suivent aveuglement les ordres d'un chef dont ils ne savent pas les intentions ; c'est un assemblage confus d'hommes indociles qu'il faut assujettir à l'obéissance, de téméraires qu'il faut retenir, d'impatients qu'il faut accoutumer à la constance. Quelle prudence ne faut-il pas pour conduire et réunir au seul intérêt public tant de vues et de volontés différentes ! Comment se faire craindre sans se mettre en danger d'être haï et bien souvent abandonné? Comment se faire aimer sans perdre un peu de l'autorité et relâcher de la discipline nécessaire? (FLÉCHIER.)

De l'énumération.

L'*énumération des parties* considère les diverses parties d'un tout, et tous les rapports sous lesquels l'objet dont on parle peut être examiné.

C'est par l'énumération que Massillon développe cette pensée : « L'ambitieux ne jouit de rien. »

L'ambitieux ne jouit de rien : ni de sa gloire, il la trouve obscure ; ni de ses places, il veut monter plus haut ; ni de sa prospérité, il sèche et dépérit au milieu de son abondance ; ni des hommages qu'on lui rend, ils sont empoisonnés par ceux qu'il est obligé de rendre lui-même ; ni de sa faveur [1], elle devient amère dès qu'il faut la partager avec ses concurrents ; ni de son repos, il est plus malheureux à mesure qu'il est obligé d'être plus tranquille.

Des principes et faits généraux.

On développe en rattachant le fait particulier ou la vérité particulière dont on parle à une vérité plus générale.

Bossuet dit qu'il est inutile de faire l'éloge du grand Condé :

Nous ne pouvons rien, faibles orateurs, pour la gloire des âmes extraordinaires : le sage a raison de dire que leurs actions seules les peuvent louer. Toute autre louange languit auprès des grands noms ; et la seule simplicité d'un récit fidèle pourrait soutenir la gloire du prince de Condé.

Des causes et des effets.

La *cause* est ce qui produit quelque chose que ce soit ; l'*effet* est ce qui résulte de la cause.

« Fuyons la médisance, car elle prend sa source dans la malignité et dans l'envie, passions honteuses. » C'est raisonner par les causes.

« Fuyons la médisance, parce qu'elle attire des ennemis, et que le mal qu'on dit d'autrui ne produit que du mal. » C'est raisonner par les effets.

1. De la part que le souverain lui accorde dans sa bienveillance et dans sa confiance.

De la comparaison.

La *comparaison*[1] est une source féconde de développements.

On développe par la comparaison de supériorité, d'infériorité, d'égalité dans le caractère des personnes, dans la nature des choses, dans les moyens employés, dans les résultats obtenus.

Le bonheur ou la témérité peut faire des héros ; mais la vertu toute seule peut former de grands hommes. (MASSILLON.)

Il est bien plus aisé de conquérir des provinces et de dompter des peuples, que de dompter ses passions. (ID.)

Les âges se renouvellent, la figure du monde passe sans cesse ; les morts et les vivants se remplacent continuellement ; rien ne demeure, tout change, tout s'use, tout s'éteint ; Dieu seul demeure toujours le même. (ID.)

Rapides et fugitifs, les plaisirs des sens ne laissent après eux que du vide, et tous les hommes s'en dégoûtent avec l'âge. Les plaisirs de l'esprit ont un attrait toujours nouveau ; l'âme est toujours jeune pour les goûter, et le temps, loin de les affaiblir, leur donne chaque jour plus de vivacité. (LAROMIGUIÈRE.)

On développe en comparant ce qui est avec ce qui devrait être :

Quelle honte lorsque ceux qui sont établis pour régler les passions de la multitude deviennent eux-mêmes les vils jouets de leurs passions propres !... Ils devaient régler les mœurs publiques, ils les corrompent : ils étaient établis de Dieu pour être les protecteurs de la vertu, et ils deviennent les appuis et les modèles du vice !... (MASSILLON.)

En comparant une chose avec une autre qui lui est opposée : « Montre de l'affabilité envers tous ceux avec qui tu as affaire : l'orgueil et l'impolitesse révoltent tous les cœurs. »

---

1. Ne pas confondre avec la comparaison employée comme ornement du style.

Quand la comparaison conclut du plus au moins, c'est ce qu'on appelle raisonner *à fortiori*[1] : « Il est affreux de faire la guerre à des étrangers, à des inconnus : combien donc n'est-il pas plus affreux de la faire à ses concitoyens ! — Si notre devoir veut que nous soyons bienveillants envers tout le monde, à combien plus forte raison ne sommes-nous pas obligés de l'être envers ceux qui ont acquis des droits sur nous par leurs bienfaits ! »

De l'incompatibilité.

On peut établir un développement ou raisonnement sur l'*incompatibilité* de deux choses : « L'avare ne peut être heureux : car il est esclave de sa passion insensée, et l'on ne saurait être heureux quand on est esclave. »

Des circonstances.

On développe en détaillant les *circonstances* d'un fait. Il y en a sept principales : la *personne*, la *nature de la chose*, le *lieu*, les *moyens*, les *motifs*, la *manière*, le *moment*. Qui? quelle chose? où? par quels moyens? pourquoi? comment? quand?

Ainsi, par le détail des circonstances, on fait voir combien était criminelle la conduite du duc de Bretagne[2], lorsqu'il attira Clisson dans son château pour le faire périr : « *Qui ?* Un prince du sang français, un

1. *A plus forte raison.* On lit dans les traités de rhétorique que l'on peut conclure par comparaison du moins au plus ; c'est une erreur grave. Dans les exemples que nous citons, la conclusion a lieu du plus au moins. En effet, exiger que vous soyez en paix avec vos concitoyens, c'est *moins* qu'exiger que vous soyez en paix avec tous les hommes. Il est bien évident qu'il en coûte *moins* pour être bienveillant envers un bienfaiteur que pour l'être envers le premier venu. On peut aussi conclure d'égal à égal.

2. Jean V, duc de Bretagne, après avoir été longtemps en querelle avec le connétable de Clisson, qui pourtant lui avait rendu de grands services, feignit de se réconcilier avec lui en 1387, et, l'ayant invité à venir dans son château, il s'empara de sa personne et donna ordre de le faire périr. Cet ordre ne fut pas exécuté.

chevalier, un souverain. — *Quoi ?* Il commet un acte de trahison, de félonie. — *Où ?* Dans son propre château. — *Par quels moyens ?* En abusant de la confiance et de la loyauté du connétable. — *Pourquoi ?* Pour satisfaire une haine insensée. — *Comment ?* Par un assassinat précédé d'un guet-apens. — *Quand ?* Lorsque la paix entre les deux ennemis venait d'être jurée. »

Des exemples ; de la preuve personnelle.

On appuie un raisonnement sur des citations ou sur des *exemples :* « Il n'est pas vrai que la poésie et les sciences exactes s'excluent mutuellement : Buffon était en même temps un grand naturaliste, et, quoiqu'il écrivît en prose, un grand poëte. »

Quelquefois on cherche une preuve dans la conduite et les sentiments réels ou possibles des personnes à qui l'on s'adresse ; c'est ce qu'on nomme *argument personnel* [1]. Ulysse engage Agamemnon à consentir au sacrifice de sa fille Iphigénie ; Agamemnon lui répond :

> Ah ! seigneur ! qu'éloigné du malheur qui m'opprime,
> Votre cœur aisément se montre magnanime !
> Mais que si vous voyiez, ceint du bandeau mortel,
> Votre fils Télémaque approcher de l'autel,
> On vous verrait, troublé de cette affreuse image,
> Changer bientôt en pleurs ce superbe langage,
> Éprouver la douleur que j'éprouve aujourd'hui,
> Et courir vous jeter entre Chalcas [2] et lui !
>
> (RACINE.)

1. Plus ordinairement *argument ad hominem.*

2. Sacrificateur et devin, qui prit part à l'expédition des Grecs contre Troie.

CHAPITRE CINQUIÈME.

DU TRAVAIL DE LA COMPOSITION.

§ I. DE L'ART DE LA COMPOSITION EN GÉNÉRAL.

DE LA DIVISION DU TRAVAIL LITTÉRAIRE, ET D'ABORD DE L'INVENTION. — DE LA DISPOSITION ET DU PLAN. — DES TRANSITIONS. — DE L'ANALYSE ET DE LA SYNTHÈSE. — DE L'ÉLOCUTION.

De la division du travail littéraire, et d'abord de l'invention.

Nous allons maintenant examiner en quoi consiste le travail de la composition ; quelles sont les règles générales de ce travail, et enfin quelles sont les qualités nécessaires à l'écrivain pour y réussir.

Voyons d'abord en quoi consiste le travail de la composition littéraire.

Pour peu qu'on y réfléchisse, on reconnaîtra qu'il suppose nécessairement trois opérations de l'esprit.

En effet, quelque sujet que l'on traite, récit, discours, etc., on a nécessairement trois opérations à faire : trouver les choses que l'on doit dire ; les mettre dans l'ordre le plus convenable ; les bien exprimer. C'est ce qu'on appelle, surtout en rhétorique[1], *invention, disposition, élocution*[2].

L'invention est ce travail de l'esprit par lequel on trouve, pour une composition quelconque, les choses que l'on doit dire : elle fournit, dans le discours, les

---

1. Voir le sens de ce mot, ch. VII, § 1.
2. C'est ce qu'on nomme ordinairement les trois parties de la rhétorique, auxquelles on a joint une quatrième, *l'action*, c'est-à-dire l'art de réciter à haute voix avec les gestes convenables. Voir le troisième chap. de l'APPENDICE, relativement à cette quatrième partie.

preuves ; dans la description, les détails ; dans le récit, les incidents et les caractères des divers personnages ; dans tous les sujets que l'on traite, les idées et les sentiments.

C'est à la pénétration de l'esprit, à une imagination vive et à une instruction variée que l'invention doit ses principales ressources ; on les étend et on les féconde, comme nous le dirons plus loin, par une méditation sérieuse sur le sujet que l'on traite, et par une étude approfondie de tout ce qui s'y rattache.

De la disposition et du plan.

La *disposition* est ce travail de l'esprit par lequel on place dans l'ordre le plus convenable les divers éléments d'une composition quelconque, fournis par l'invention.

En effet, il ne suffit pas d'avoir trouvé les choses qu'on doit dire, il faut savoir les arranger dans l'ordre le plus méthodique et le plus intéressant ; mettre chacune d'elles à la place convenable ; faire en sorte qu'elles s'éclairent et s'appuient mutuellement ; qu'elles soient bien liées ensemble, et qu'elles forment un tout régulier.

L'art de la disposition consiste donc à établir, dans les diverses parties dont un ouvrage se compose, un ordre tel que chacune occupe la place la plus favorable à l'effet général de l'ensemble.

Cet ordre est ce qu'on appelle le *plan*[1] d'un ouvrage.

Quand l'auteur, avant de s'occuper du style, écrit d'avance le plan de son ouvrage, ce travail prépara-

[1] Voir les règles relatives à la division du discours, chap. VII, § 1, et à la marche du récit, chap. VI, § 2. Ces règles complètent ce que nous disons ici du *plan*.

toire s'appelle *esquisse*[1] ; il prend le nom d'*ébauche* lorsque les principaux développements sont indiqués et commencés en partie.

Des transitions.

Il est utile de lier entre elles les diverses parties de la composition littéraire. C'est à quoi servent les *transitions*.

On appelle *transition* une phrase, ou simplement un ou quelques mots à l'aide desquels on passe d'une partie de la composition à une autre. Les meilleures sont celles qui, naissant du sujet même, ont une égale liaison avec ce qu'on a dit et avec ce qu'on va dire.

Après une digression qui se termine par un éloge de Malherbe, l'auteur de l'*Art poétique*, revenant aux préceptes, veut parler de la *clarté* du style ; une heureuse transition le ramène ainsi à son sujet :

> Tout reconnut ses lois[2], et ce guide fidèle
> Aux auteurs de ce temps sert encor de modèle :
> Marchez donc sur ses pas, *aimez sa pureté*,
> *Et de son tour heureux imitez la clarté.*
> Si le sens de vos vers tarde à se faire entendre,
> Mon esprit aussitôt commence à se détendre,
> Et de vos vains discours prompt à se détacher,
> Ne suit point un auteur qu'il faut toujours chercher.
>
> (BOILEAU.)

De l'analyse et de la synthèse.

Deux méthodes contribuent puissamment à activer le travail de l'invention et de la disposition ; ces deux méthodes, que l'on confond quelquefois l'une avec l'autre, s'appellent l'une *analyse*, ou méthode de dé-

---

1. Voir ce même mot *esquisse,* ch. VI, § 1, où il est employé dans un sens un peu différent et s'applique à la description.

2. Les lois de Malherbe.

composition ; l'autre *synthèse*, ou méthode de composition [1].

L'*analyse*, pour arriver à connaître un tout, le décompose en ses divers éléments, qu'elle examine séparément ; elle remonte de l'effet à la cause, et du résultat au principe ; la *synthèse* rassemble des éléments dont elle compose un tout ; elle descend de la cause à l'effet, et du principe au résultat.

Servons-nous d'un exemple facile à comprendre.

Je veux apprendre à quelqu'un ce que c'est que le papier.

Procédons par l'*analyse*.

J'examine avec lui une feuille de papier : c'est une pâte fortement pressée et composée de chiffons, d'eau et de colle. Ces chiffons sont du vieux linge ramassé de tous côtés ; ce linge était de la toile ; cette toile était du fil tissé ; ce fil n'est autre chose que les filaments détachés de la tige d'une plante appelée chanvre ; le chanvre est le produit d'une graine appelée chènevis.

Procédons maintenant par la *synthèse*.

Je prends pour mon point de départ le chènevis, et je dis : le chènevis est une graine qui produit une plante qu'on appelle chanvre ; les tiges du chanvre sont garnies de filaments dont on fait du fil ; en tissant ce fil, on fait de la toile ; cette toile, employée dans le ménage, s'appelle du linge ; quand le linge est vieux, il prend le nom de chiffons ; on ramasse les chiffons, on en forme une pâte au moyen d'eau et de colle ; on presse cette pâte fortement, et l'on obtient ce qu'on appelle le papier.

En général, pour s'instruire et pour découvrir la

---

1. On se gardera bien d'attribuer ici au mot *composition* le même sens que celui qu'il a dans le reste de l'ouvrage : *composition* signifie ici formation d'un tout par la réunion de ses parties : c'est le sens qu'a en grec le mot *synthèse*.

vérité, on procède par l'analyse ; la raison en est claire : on a sous les yeux un effet, un tout, il faut le décomposer pour savoir ce qu'il est.

On peut instruire les autres en procédant par la synthèse ; comme celui qui enseigne une chose la connaît en son entier, il peut, pour la faire connaître aux autres, la prendre à son origine et à son principe.

Presque toutes les connaissances humaines sont dues à l'analyse, et c'est la synthèse qui les enseigne.

Aussi la première a été appelée *méthode d'invention;* la seconde, *méthode de démonstration.*

Ce qui n'empêche pas qu'on n'ait souvent démontré à l'aide de la première, et découvert à l'aide de la seconde [1].

De l'élocution.

Quand les idées principales sont trouvées, quand elles sont disposées dans l'ordre le plus convenable, l'auteur n'a, pour ainsi dire, encore rien fait : il faut *exprimer* ces idées, c'est-à-dire les produire avec clarté, les animer, les embellir par les grâces du langage ; ce travail s'appelle *élocution.*

L'invention et la disposition réunies sont ce qu'on appelle proprement *composition;* l'élocution, c'est le *style* [2].

C'est par le style surtout qu'un travail littéraire se recommande ; c'est le style qui donne du prix et du mérite aux pensées, qui fait vivre un ouvrage et qui rend le nom de l'auteur immortel.

---

1. Ces deux mots, *analyse* et *synthèse,* sont employés maintenant par beaucoup de personnes dans un sens qui s'écarte quelquefois de leur véritable acception.

2. Voir, sur le style, le chap. II et le chap. IV.

§ II. RÈGLES GÉNÉRALES DU TRAVAIL DE LA COMPOSITION

DES QUALITÉS NÉCESSAIRES A TOUTE COMPOSITION. — DE L'UNITÉ. — DE LA LIAISON. — DE LA CONVENANCE. — DE LA PRÉPARATION. — DU MODE DE TRAVAIL. — DE LA RÉVISION.

Des qualités nécessaires à toute composition.

Pour composer avec succès, c'est-à-dire pour réussir dans la triple tâche de l'invention, de la disposition et de l'élocution, l'écrivain doit observer certaines règles, dont les unes regardent plus particulièrement son *œuvre*, et les autres son *travail*.

Les qualités essentielles à l'*œuvre* sont l'unité, la liaison et la convenance.

Les règles relatives au *travail* embrassent trois choses : la préparation, le mode de travail, la révision.

De l'unité.

Toute composition doit être *une*, c'est-à-dire il faut qu'elle présente un ensemble homogène, et que ses diverses parties soient réellement les parties d'un même tout, et non des morceaux rattachés les uns aux autres par le seul caprice de l'écrivain.

Pour que la composition soit *une*, il faut qu'elle puisse se résumer, par exemple, si c'est une narration, en un seul fait principal auquel se rapportent tous les autres faits ; si c'est un discours, en une question principale qui domine et embrasse toutes les questions secondaires.

Faire deux ou trois narrations en une, coudre dans un seul travail plusieurs questions les unes aux autres, c'est trop souvent l'erreur des écrivains inexpérimentés.

Il en est qui ne sauraient se renfermer dans leur sujet, et qui se perdent dans des digressions sans nombre ; ces digressions, considérées en elles-mêmes, peuvent avoir du mérite ; mais il ne suffit pas que des choses soient bien pensées et bien exprimées, il faut qu'elles soient à leur place, et qu'elles fassent, pour ainsi dire, corps avec le reste de l'ouvrage.

La *variété*, dans une œuvre littéraire un peu étendue, loin d'être contraire à l'unité, lui donne un mérite de plus, en bannissant l'uniformité et la monotonie, qui produisent ordinairement l'ennui. Mais cette variété ne doit pas dégénérer en une dissonance choquante. Ainsi, si la fin d'une narration doit être triste, il ne faut pas que le commencement en soit gai et enjoué ; si la première partie d'un discours est embellie de tous les charmes de l'élocution, il ne faut pas que la seconde consiste en une dissertation sévère et froide.

En étudiant une belle et savante composition, par exemple la tragédie d'*Athalie*, par Racine, ou le *Discours sur l'histoire universelle*, de Bossuet, on comprendra mieux que par des définitions ce que c'est que l'unité dans les œuvres littéraires, et comment elle se concilie avec la variété de couleur et de ton.

De la liaison.

La liaison des divers éléments dont une composition est formée, contribue à en faire sentir l'unité.

Il y a *liaison*, lorsque les idées naissent les unes des autres, ou s'enchaînent naturellement. De cette liaison naît la clarté, et de la clarté, l'intérêt. Le lecteur, conduit par le fil même des idées, les suit sans fatigue et les retient sans effort.

Pour établir cet enchaînement heureux entre les diverses parties d'un même tout, il ne suffit pas de disposer dans un ordre naturel et logique les matériaux

dont on a fait choix ; il faut encore, parmi les idée
qui se présentent à l'esprit et qui conviennent au sujet
n'admettre que celles qui conduisent au but qu'on s
propose, et qui y conduisent par le chemin le plus court

Rien ne s'oppose plus à ce que le lecteur suive le f
des idées, et rien, par conséquent, ne nuit plus à l
clarté et à l'intérêt que ce qu'on appelle les *longueurs*
Les longueurs, en effet, rebutent son attention ; il s
fatigue, il se rappelle difficilement ce qu'il a lu, et n
sait plus à quoi se rattache ce qu'il va lire.

On donne ce nom de *longueurs* aux passages qu'o
pourrait supprimer ou réduire sans inconvénient : pai
exemple, lorsque l'auteur insiste trop longtemps, ou
revient trop souvent sur les mêmes idées, lorsqu'il leu
enlève leur mérite en les mettant à une place qui n
leur convient pas, ou lorsqu'il jette de la confusion sur
les faits importants par la multiplicité des détails.

Il ne faut pas confondre les longueurs dans la composition avec la prolixité dans le style. Un passage peut
être écrit avec clarté et précision, et cependant *faire
longueur ;* par exemple, quand ne se liant pas parfaitement au reste, ou n'étant pas à une place convenable,
ou disant inutilement ce que le lecteur sait ou devine,
il ralentit la marche de la composition.

Ainsi, il n'est rien de plus beau que le dialogue de
Joad et d'Abner, dans le premier acte d'*Athalie ;* placé
là, il forme à la tragédie une magnifique introduction.
Mais supposons que le poëte eût placé ce dialogue au
commencement du cinquième acte : ces vers, tout admirables qu'ils sont, eussent été une longueur, parce
qu'alors le spectateur tremble pour Joas, attend avec
anxiété le résultat de la lutte engagée, et supporterait
impatiemment tout ce qui distrairait son attention.

De la convenance.

La *convenance* consiste à se conformer aux exigences imposées par le sujet qu'on traite, par les circonstances où l'on se trouve, et par le résultat qu'on veut obtenir : ces considérations déterminent la manière dont la composition doit être conçue, et l'étendue qu'on doit lui donner.

Ainsi, on ne procède pas lorsqu'on est obligé de terminer son travail en quelques heures, comme lorsqu'on a beaucoup de temps à sa disposition ; on ne se livre pas à des développements étendus lorsque la circonstance exige un résumé substantiel ; on ne cherche pas à être éloquent lorsqu'il suffit de raisonner juste, et l'on ne se contente pas d'être bon logicien lorsqu'il faut être éloquent[1]. Un historien n'écrit pas pour la jeunesse comme pour les hommes d'Etat : Racine ne traite pas sur la scène française le sujet d'Iphigénie, comme Euripide l'avait traité sur la scène athénienne. La Fontaine fait tous ses apologues courts, parce que l'esprit peut bien se prêter quelques instants à l'illusion d'une fable ; mais, si l'on veut la lui imposer longtemps, il reconnaît ce que cette illusion a d'absurde, et s'en fatigue. Le poëte italien Casti ne comprend pas cette nécessité fondée sur la nature même de l'apologue, et fait une fable de vingt mille vers[2].

C'est, comme lui, manquer à la règle de la convenance littéraire que de raconter avec de longs détails une anecdote peu importante ; que de creuser profondément un sujet à l'occasion d'une fête, par exemple d'une distribution de prix, et de l'effleurer légèrement

1. Voir ce que nous disons, chap. VII, § 2, sur les *convenances oratoires*.

2. Les *Animaux parlants*, poëme divisé en vingt-six chants.

dans une conférence, c'est-à-dire dans une réunion d
personnes qui cherchent à s'instruire ; de s'échauffe
dans un rapport, comme si l'on faisait un plaidoyer, e
de rester calme et impassible dans un plaidoyer, comm
si l'on faisait un rapport.

La loi de la convenance exige encore qu'on établiss
une juste proportion entre les diverses parties d'un
même composition, et que l'étendue accordée à chacun
soit mesurée sur leur importance.

De la préparation.

Nous avons dit que les règles relatives au travail d
l'écrivain embrassent trois choses : la préparation, l
mode de travail et la révision. Parlons d'abord de l
préparation

Pour ne point s'égarer dans le travail de la composi
tion, pour y conserver l'unité, la liaison, la convenance, il est nécessaire, avant tout, de bien *méditer* sor
sujet, c'est-à-dire d'y réfléchir et de l'étudier en lui-
même et dans ses divers rapports. C'est ce travail qu
doit précéder tous les autres, qui ouvre à l'invention
des sources fécondes, qui donne à la disposition une
marche sûre, qui imprime à l'élocution le caractère qu
lui convient le mieux.

C'est, dit Buffon, pour n'avoir pas assez réfléchi sur son suje
qu'on se trouve embarrassé et qu'on ne sait par où commencer à
écrire : on aperçoit à la fois un grand nombre d'idées ; et, comme
on ne les a ni comparées ni subordonnées, rien ne détermine
à préférer les unes aux autres, on demeure donc dans la per-
plexité.... Pour bien écrire, il faut donc pleinement posséder
son sujet.... Pour peu que le sujet soit compliqué, il est bien
rare qu'on puisse l'embrasser d'un coup d'œil ou le pénétrer en
entier d'un seul et premier effort : on ne peut donc trop s'en occuper ; c'est même le seul moyen d'affermir, d'étendre et d'élever

ses pensées : plus on leur donnera de substance et de force par la méditation, plus il sera facile ensuite de les réaliser par l'expression.

Pour s'aider dans ce travail, on peut jeter sur le papier, à la hâte et en abrégé, les diverses pensées qui s'offrent à l'esprit; sans cette précaution, il se pourrait que la mémoire laissât échapper des idées heureuses, qu'on tâcherait ensuite vainement de retrouver.

La *méditation*, dans la plupart des cas, doit être précédée et soutenue par un *examen* sérieux des faits : par exemple, quand l'on est chargé de faire un rapport, de discuter ou de plaider une affaire.

Ainsi les élèves, avant de composer une narration historique ou mixte[1], doivent chercher à bien connaître l'événement principal et les circonstances qui s'y rattachent. Avant de composer un de ces discours qu'on leur donne à faire dans les classes élevées des colléges, et qui sont le plus utile exercice de raisonnement et de style dont la jeunesse puisse s'occuper, ils doivent acquérir des notions exactes sur le personnage qu'ils font parler, sur sa nation et sur son époque : négliger cette étude préliminaire, c'est s'exposer à ne faire qu'une œuvre insignifiante, et même à tomber dans des fautes grossières.

Du mode de travail.

Quant au mode de travail, la première condition, c'est de *travailler avec plaisir* : on fait sans succès ce qu'on fait avec répugnance; mais, quand on trouve du plaisir à écrire, « la chaleur, dit Buffon, naît de ce plaisir, se répand partout et donne de la vie à chaque expression ; tout s'anime de plus en plus ; le sentiment,

1. Voir chap. VI, § 2, p. 114, premier alinéa, ce que nous entendons par ce mot.

5

se joignant à la lumière, l'augmente, la fait passer de ce qu'on a dit à ce qu'on va dire. » Au reste, le travail de la composition est si attrayant par lui-même, il donne à l'âme un aliment si digne d'elle, qu'il est bien peu de jeunes gens assez malheureux pour ne pas l'aimer. La plupart, au contraire, regardent comme le temps le plus agréable de leur vie celui qu'ils ont pu consacrer à cette noble gymnastique de la pensée.

La seconde condition, c'est de *travailler avec une sage lenteur.* De la précipitation naissent forcément l'incorrection des détails et l'imperfection de l'ensemble; à la vérité, il est des cas où toutes les forces de l'intelligence s'exaltent et fermentent, pour ainsi dire, et où la composition peut être, en quelque sorte, improvisée : c'est ainsi que la tragédie de *Zaïre*, par Voltaire, un des chefs-d'œuvre de notre scène, a été conçue et versifiée en quinze jours. Mais, hors ces cas exceptionnels, on doit ne se hâter que lentement, et imiter Racine et Boileau, dont on disait qu'ils faisaient *difficilement* des vers *faciles.* La prose ne demande pas autant de temps que les vers; néanmoins, la rapidité ne doit jamais dégénérer en précipitation : quand une œuvre est médiocre, c'est une mauvaise excuse que de dire qu'on a mis peu de temps à l'achever; peu importe au lecteur quel temps une composition a coûté; ce qui lui importe, c'est qu'elle soit bonne. Il s'agit donc, surtout pour les commençants, non de faire vite, mais de faire bien. En acquérant de l'expérience, ils apprendront à faire à la fois bien et vite.

Enfin il faut que le *travail soit égal et soutenu.* Quelquefois un écrivain novice jette, pour ainsi dire, tout son feu dans ses premières phrases; le reste languit : il ressemble au coureur imprudent qui épuise ses forces au commencement de la carrière, et qui ne peut plus ensuite que se traîner péniblement. Le succès appartient à celui qui parcourt toute la carrière d'un pas égal.

Ce qu'il y a souvent de plus difficile, c'est de *bien commencer* et de *bien finir*. Le début ne saurait être trop simple ni trop dégagé de circonstances étrangères ; la fin doit être véritablement une conclusion, en sorte que le lecteur satisfait, trouvant que la promesse faite par le titre a été remplie, ne demande rien au delà. Débuter péniblement, terminer brusquement, tel est trop souvent le défaut d'un écrivain novice.

On ne doit pas, en écrivant, rechercher les ornements de la diction ; il faut qu'ils se présentent d'eux-mêmes et naissent, pour ainsi dire, sous la plume ; il en est de même des mouvements et des images qui donnent de la vie au style, et même des formes de raisonnement. Dire, par exemple : Je placerai ici un syllogisme, là je ferai une métaphore, plus loin une apostrophe, ce serait un moyen infaillible d'être froid, forcé et faux.

De la révision.

Revoir son œuvre et la corriger jusqu'à ce qu'on l'ait rendue aussi parfaite que possible, c'est ce qu'on appelle la *limer*, la *polir*, par analogie avec l'occupation des ouvriers qui ne cessent de travailler le bois ou le métal jusqu'à ce qu'ils aient obtenu un poli parfait. Ce n'est guère qu'à force de ratures et de changements que l'écrivain arrive à ce résultat.

En effet, lorsqu'il revoit, au bout de quelque temps, une œuvre dont il était d'abord satisfait, il est surpris de la trouver si imparfaite ; les fautes qui, dans la chaleur de la composition, lui étaient échappées, lui sautent aux yeux : non-seulement les mots répétés, la consonnance des syllabes finales, les pléonasmes vicieux, les constructions embarrassées, mais encore des imperfections plus graves qui tiennent au raisonnement même et au fond des pensées. Alors commence le travail de la révision, plus pénible que celui de la composition même, quelquefois presque aussi long. On examine les diverses parties de l'œuvre dans leur rapport avec l'objet qu'on se propose et avec l'effet qu'on veut produire ; on développe ce qu'on n'avait pas assez expliqué ; on réduit ce qu'on avait trop longuement développé ; on lie ce qui est décousu ; on éclaircit ce qui est obscur ou équivoque ; on efface les traces de recherche ou d'affectation ; on émonde, on supprime, on ajoute quelquefois ; on corrige ce qui est traînant, trivial, emphatique, négligé, faible, dur. Lorsque c'est l'ensemble même de l'œuvre qui est défectueux, on ne doit pas hésiter à tout refondre : c'est ainsi que Delille, après avoir traduit en vers français les *Géorgiques* de Virgile, soumit son manuscrit à un critique éclairé, et voyant, d'après ses observations, qu'il n'avait pas saisi l'esprit de son auteur, ne craignit pas de refaire la traduction en entier ; de son travail primitif, il ne laissa subsister que deux vers : c'est par ce moyen qu'il parvint à enrichir notre langue d'un chef-d'œuvre.

Cependant il faut savoir s'arrêter dans le travail de la révision : il ne doit être ni trop minutieux ni trop prolongé ; à force de corrections, on peut enlever à un ouvrage l'animation, le coloris, et surtout cet air de facilité et d'aisance qui donne au style tant de charme. C'était le défaut du célèbre d'Aguesseau : toujours mécontent de lui-même, il effaçait ce qui était bien pour y substituer ce qu'il croyait être mieux, et, s'il ne gâ-

tait pas ainsi ses ouvrages, il en diminuait le mérite.
C'est ce que lui fit sentir un jour un excellent juge , à
qui il venait de lire un de ses discours : « Votre discours est bon , et, si vous l'aviez moins retouché, il
serait meilleur. »

Il faut aussi, en corrigeant, prendre garde de remplacer des fautes par d'autres; c'est ce qui arrive trop
souvent. Boileau dit à ce sujet :

> Souvent la peur d'un mal nous conduit dans un pire.
> Un vers était trop faible, et vous le rendez dur.
> J'évite d'être long, et je deviens obscur.
> L'un n'est point trop fardé, mais sa muse est trop nue [1];
> L'autre a peur de ramper, il se perd dans la nue.

Un des plus sûrs moyens de réussir dans le travail
de la révision, c'est de consulter un ami éclairé et bienveillant, et de se soumettre à ses avis : en général, les
autres voient nos défauts et ceux de nos ouvrages bien
mieux que nous-mêmes :

> Faites-vous des amis prompts à vous censurer :
> Qu'ils soient de vos écrits les confidents sincères,
> Et de tous vos défauts les zélés adversaires.
> Dépouillez devant eux l'arrogance d'auteur.
> Mais sachez de l'ami discerner le flatteur :
> Tel vous semble applaudir, qui vous raille et vous joue :
> Aimez qu'on vous conseille et non pas qu'on vous loue.
> (BOILEAU.)

---

§ III. DES QUALITÉS NÉCESSAIRES POUR RÉUSSIR DANS LE TRAVAIL DE LA COMPOSITION.

DU TALENT. — DU GOUT. — DE L'INSTRUCTION.

Du talent.

Le *talent* est l'aptitude de l'esprit à exceller, ou du
moins à réussir, dans un travail quelconque.

1. Expression poétique qui signifie : Son style n'est pas suffisamment orné.

Nous entendons ici par *esprit* l'âme considérée dans l'exercice de ses facultés intellectuelles, et particulièrement de celle qui consiste à saisir rapidement les rapports des choses, à les combiner, à les exprimer, faculté très-inégalement répartie entre les hommes. L'esprit ne déploie toutes ses ressources que lorsqu'il est fécondé par la réflexion, nourri par la mémoire, enrichi par l'imagination, échauffé par la sensibilité.

Parmi les *qualités de l'esprit*, les unes tiennent plus de la réflexion : ce sont la justesse, la pénétration, la profondeur, l'étendue et la force ; les autres tiennent plus de l'imagination : ce sont la vivacité, la finesse, la fécondité et l'agrément. Il est rare qu'un homme réunisse toutes ces qualités ; celui qui en possède plusieurs à un haut degré est ce qu'on appelle un *esprit supérieur*.

L'esprit *juste* est celui qui voit les choses telles qu'elles sont réellement, qui procède rigoureusement dans la déduction, et qui apprécie nettement la valeur des analogies ou des autorités sur lesquelles l'induction s'appuie.

L'esprit *pénétrant* va au delà des simples apparences et se forme facilement, d'après ce qu'il voit, des idées justes de ce qu'il ne voit pas.

L'esprit *étendu* embrasse une grande quantité de connaissances sans les confondre ; l'esprit *profond* sonde ce qu'elles ont de plus caché, et suit d'un seul et même regard une longue chaîne d'idées.

La *force* d'esprit[1] consiste dans l'union de la justesse avec la pénétration, l'étendue et la profondeur.

---

[1]. Il ne s'agit pas ici de la *force d'esprit*, qualité morale. On ne dit, ni dans ce sens, ni dans celui du texte, *esprit fort :* cette expression s'applique aux personnes qui affectent de se mettre au-dessus des croyances et des opinions reçues.

L'esprit *fécond* produit les idées avec abondance.

L'esprit *vif* brille par la promptitude des conceptions et la soudaineté des saillies.

L'esprit *fin*[1] excelle à analyser ce qu'on lui laisse voir et à deviner ce qu'on lui cache, à aiguiser l'expression de ce qu'il dit et à laisser entendre ce qu'il ne dit pas.

L'*agrément* résulte de la justesse combinée avec la vivacité, la fécondité et la finesse.

L'esprit est *étroit* quand il ne peut embrasser qu'un côté des choses ; *frivole*, quand ce n'est jamais sur leur côté sérieux qu'il se fixe ; *superficiel*, quand il les juge d'après les apparences ; *léger*, quand il va de l'une à l'autre sans donner son attention à aucune ; *confus*, quand il ne les distingue pas bien les unes des autres ; *lent*, quand il conçoit avec difficulté ; *lourd*, quand il ne peut s'élever ; *stérile*, quand il ne produit que des mots au lieu d'idées ; *faux* enfin, ce qui de tous les défauts est le pire, lorsqu'il manque de justesse, et qu'il prend la vaine lueur des sophismes pour la lumière de la raison.

Nous avons dit que l'aptitude de l'esprit à exceller dans un travail littéraire se nomme *talent*.

Un homme peut réunir plusieurs genres de talent ; par exemple, Racine et Voltaire écrivaient avec une égale supériorité en vers et en prose ; il est rare cependant qu'un homme possède un grand nombre de talents au même degré. Ainsi ce même Voltaire a été admirable dans la tragédie, médiocre dans la comédie, nul dans la poésie lyrique.

Le talent élevé à sa plus haute puissance prend le nom de *génie*. Le génie est rare et original. Dans l'art

---

1. Ne pas confondre avec la *finesse* dans le caractère et dans la conduite.

militaire, Napoléon ; dans la politique, Richelieu ; dans l'éloquence, Bossuet ; dans la poésie, Corneille ; parmi les artistes, Michel-Ange, étaient des hommes de génie.

Ce qui caractérise le génie en littérature, c'est la vigueur et la profondeur des conceptions, l'heureuse hardiesse des tentatives, et surtout la force de *création*.

Quand on emploie ce dernier mot, on ne veut pas dire que l'homme de génie puisse réellement *créer* quelque chose : créer est une faculté qui n'appartient qu'à Dieu ; on veut seulement désigner par cette expression un talent d'invention très-supérieur à celui des autres hommes.

Du goût.

Le talent ne suffit pas pour réussir pleinement dans la composition littéraire ; il faut encore que l'auteur soit doué d'une faculté précieuse, qu'on nomme le *goût*.

Le goût, considéré relativement aux œuvres littéraires, est l'aptitude à distinguer ce qui est bien de ce qui ne l'est pas, dans l'invention, dans le plan et dans le style.

Le goût n'est, en quelque sorte, que la justesse d'esprit combinée avec la délicatesse du sentiment. Tous les jugements qu'il porte sont déterminés par une émotion : émotion de plaisir et de satisfaction, quand il approuve ; de mécontentement et de répulsion, quand il blâme.

Le goût a son principe dans l'amour du beau, qui, comme celui du bon et du vrai, est naturel à tous les hommes. Perfectionné par l'étude, il acquiert une délicatesse extrême : la contemplation de la nature et l'étude des œuvres de l'art deviennent alors pour lui une source de pures et nobles jouissances. L'homme de goût découvre dans les chefs-d'œuvre du génie littéraire mille beautés qui échappent aux esprits sans culture, et qui le ravissent.

En même temps que le goût nous révèle les beautés des ouvrages d'autrui, il nous éclaire et nous guide dans nos propres compositions.

L'homme qui n'a pas de goût s'égare sans cesse : ses plus heureuses inspirations sont défigurées par des fautes. Il prend l'enflure pour la noblesse, la trivialité pour le naturel, l'emphase des expressions pour la chaleur du sentiment. Il ne sent pas ce que les convenances littéraires exigent de lui. Il est souvent en deçà ou au delà de ce que le lecteur désire. Il peut, par la force du talent, réussir dans quelques passages ; mais il ne fera jamais une composition entièrement bonne.

Lorsqu'un ouvrage satisfait pleinement le goût, on dit qu'il est *beau* ; c'est en ce sens qu'on dit : « L'*Iphigénie* de Racine est une *belle* tragédie ; — les sermons du *Petit Carême* de Massillon sont de *beaux* discours ; — le *Misanthrope* de Molière est une *belle* comédie. »

Le *beau*, dans les œuvres de l'art, est donc ce qui, en même temps, charme une âme sensible et satisfait un esprit juste.

Lorsque l'âme n'est pas seulement charmée, mais lorsqu'elle est comme transportée hors d'elle-même et subjuguée par l'admiration que le beau excite, le beau change de nom et s'appelle *sublime*.

Il est impossible qu'un ouvrage, à moins d'être très-court, soit entièrement sublime : le sublime continu est au-dessus des forces de l'homme ; mais il suffit que les principaux passages méritent ce titre pour qu'on l'applique à l'ouvrage entier. C'est en ce sens qu'on dit de

5.

la tragédie des *Horaces*, par Corneille, de celle d'*Athalie*, par Racine, de l'*oraison funèbre de Condé*, par Bossuet, que ce sont des ouvrages *sublimes*.

Le goût se perfectionne par la contemplation habituelle du beau; il se déprave, lorsque le jugement s'obscurcit, et que l'on se familiarise avec ce qui est forcé, trivial ou faux.

Un jeune homme, pour se former le goût, doit lire les excellents auteurs, imiter leur manière d'écrire, et, s'il est possible, soumettre tout ce qu'il compose au jugement d'un connaisseur éclairé.

L'application raisonnée des lois du goût à l'appréciation des œuvres littéraires se nomme *critique*. La critique diffère de la *censure*, en ce que la censure ne fait que blâmer les défauts, au lieu que la critique, tout en blâmant ce qui est mal, loue ce qui est bien.

Un sage critique est sévère et ne pardonne aucune faute grave; en même temps il est bienveillant, et trouve plus de plaisir à louer qu'à reprendre. Il ne s'arrête pas à des minuties, et, tout en donnant aux détails de la diction l'attention qui leur est due, il n'oublie pas qu'il y a à juger dans une composition des choses plus importantes. Il sait qu'il n'est pas donné à l'homme de produire des ouvrages parfaits, et il excuse de légers défauts quand de grandes beautés les rachètent. Enfin, il ne juge pas les essais d'un auteur novice comme les ouvrages des grands maîtres, et, tout en éclairant son inexpérience, il encourage ses efforts.

De l'instruction.

Enfin, il ne suffit pas que le talent soit éclairé par le goût, il faut encore qu'il soit fécondé par l'*instruction*.

En général, nos connaissances sont le germe de nos productions ; plus un écrivain est instruit, plus il trouve d'idées applicables au sujet qu'il traite.

L'*instruction* s'acquiert par l'observation, par la conversation , et surtout par la lecture.

Il ne faut faire que de bonnes lectures ; les mauvaises gâtent l'esprit et dépravent le cœur. Pour ne pas s'égarer, il faut choisir les livres d'après les conseils d'un guide éclairé.

Comme on ne doit pas lire uniquement pour son plaisir, mais pour retenir et profiter, la lecture doit être attentive , plutôt lente que rapide : on ne laissera rien passer sans le bien comprendre ; on reviendra sur ce qu'on a lu , et l'on en fera , si l'on en a le temps , des résumés et des extraits.

Tel est le moyen d'acquérir de l'instruction.

L'instruction , avant tout , doit être *solide ;* il vaut mieux avoir appris peu de choses et les savoir bien , que d'avoir effleuré beaucoup de connaissances sans en posséder aucune.

Il est bon cependant que l'instruction soit *variée :* l'esprit qui ne s'occupe que d'un seul objet devient étroit.

Enfin il faut que l'instruction soit *appropriée* au but que l'on se propose. L'homme ne peut pas tout savoir, et est obligé de ne pas trop élargir le cercle de ses études, s'il veut le parcourir avec succès. Il est des connaissances que tout homme élevé avec soin doit posséder : par exemple, l'histoire générale, celle de la patrie, la littérature nationale , les premiers éléments des sciences physiques et naturelles, la biographie des grands hommes ; quant aux autres objets d'études, chacun doit se déterminer pour ceux qui , eu égard à sa position , lui offrent le plus d'avantages.

On se gardera donc avec soin d'une science *indigeste*, qui chargerait l'esprit sans le nourrir ; d'une science *frivole*, qui s'occuperait de choses sans importance ; d'une science *inopportune*, qui absorberait des instants dont on aurait pu faire un meilleur emploi.

On voit que la justesse d'esprit, qui est le premier attribut du talent et un élément essentiel du goût, peut seule aussi, en éclairant notre choix, donner à nos études une direction utile.

D'où il est aisé de conclure que la première et la plus importante condition pour réussir dans le travail de la composition littéraire, comme dans la conduite de la vie, c'est d'avoir un esprit juste.

CHAPITRE SIXIÈME.

DESCRIPTIONS, RÉCITS, DIALOGUES, LETTRES.

---

§ I. DE LA DESCRIPTION.

DE LA DESCRIPTION EN GÉNÉRAL. — DES DIVERSES SORTES DE DESCRIPTIONS. — DES QUALITÉS DE LA DESCRIPTION : DU CHOIX DES DÉTAILS ; DE LA RICHESSE ET DE LA PRÉCISION ; DE L'ANIMATION ET DE LA CHALEUR ; DE L'OPPORTUNITÉ.

De la description en général.

Nous avons fait connaître les lois de la composition littéraire ; nous allons les appliquer aux genres de composition les plus usités, et dans lesquels il est indispensable à chacun de s'exercer. Ce sont les descriptions, les narrations (à l'occasion desquelles nous dirons quelques mots du dialogue), les lettres, et enfin les discours, genre de composition très-important, auquel un chapitre spécial sera consacré.

La *description* fait connaître un objet quelconque en détaillant les traits qui le caractérisent.

Lorsqu'on ne fait qu'indiquer rapidement les détails sans les développer, cette description abrégée prend le nom d'*esquisse*. Ainsi, *esquisser* les mœurs d'un peuple, c'est retracer en peu de mots ce qu'elles ont de plus remarquable ; les *décrire*, c'est en donner une notion complète.

Lorsque la description n'est pas d'une grande étendue et que les traits en sont fortement caractérisés, on peut l'appeler *tableau*.

La description qui a pour objet un être animé s'appelle *portrait*[1]. Le portrait du cheval, du chien, de l'oiseau-mouche, dans Buffon ; le portrait de Cromwell, celui du cardinal de Retz, dans Bossuet ; la plupart de ceux de Labruyère, sont d'admirables modèles.

Des diverses sortes de descriptions.

On décrit ou un objet réel, ou un objet de fantaisie.

Dans le premier cas, la description doit être *exacte*. On dit alors que le tableau est *fidèle*, que le portrait est *ressemblant*.

Lorsque dans la description d'un lieu, dans le portrait d'une personne, les détails qui peuvent plaire paraissent encore plus agréables qu'ils ne le sont réellement[2], tandis que les détails désagréables sont habilement dissimulés, sans que cependant la ressemblance cesse d'exister, on dit de la description qu'elle est *embellie*, du portrait qu'il est *flatté*. Tels sont, en général, les portraits que les auteurs anglais font des hommes célèbres de leur pays ; telle est la description que les Anglo-Américains font de la rade de New-York, qui, à les en croire, serait aussi belle que la baie de Naples : illusion de l'amour-propre national.

Lorsqu'au contraire les détails désagréables sont exagérés avec intention, on dit que la description ou le portrait est une *charge*, une *caricature*. Ainsi d'une personne qui a le nez long et la bouche grande, on dit que sa bouche s'ouvre jusqu'aux deux oreilles et que son nez va amoureusement caresser son menton. La caricature est un genre détestable, dont tout homme sensé doit s'abstenir.

---

1. Voir ce que nous avons dit du parallèle, chap. 2, § 2.

2. Comme dans certains portraits exécutés par les peintres.

La description d'un objet de fantaisie, ne pouvant être exacte, doit être *naturelle*, c'est-à-dire que les détails doivent en être pris dans la nature, s'accorder entre eux et former un ensemble qui, n'ayant rien d'impossible ni d'invraisemblable, nous fasse aisément illusion. Telle est, dans *Télémaque*, la description de la grotte de Calypso.

Des qualités de la description.

Les qualités de la description sont : le *choix* et la *richesse des détails*, la *précision*, l'*animation* et la *chaleur*, et enfin l'*opportunité*.

Du choix des détails.

Le premier mérite d'une description, soit réelle, soit fantastique, consiste dans l'heureux choix des *détails*. Un objet se présente sous mille aspects divers, selon le point de vue d'où on le considère, et, pour reproduire chacun de ces aspects, on a à choisir entre une infinité de traits plus ou moins saillants, dont les uns doivent être décrits, et les autres laissés dans l'ombre. Il faut surtout écarter les circonstances basses et triviales. Boileau, en donnant ce précepte, fait sentir le ridicule d'un écrivain qui n'a pas su l'observer :

> N'imitez point ce fou qui, décrivant les mers,
> Et peignant, au milieu de leurs flots entr'ouverts,
> L'Hébreu sauvé du joug de ses injustes maîtres [1],
> Met, pour le voir passer, les poissons aux fenêtres,
> Peint le petit enfant qui va, saute, revient,
> Et, joyeux, à sa mère offre un caillou qu'il tient.
> Sur de trop vains objets c'est arrêter la vue.

---

1. Passage de la mer Rouge par les Hébreux, sous la conduite de Moïse.

De la richesse et de la précision.

Le second mérite de la description, c'est qu'elle soit *riche* en détails, sans cependant que cette abondance dégénère en *profusion*. Si la sécheresse rebute, la prolixité fatigue. Boileau censure en vers admirables ces auteurs qui font une description poétique comme on fait un état de lieux :

> Un auteur, quelquefois, trop plein de son objet,
> Jamais sans l'épuiser n'abandonne un sujet.
> S'il rencontre un palais, il m'en dépeint la face ;
> Il me promène après de terrasse en terrasse :
> Ici s'offre un perron ; là règne un corridor ;
> Là ce balcon s'enferme en un balustre d'or :
> Il compte des plafonds les ronds et les ovales ;
> Ce ne sont que festons, ce ne sont qu'astragales :
> Je saute vingt feuillets pour en trouver la fin,
> Et je me sauve à peine au travers du jardin.
> Fuyez de ces auteurs l'abondance stérile,
> Et ne vous chargez point d'un détail inutile.
> Tout ce qu'on dit de trop est fade et rebutant....
> Qui ne sait se borner ne sut jamais écrire.

De l'animation et de la chaleur.

Il ne suffit pas que la description soit heureuse dans le choix des circonstances, et qu'elle soit à la fois riche et sobre de détails : il faut qu'elle soit *animée*. Elle le sera de deux manières : d'abord, si elle peint l'objet avec des couleurs si vives, qu'elle les mette, pour ainsi dire, sous nos yeux ; en second lieu, si elle mêle habilement à la représentation des lieux ou des choses la pensée ou les affections des êtres vivants. Le plus riant paysage nous semble froid , si la présence de l'homme ou des animaux ne vient pas y répandre la vie. La description d'une tempête nous paraît bien plus intéressante quand on nous montre des navigateurs en péril :

Les rapides autans et les fiers aquilons,
Et les vents de l'Afrique en naufrages féconds,
Tous bouleversent l'onde, et des mers turbulentes
Roulent les vastes flots sur leurs rives tremblantes.
On entend *des nochers les tristes hurlements,*
Et des câbles froissés les affreux sifflements.
Sur la mer en courroux s'étend la nuit profonde,
Le jour fuit, l'éclair brille et le tonnerre gronde ;
Et la terre et le ciel, et la foudre et les flots,
Tout présente la mort *aux pâles matelots.*
(DELILLE.)

De l'opportunité.

Il faut aussi dans une composition un peu étendue que les descriptions soient convenablement placées. Une description qui n'aurait pas avec le sujet un rapport réel, ne serait pas un ornement, mais un défaut ; une description qui aurait quelque rapport au sujet, mais qui serait placée hors de propos, de manière à refroidir l'intérêt ou à ralentir la marche de l'ouvrage, serait plus nuisible qu'utile.

Les plus belles descriptions de la nature se trouvent dans Fénelon [1], Buffon [2], et Bernardin de Saint-Pierre [3].

---

§ II. DU RÉCIT OU DE LA NARRATION.

DE LA NARRATION EN GÉNÉRAL. — DE LA VÉRITÉ DANS LA NARRATION. — DU BUT DE LA NARRATION. — DU TON ET DU STYLE CONVENABLES A LA NARRATION. — DES QUALITÉS DE LA NARRATION : DE LA CLARTÉ ; DE LA VRAISEMBLANCE ; DE LA BRIÈVETÉ ; DE L'INTÉRÊT. — DE LA FORME DE LA NARRATION. — DES RÉFLEXIONS DANS LE RÉCIT.

De la narration en général.

Le *récit* ou *narration* est l'exposé d'un fait avec ses circonstances.

1. *Traité de l'existence de Dieu.*
2. *Histoire naturelle.*
3. *Études de la nature.* Les *Harmonies de la nature,* autre ouvrage remarquable du même auteur, offrent aussi de belles descriptions.

En considérant le récit relativement à son objet, on reconnaîtra qu'il y en a de trois sortes : ou l'on reproduit des faits véritables, avec sincérité et exactitude : c'est la *narration historique* ; ou l'on raconte des faits purement imaginaires : tels sont les fables de La Fontaine, le *Télémaque* de Fénelon : c'est la *narration fabuleuse, ou récit d'imagination ;* ou enfin l'on raconte un fait dont le fond et les principales circonstances sont vrais, mais dont on invente ou embellit les détails, pour donner au récit plus d'étendue et plus de charme : c'est la narration *mixte*. Tel est le conte du meunier Sans-Souci ; tel est, dans Delille, l'épisode d'Abdolonyme ; telles sont, en général, les narrations que l'on donne à faire aux élèves dans les colléges, exercice éminemment propre à animer l'imagination et à former le jugement.

La narration historique conserve plus particulièrement ce nom d'*historique* lorsqu'elle retrace avec simplicité les faits, surtout dans l'intention de les faire connaître exactement tels qu'ils se sont passés ; mais, lorsque l'auteur a surtout pour but d'émouvoir et d'intéresser, et que, sans altérer les circonstances, il choisit à dessein celles qui peuvent produire le plus d'effet, on dit que la narration est *oratoire*. Tels sont, dans Bossuet, les récits des batailles de Rocroy et de Fribourg.

La plupart des récits oratoires rentrent dans la classe des narrations historiques. Il est même des récits en vers qu'on peut ranger dans la même classe. Ce sont ceux dont aucun détail n'est d'invention ; comme, dans Racine, la mort de Britannicus.

De la vérité dans la narration.

En tout et avant tout, la narration historique doit

être *fidèle*. Celui qui nous adresse la parole en qualité de témoin d'un fait, ou d'interprète des témoins, n'a le droit d'altérer aucune circonstance, encore moins d'en ajouter, fussent-elles insignifiantes. Un récit infidèle nous indigne et déshonore son auteur.

Pour être tout à fait fidèle, il faut que la narration historique soit *complète*. Cela ne signifie pas qu'il faille tout dire et ne faire grâce au lecteur d'aucun détail : ce serait le moyen d'être aussi ennuyeux qu'absurde. Cette règle signifie qu'aucun trait important, propre à faire connaître la nature véritable des faits et les intentions des personnages, ne doit être omis, déguisé, dissimulé. Il est des cas où se taire, c'est mentir.

Le récit, cependant, peut être inexact sans que le narrateur soit infidèle. S'il n'a pas bien vu les choses, s'il a été trompé, il est excusable, pourvu qu'il soit sincère ; mais personne ne doit se présenter comme l'historien d'un fait sans avoir employé tous ses efforts à le bien connaître.

Ainsi la première loi du récit historique est la *vérité*. Observer cette loi, c'est pour le narrateur un devoir de conscience.

Il y a aussi une sorte de vérité relative, qui doit régner dans la narration fabuleuse et dans la narration mixte ; conformer son récit à cette sorte de vérité est un devoir qui n'intéresse pas la conscience, mais que le bon goût impose. Boileau a dit avec raison :

> Rien n'est beau que le vrai ; le vrai seul est aimable ;
> Il doit régner partout, et même dans la fable.

Ainsi, dans la narration mixte, les événements importants et le caractère des hommes célèbres doivent être représentés conformément à la vérité de l'histoire.

Il ne serait pas permis, même dans le roman le plus
frivole, de donner à Louis XIV des idées basses, à
Henri IV des sentiments timides, ou de représenter le
massacre de la Saint-Barthélemy comme une belle action. Libre d'imaginer des incidents et de faire agir à
son gré des personnages secondaires, le narrateur mettra tout ce qu'il invente en harmonie avec ce qui est
vrai, et, dans ce sens, son récit aura de la *vérité*.

La même règle s'applique à la narration fabuleuse.
Le langage que La Fontaine prête au lion, au renard,
à l'agneau, est toujours conforme au naturel connu de
ces animaux et aux diverses qualités bonnes ou mauvaises dont ils sont parmi nous le symbole ; et, en ce
sens, on peut dire que ce langage est *vrai*. Donner au
renard la loyauté, au chien la perfidie, ce ne serait pas
varier la fiction, ce serait la fausser.

Dans les narrations fabuleuses et mixtes, comme
dans la narration historique, la vérité doit être encore
observée ; d'abord, en ce qui regarde les sentiments,
les positions, les caractères :

> Ne faites point parler vos acteurs au hasard,
> Un vieillard en jeune homme, un jeune homme en vieillard.
> (BOILEAU.)

Le conteur imagine des faits, invente des personnages ;
mais ces personnages doivent agir conséquemment aux
qualités dont on les suppose doués et aux circonstances
dans lesquelles ils se trouvent.

En second lieu, dans ce qu'on appelle la *couleur locale*.

La *couleur locale* consiste à caractériser les faits par
les détails qui conviennent au lieu et au temps où ils
se sont passés, et à prêter aux différents personnages
une conduite et un langage conformes aux habitudes et
aux croyances de leur pays et de leur siècle.

Ce serait manquer à cette règle que de supposer, par exemple, des pluies abondantes en Égypte, un soleil éclatant à Londres ; de donner à un païen des idées chrétiennes ; de placer, comme un peintre italien, auteur d'un tableau de la *Présentation*, des soldats suisses avec leurs mousquets dans le temple de Jérusalem.

Du but de la narration.

Si la narration historique a pour but de nous faire connaître les événements tels qu'ils se sont passés, et la narration mixte de graver dans notre souvenir un fait réel à l'aide des embellissements qui donnent du charme au récit, la narration fabuleuse aussi doit avoir un but sérieux ; autrement elle ne serait qu'un frivole jeu d'esprit. Elle a pour but le plus ordinairement de développer une vérité morale ; quelquefois de peindre les mœurs, les usages, les passions d'une époque, ou les diverses conditions de la vie humaine.

Du ton et du style convenables à la narration.

La narration, de quelque genre qu'elle soit, admet tous les tons, depuis une simplicité excessive, comme *la Cigale et la Fourmi*, jusqu'à la plus sublime poésie, comme le récit de la mort d'Hippolyte, dans Racine.

Le choix du ton et du style est nécessairement déterminé par la nature du fait, et par le genre d'effet qu'on veut produire. Celui qui veut inspirer la commisération, l'indignation, l'effroi, ne raconte pas comme celui qui veut amuser. L'anecdote du Savetier et du Financier doit être racontée dans un autre style que la bataille de Rocroy.

Il n'y a point à cet égard de règles à donner. Le jugement et le goût sont les seuls guides de l'écrivain.

                    PRÉCEPTES.

Des qualités de la narration.

Les qualités nécessaires à toute narration sont la clarté, la *vraisemblance*, la *brièveté* et l'*intérêt*.

De la clarté.

La qualité la plus indispensable d'un récit est évidemment la *clarté*.

Pour qu'un récit soit clair, il faut que les faits s'y succèdent dans leur ordre naturel, que les détails qui concourent à les expliquer soient groupés avec art, et que les circonstances qui distrairaient inutilement l'attention soient écartées.

Un récit est confus ou même obscur, lorsque nous ne pouvons pas distinguer nettement le rapport que quelques circonstances ont entre elles ou avec le fait principal ; lorsque les divers incidents s'embarrassent réciproquement, et que les uns nous font oublier les autres ; lorsque l'ordre des temps est maladroitement interverti ; lorsqu'on ne nous a pas fait parfaitement comprendre ce que sont les personnages, les lieux, les époques : toutes choses que le narrateur doit nous expliquer ou directement, ou quelquefois d'une manière indirecte et ingénieuse.

La multiplicité des incidents et des personnages dans une narration nuit à la clarté.

Les gens qui en racontant s'interrompent, se reprennent, recommencent, ajoutent à ce qu'ils avaient dit, sont en général aussi obscurs qu'ennuyeux.

De la vraisemblance.

La *vraisemblance*, dans un récit, consiste à produire

la conviction, s'il est historique [1]; et l'illusion, s'il est fabuleux ou mixte.

La vraisemblance tient avant tout à la vérité absolue ou relative des faits, telle que nous l'avons expliquée plus haut; elle tient aussi à l'art du narrateur, qui doit disposer son récit de manière à nous faire bien voir que tout est naturel dans l'exposé des choses, conséquent dans la conduite des personnages. Quelquefois l'omission de quelques détails peut rendre invraisemblable le récit des choses les plus vraies, tandis qu'au contraire la combinaison ingénieuse des circonstances donne de la vraisemblance aux faits les plus extraordinaires.

L'auteur doit surtout prendre garde de substituer son propre esprit, son propre langage à celui des personnages qu'il met en scène : la vraisemblance disparaîtrait.

Dans les récits fictifs, on doit éviter l'exagération, ainsi que l'accumulation des choses extraordinaires, car alors l'illusion ne serait plus possible.

> L'esprit n'est point ému de ce qu'il ne croit pas.
> (BOILEAU.)

De la brièveté.

La *brièveté* dans la narration consiste, non à s'exprimer en peu de mots, mais à rejeter tous les détails inutiles à l'intelligence du fait ou à l'intérêt du récit. On peut faire du même événement une narration courte en quatre pages, longue en quatre lignes. Cette seconde narration, en effet, sera longue, si elle contient des redites ou des circonstances inutiles ; la première sera courte, si elle ne dit rien de trop, et si elle est attachante depuis le commencement jusqu'à la fin.

---

1. C.-à-d. à raconter un fait *vrai, de manière qu'il nous semble vrai,* comme il l'est en effet : un fait vrai, s'il est mal raconté, peut paraître *invraisemblable.*

Il importe de ne pas reprendre les événements de trop haut. Par exemple, si l'on a à raconter la bataille de Tolbiac, on ne débutera pas par la naissance de Clovis, ou par son mariage avec Clotilde, ou par un exposé des invasions antérieures des peuples germaniques dans la Gaule. A la vérité, il est très-souvent nécessaire, pour l'intelligence du récit, de rappeler en débutant des circonstances antérieures ; mais cette sorte de préambule doit consister simplement en un exposé rapide, sans qu'on insiste sur aucun trait, ni qu'on remonte plus haut que la clarté ne l'exige.

Il importe également de finir à propos. Quand le fait principal, objet de la narration, est raconté, et que la curiosité de l'auditeur est satisfaite, on doit s'arrêter. Il est permis néanmoins, quand le fait a eu des conséquences importantes, de les indiquer rapidement : ceci n'est point alors allonger la narration, c'est la compléter. Ainsi, après le récit de la bataille de Tolbiac, quelques phrases vives et brillantes sur la conversion des Francs et sur les destinées réservées à la France chrétienne seront parfaitement à leur place.

Dans le corps de la narration, on évitera les détails insignifiants, les réflexions inutiles, les redites ; on saura sous-entendre à propos ce qui n'est nécessaire ni à l'intérêt ni à la clarté du récit, et l'on ne se permettra pas de digressions, à moins qu'elles ne soient indispensables.

Il y a *digression*, quand on s'écarte du sujet qu'on traite pour en traiter un autre qui a quelques rapports avec le premier.

C'est ainsi qu'on est quelquefois obligé d'interrompre la suite du récit pour donner, soit sur quelques coutumes nationales, soit sur toute autre circonstance, dès explications sans lesquelles le fait ne serait pas bien compris.

Les digressions doivent être rares et courtes.

De l'intérêt.

La narration *intéressante* est celle qui captive jusqu'à la fin l'attention de l'auditeur.

L'intérêt naît du fond même du récit; mais il ne se soutient que par le talent du narrateur, qui sait, suivant la nature du sujet, l'animer par la vivacité de l'esprit, ou par celle de la passion.

Il est un art d'éveiller la curiosité, de la tenir en haleine, de ménager les incidents prévus ou imprévus, et de préparer le dénoûment. Cet art n'a pas de règles, il s'apprend par l'étude des excellents écrivains.

L'habile narrateur n'insiste que sur les détails qui peuvent toucher ou plaire, et glisse rapidement sur les autres. Il jette de la variété dans son œuvre, en entremêlant au narré des faits de courtes descriptions, des discours peu étendus, des dialogues. Il ne présente pas plus d'une fois la même situation, et ne cherche pas, non plus, à exciter deux fois des émotions de même nature. Tantôt il laisse planer sur son récit une sorte de mystère; tantôt, pour mieux piquer la curiosité, il soulève adroitement un coin du voile. Il ne cesse de dominer son sujet, mais avec tant d'art, qu'on dirait que c'est son sujet qui le domine et l'entraîne.

De la forme de la narration.

Quelquefois, au lieu de faire directement le récit, on le met dans la bouche d'un personnage, qui est censé nous faire la confidence de ses impressions et de ses aventures : tel est, dans Montesquieu, le récit de Lysimaque.

Quelquefois, au lieu de remonter à l'origine des faits, on prend l'action à son milieu ou vers sa fin, et l'on fait connaître, par les discours des personnages, ce qui a précédé ; comme dans l'agréable narration de Fénelon, intitulée *Aventures d'Aristonoüs*.

On appelle *épisode* un récit détaché d'un plus grand, comme dans *Télémaque*, la mort d'Hercule. On appelle aussi *épisodes* les divers incidents du récit, comme, dans la bataille de Rocroy, par Bossuet, le sommeil de Condé, la marche de Beck, la mort du comte de Fontaines, etc.

Des réflexions dans le récit.

Les *réflexions*, dans un récit, ne doivent être ni prodiguées, ni exprimées longuement, ni communes et triviales. Mais, quand elles viennent à propos, et qu'elles ont quelque chose de neuf et de piquant, elles ont le double mérite d'instruire et de plaire. Telles sont presque toutes celles dont La Fontaine a semé ses fables :

> Il aimait les jardins, était prêtre de Flore [1],
> Il l'était de Pomone encore [2].
> *Ces deux métiers sont beaux ; mais je voudrais parmi*
> *Quelque sage et discret ami.*
> *Les jardins parlent peu, si ce n'est dans mon livre.*

[1]. Cette expression poétique signifie : *Il cultivait les fleurs.*

[2]. C'est-à-dire *il cultivait aussi les arbres fruitiers.*

§ III. DU DIALOGUE.

DU DIALOGUE EN GÉNÉRAL. — DES QUALITÉS NÉCESSAIRES AU DIALOGUE.
— DU MONOLOGUE.

Du dialogue en général.

Le dialogue est un entretien entre deux ou plusieurs personnes.

On peut donner la forme du dialogue à l'exposition des doctrines littéraires ou philosophiques : on suppose, en ce cas, que les interlocuteurs s'éclairent mutuellement par la discussion. Tels sont les dialogues de Fénelon sur l'éloquence.

Le dialogue est souvent employé dans la narration ; il sert à faire connaître les pensées et les sentiments des personnages. Quelques narrations sont presque entièrement composées de dialogues : par exemple, les fables de La Fontaine, *le Loup et l'Agneau*, *le Loup et le Chien*, *le Chêne et le Roseau*.

Des qualités nécessaires au dialogue.

Deux qualités sont nécessaires au dialogue, dans la narration ; il doit être *naturel* et *rapide* :

Naturel, c'est-à-dire que chaque personnage doit tenir un langage convenable à sa situation et aux sentiments qui l'animent ;

Rapide, c'est-à-dire qu'il faut non-seulement éviter les divagations et les paroles oiseuses, mais encore ne mettre en dialogue que ce qui est nécessaire pour la clarté et pour l'intérêt, et faire du reste de la conversation un court résumé. Ainsi, dans le *Meunier Sans-Souci*, il y a un dialogue vif et amusant entre le meunier et l'intendant ; mais la suite n'est pas dialoguée : le roi mande le meunier,

Presse, flatte, promet; ce fut peine inutile.
(ANDRIEUX.)

Ensuite le dialogue recommence.

Pour donner plus de rapidité au dialogue, on supprime volontiers les mots *il dit, il répondit,* et autres semblables. Citons pour exemple le dialogue du meunier et de l'intendant :

> Des bâtiments royaux l'ordinaire intendant
> Fit venir le meunier, et, d'un ton important :
> « Il nous faut ton moulin ; que veux-tu qu'on t'en donne ?
> — Rien du tout : car j'entends ne le vendre à personne ;
> *Il vous faut* est fort bon : mon moulin est à moi,
> Tout aussi bien, au moins, que la Prusse est au roi.
> — Allons, ton dernier mot, bonhomme, et prends-y garde.
> — Faut-il vous parler clair ? — Oui. — C'est que je le garde ;
> Voilà mon dernier mot. »
(ANDRIEUX.)

Du monologue.

Quand un personnage parle sans avoir d'auditeur et ne s'adresse qu'à lui-même, c'est ce qu'on appelle un *monologue :* tel est le discours de Perrette, dans la fable du *Pot au lait :*

> Il m'est, disait-elle, facile
> D'élever des poulets autour de ma maison ;
> Le renard sera bien habile
> S'il ne m'en laisse assez pour avoir un cochon.
> Le porc à s'engraisser coûtera peu de son ;
> Il était, quand je l'eus, de grosseur raisonnable.
> Et qui m'empêchera de mettre en notre étable,
> Vu le prix dont il est, une vache et son veau,
> Que je verrai sauter au milieu du troupeau ?
(LA FONTAINE.)

Quelquefois le monologue est tourné indirectement à la troisième personne : tel est le monologue du bûcheron, dans La Fontaine :

Quel plaisir *a-t-il* eu depuis qu'il est au monde?
En est-il un plus pauvre en la machine ronde?

Les pièces de théâtre ne sont composées que d'une suite de dialogues, entrecoupés quelquefois, mais très-rarement, de monologues.

---

§ IV. DES LETTRES.

RÈGLES DE L'ART ÉPISTOLAIRE. — DES DIVERSES SORTES DE LETTRES. — DU SOIN ET DES PRÉCAUTIONS NÉCESSAIRES DANS LA CORRESPONDANCE. — DES PÉTITIONS ET DES RAPPORTS.

Règles de l'art épistolaire.

Une *lettre* est la transmission par écrit de nos pensées à une personne absente.

L'art *épistolaire*, c'est-à-dire l'art de composer les lettres, ne consiste guère que dans l'application des règles que nous avons exposées jusqu'à présent.

Il est clair que celui qui, ayant appris l'art de la composition et du style, sait écrire convenablement, est parfaitement en état de faire une lettre, et n'a pas besoin à cet égard de leçons spéciales.

Écrire une lettre, c'est exprimer ses idées, c'est raisonner, c'est raconter, c'est décrire, c'est discourir, c'est développer, c'est résumer : en un mot, la lettre est une conversation avec une personne absente, conversation qui cependant doit être plus soignée que la conversation orale, parce que les paroles passent et les écrits restent; et aussi parce que celui qui nous écoute saisit rapidement nos paroles au passage sans s'y arrêter, tandis que celui qui nous lit a tout le temps de les peser à loisir et de les revoir.

Ce mot de *conversation* fait assez comprendre quelle

est la première qualité d'une lettre, après la clarté ;
c'est la simplicité et le naturel. Il faut (cela résulte de
ce que nous venons de dire) écrire comme on parle,
mais, dans certains cas, un peu mieux qu'on ne parle.
Voilà, en deux mots, la loi du style épistolaire.

Des diverses sortes de lettres.

On peut en général distinguer trois principales sortes
de lettres : les lettres d'amitié, les lettres de politesse,
les lettres d'affaires.

Les premières sont celles dans lesquelles on épanche
son cœur avec un père, un ami, un camarade, ou
toute autre personne aimée. Le principal mérite de ces
sortes de lettres est l'effusion franche et sincère des
sentiments qu'on éprouve : rien ne doit y sentir la contrainte. On peut multiplier les détails, parce qu'on sait
qu'ils n'ennuieront pas les personnes à qui l'on s'a-
dresse, et que même elles en sont avides; un peu de
négligence, loin d'être un défaut, est quelquefois un
charme de plus :

Il faut un peu, entre bons amis, laisser trotter les plumes
comme elles veulent; la mienne a toujours la bride sur le cou.
(SÉVIGNÉ.)

La plaisanterie est permise, et sûre d'être bien ac-
cueillie, pour peu qu'elle soit spirituelle :

Ayez autant d'esprit que vous voudrez ou que vous pourrez,
dans une lettre où vous vous égayerez pour égayer vos amis.
(VOLTAIRE.)

Les lettres *de politesse* sont soumises à des bienséances plus sévères. Les sujets en sont aussi variés
que les incidents de la vie sociale. On demande ou l'on
promet un service ; on remercie d'une faveur obtenue ;

on félicite, on encourage, on console ; on adresse des conseils, des recommandations, des reproches même : car un homme bien élevé met toujours de la politesse jusque dans ses reproches et dans ses plaintes. Ces sortes de lettres exigent plus de soin et d'art que les précédentes ; mais ce soin doit toujours se concilier avec le naturel, cet art doit se cacher. Le ton de la lettre sera naturellement déterminé par le sujet que l'on traite, et il n'y a point à cet égard de précepte à donner. Seulement on ne saurait trop recommander, d'abord l'exacte observation de toutes les convenances, et en second lieu la précision, qui est comme une convenance de plus. Car on ne doit pas abuser du temps et de l'attention de ceux à qui l'on écrit :

> Si j'ai fait cette lettre-ci plus longue que les autres, c'est que je n'ai pas eu le loisir de la faire plus courte. (PASCAL.)

Les lettres *d'affaires*, soit commerciales, soit administratives, soit de toute autre nature, ont un caractère particulier. Elles doivent rouler exclusivement sur l'objet en question, et l'exposer avec toute la lucidité et toute la brièveté possibles. Dans les occasions où ces deux qualités ne peuvent se trouver ensemble, on doit, sans hésitation, sacrifier la précision à la clarté. Il vaut mieux revenir deux ou trois fois sur la même circonstance, et répéter souvent le même mot, que de laisser le moindre nuage sur la pensée, la plus légère équivoque dans les termes. Dégager l'affaire des détails inutiles, choisir ceux qui sont importants, et, comme nous venons de le dire, les exprimer avec une concision qui ne nuise jamais à la clarté : tel est le devoir de celui qui écrit une lettre d'affaires. On doit garder copie de toutes les lettres d'affaires et d'administration.

Du soin et des précautions nécessaires dans la correspondance.

Bien sentir qui l'on est et quelle est la personne à qui l'on s'adresse, et réfléchir quelque temps aux objets sur lesquels on veut s'entretenir avec elle, telle est la triple condition indispensable pour bien parler et, par consé-quent, pour bien écrire. Ce n'est autre chose que la loi de la convenance appliquée sous ces trois rapports au style épistolaire.

Faut-il improviser ce que l'on écrit, ou bien faut-il préparer d'avance sa lettre, et même faire un brouil-lon, et ensuite transcrire? Chacun, à cet égard, doit consulter ses forces. Ceux qui n'ont pas une grande ha-bitude dans l'art d'écrire feront bien de jeter leurs idées sur le papier avant de commencer leurs lettres : il est même très-convenable que les jeunes gens cor-rigent avec soin ce premier travail et n'envoient que la copie, ce qui souvent est d'autant plus nécessaire que, dans les lettres, l'usage ne permet ni les surcharges ni les ratures. On pardonne à leur âge de laisser pa-raître un peu d'art et de travail dans le style; ce défaut est toujours plus excusable que les longueurs, les redites, l'obscurité et les vices de construction, auxquels la précipitation les expose.

Avant de signer sa lettre, il faut la relire avec soin, et s'assurer qu'on n'a rien omis de ce qu'on voulait dire, et qu'on n'a laissé rien d'équivoque dans ce qu'on a dit : car, dans la conversation, on peut se reprendre et expli-quer une pensée qu'on avait d'abord mal rendue ; mais, dans la correspondance, cela n'est pas possible ; du moment où votre lettre est partie, vous ne pouvez ni en combler les lacunes, ni donner l'interprétation de ce qu'elle a d'obscur.

Le plus parfait modèle du style épistolaire est madame de Sévigné [1].

Des pétitions et des rapports.

Les lettres prennent le nom de *pétition* lorsqu'elles contiennent une demande succincte adressée à l'autorité, pour obtenir justice ou solliciter une faveur.

La pétition diffère de la lettre en ce que la lettre doit toujours être envoyée close et cachetée à la personne à qui elle s'adresse ; il n'en est pas de même de la pétition , parce qu'elle est destinée à passer sous les yeux de plusieurs personnes qui y mettent une apostille ou y consignent quelque observation.

La pétition doit exprimer avec netteté et avec énergie l'objet de la demande et les motifs sur lesquels elle s'appuie : elle doit surtout être courte, afin que les personnes à qui elle est adressée ou communiquée puissent la lire rapidement et l'embrasser, pour ainsi dire, d'un coup d'œil.

La lettre prend le nom de *rapport* lorsque celui qui l'écrit rend compte à une autorité supérieure , ou à une assemblée , d'une mission dont il était chargé. Quelquefois le rapport est lu à haute voix par son auteur ; plus souvent il est déposé sur le bureau de l'assemblée qui doit en prendre connaissance, ou envoyé sous forme de lettre.

Observer les choses avec un soin scrupuleux , dans leur ensemble et dans leurs détails , dans leurs causes et dans leurs conséquences ; être à l'égard des personnes équitable et impartial ; ne rien omettre d'important ; ne

---

1. Voir dans la deuxième partie ce qui concerne les formalités et le cérémonial usités dans les lettres, et divers avis importants relatifs à la correspondance.

rien dire d'inutile : telle est , sous le rapport moral , la tâche du *rapporteur*.

Coordonner avec méthode les faits relatifs à l'examen ou à l'enquête, et en exprimer les résultats av ec une précision qui n'exclue pas l'élégance, telle est sa tâche sous le rapport littéraire.

CHAPITRE SEPTIÈME.

DU DISCOURS.

§ I. DU DISCOURS EN GÉNÉRAL ET DE SES PARTIES.

DU DISCOURS EN GÉNÉRAL. — DE L'ÉLOQUENCE ET DE LA RHÉTORIQUE. — DES PARTIES DU DISCOURS. — DE L'EXORDE. — DE LA PROPOSITION ET DE LA DIVISION. — DE LA CONFIRMATION ET DE LA RÉFUTATION. — DE LA PÉRORAISON.

Du discours en général.

Un discours est une allocution [1], ordinairement préparée, quelquefois improvisée, qu'on adresse à un ou plusieurs auditeurs, dans l'intention de les persuader.

Persuader ceux à qui l'on s'adresse, c'est maîtriser leur cœur en éclairant leur intelligence, de manière à leur faire accueillir avec plaisir les vérités qu'on leur prouve.

L'auteur du discours s'appelle *orateur*.

La faculté qui doit dominer en lui est l'éloquence.

De l'éloquence et de la rhétorique.

L'*éloquence* est la faculté d'agir sur les esprits et sur les cœurs par la puissance de la parole ; c'est par elle que l'orateur persuade.

Pour persuader, il doit faire trois choses : *convaincre, plaire* et *toucher*.

Il parvient à *convaincre* par la force de la démonstra-

---

1. *Allocution*, paroles suivies adressées à plusieurs personnes ou même à une seule.

tion; à *plaire*, par le charme du style[1]; à *toucher*, par la chaleur du sentiment.

Mais, comme la vérité seule a droit à notre amour, c'est à elle seule que l'orateur doit demander ce triple succès. Tromper, à l'aide du talent de la parole, la conscience des auditeurs, ce n'est pas être éloquent, c'est faire un coupable abus des forces de l'intelligence.

Des hommes qui profanent ainsi un des plus beaux dons que la Providence ait accordés à l'esprit humain ne sont point orateurs; on les flétrit justement des noms de rhéteurs et de sophistes. « L'orateur, disaient les Romains, est l'honnête homme possédant le talent de la parole. — L'orateur, dit Fénelon, est celui qui ne fait usage de la parole que pour la pensée, et de la pensée que pour la vérité et la vertu. »

L'ensemble des préceptes qui dirigent le talent de l'orateur forme ce qu'on appelle la *rhétorique* ou *l'art oratoire*.

Des parties du discours.

La nature elle-même nous enseigne combien un discours doit avoir de parties : c'est elle qui nous apprend à ne pas entrer brusquement en matière, mais à préparer les esprits; à exposer ensuite la chose dont il s'agit; puis à la prouver en faisant valoir nos raisons et en combattant celles de nos adversaires; enfin à terminer par une conclusion convenable.

Il suit de là qu'un discours peut avoir six parties : 1° l'*exorde*, qui prépare les esprits; 2° et 3° la *proposition*[2] et la *division*, qui exposent et partagent le sujet; 4° et 5° la *confirmation*, dans laquelle l'orateur déve-

---

1. Et aussi par les mœurs. Voir le § 2.

2. Les mots de *proposition* et de *confirmation* sont aujourd'hui peu usités. Au lieu de *confirmation*, on dit plus volontiers les *preuves*; au lieu de *proposition*, on dit l'*exposition du sujet* ou l'*exposé du sujet*. On dit aussi plus volontiers le *plan* d'un discours que la *division*.

loppe ses preuves, et la *réfutation*, dans laquelle il détruit les objections qu'on lui a faites ou qu'on peut lui faire ; 6° la *péroraison*, qui conclut.

Quelques discours ont une partie de plus, la *narration*[1], dans laquelle on expose le fait qui est l'objet de la discussion ; on la place après l'exorde ou après la proposition.

De ces parties du discours, les plus importantes, les plus étendues, ou, pour mieux dire, celles qu'on peut appeler proprement le discours même, sont la confirmation et la réfutation, auxquelles les autres ne servent guère que de préparation ou de conclusion.

Très-souvent l'orateur s'abstient de faire une division : il développe les diverses parties de son sujet sans les avoir annoncées.

Quelquefois le discours n'a pas même de proposition[2] ; la proposition est en effet inutile quand les auditeurs savent d'avance quel sujet l'orateur va traiter, et sous quel aspect il l'envisage.

De l'exorde.

L'*exorde* est le début du discours ; il a pour objet de rendre les auditeurs bienveillants, attentifs, confiants.

L'exorde peut se présenter sous quatre caractères différents.

Si l'on annonce en peu de mots le sujet que l'on va traiter, c'est un exorde *simple* : tel est celui du discours de saint Paul aux Athéniens, dans les *Actes des Apôtres*.

---

1. Ils appartiennent presque toujours au genre judiciaire.
2. Nous n'avons pas besoin de dire que *proposition* ici n'a pas la signification qu'on lui donne en grammaire et en logique.

Si l'on use d'un certain art pour gagner les cœurs d
l'auditoire et les préparer à ce qu'on va dire, c'est u
exorde insinuant[1] : tel est celui de Desèze défendant l
roi Louis XVI devant la Convention.

Si l'on fait une introduction élégante et noble au su
jet que l'on va traiter, c'est un *exorde solennel*[2] : te
est celui de Bossuet dans l'oraison funèbre de la rein
d'Angleterre.

Si l'orateur, animé de quelque passion vive, se hât
de la faire éclater et de la communiquer à ses audi
teurs, c'est un *exorde véhément*[3] : c'est ainsi que début
Biron, dans son discours à Henri IV, pour l'engager
ne pas se retirer en Angleterre. Les circonstances o
un exorde de ce genre serait convenablement plac
sont rares.

L'exorde doit être propre au sujet, c'est-à-dire telle
ment lié au reste du discours, qu'on ne puisse l'en dé
tacher ni le faire servir à un autre ; le ton doit en êtr
modeste, le style soigné, l'étendue proportionnée à cell
du discours.

On conçoit, par exemple, qu'un long exorde en têt
d'une courte harangue serait aussi ridicule qu'une grande
porte qui servirait d'entrée à une maisonnette.

De la proposition et de la division.

La *proposition* est une exposition simple, claire et
précise du sujet que l'on va traiter.

Nous citerons celle du sermon de Massillon sur les
exemples des grands :

Les exemples des princes et des grands roulent sur cette al-

---

1. Ou *par insinuation*.
2. Ce mot est peu usité ; on dit aussi exorde *pompeux*, ce qui vaut moins.
3. Ou *ex abrupto*.

ternative inévitable : ils ne sauraient se perdre ni se sauver tout seuls. Vérité capitale qui va faire le sujet de ce discours.

Ordinairement la proposition est exprimée avec beaucoup de brièveté. Dans un plaidoyer, elle expose le point litigieux ; dans un sermon et dans un discours académique[1], elle énonce la vérité qui doit être développée ; dans un discours politique, elle pose nettement la question qui sera débattue. Dans des cas assez rares, la proposition est étendue et développée ; c'est lorsque l'objet de la discussion n'est point parfaitement déterminé, et que l'orateur veut et doit avant tout fixer convenablement l'état de la question.

Quelquefois, en exposant le sujet, on le partage, c'est-à-dire qu'on fait connaître d'avance les parties dont se composera la confirmation : c'est ce qu'on nomme la *division*.

Nous citerons celle du discours de Massillon sur l'humanité des grands :

Ils ne sont grands que pour les autres hommes, et ils ne jouissent véritablement de leur grandeur qu'autant qu'ils la rendent utile aux autres hommes ; c'est-à-dire, l'humanité envers les peuples est pour les grands le devoir le plus sacré : première partie ; l'humanité envers les peuples est l'usage le plus délicieux de la grandeur : seconde partie[2].

Quelquefois aussi on subdivise ces parties : ainsi Massillon, dans la première partie de ce discours, après avoir démontré en général que l'humanité est le premier devoir des grands, explique que ce devoir les oblige à trois choses, qui sont l'affabilité, la protection et les largesses, et traite successivement ce qui a rapport à chacun de ces trois points.

1. Voir § 5 le sens de ces mots.
2. Cela signifie : Cette vérité sera dé- veloppée dans la première, dans la seconde partie de la confirmation.

Le plus ordinairement, l'orateur n'établit pas de di
vision marquée : il se contente d'enchaîner ses raison·
nements dans l'ordre qu'il croit le plus capable de fair(
impression sur les esprits.

Les règles de la division[1] sont qu'elle soit *entière*
distincte, *naturelle*, et, s'il est possible, *progressive*

Entière, c'est-à-dire que les membres qui la compo
sent embrassent toute l'étendue du sujet. On violerai
cette règle, indiquée par le bon sens, si, par exemple
en faisant l'éloge de Charlemagne, on le divisait e1
deux parties, l'une relative à ses exploits militaires
l'autre à ses vertus privées. En effet, oublier de le con
sidérer comme législateur et comme administrateur
ce serait omettre ses plus beaux titres de gloire.

Distincte, c'est-à-dire qu'un membre ne rentre poin
dans l'autre et ne le rende pas inutile en tout ou e1
partie ; défaut dans lequel on tomberait, par exemple
si l'on annonçait que l'on considérera Charlemagn(
comme conquérant, comme roi et comme capitaine
La troisième partie rentrerait évidemment dans la pre·
mière.

Naturelle, c'est-à-dire qu'elle n'ait rien de forcé, e1
qu'elle naisse des nécessités du sujet. Ainsi ce serait di·
viser d'une manière naturelle l'éloge de Charlemagne
que de prouver qu'il a été grand, premièrement dans
la guerre, secondement dans la paix.

Enfin, s'il est possible, *progressive*, c'est-à-dire qu(
l'intérêt des développements des diverses parties aill(
en croissant. C'est ce qu'on peut remarquer dans l(
discours de Massillon sur l'humanité des grands. La

---

1. La *division* n'est autre chose que le plan de la confirmation; voilà pourquoi elle a dans le discours une véritable importance.

seconde partie est susceptible de développements plus intéressants et plus pathétiques que la première.

De la confirmation et de la réfutation.

La *confirmation* consiste dans l'ensemble des raisonnements et des développements propres à prouver ce que l'orateur a avancé dans l'exposition de son sujet.

La *réfutation* consiste à détruire les objections que l'on fait ou que l'on peut faire à l'orateur.

Nous avons parlé avec détails de l'art de prouver et de réfuter, dans le chapitre consacré au raisonnement.

La confirmation et la réfutation réunies sont, comme nous l'avons dit, le discours presque entier.

Quelquefois on place l'une de ces deux parties après l'autre ; assez souvent on ne les sépare pas, et, à mesure qu'on fait valoir ses preuves, on combat les allégations et les raisonnements de ses adversaires.

Dans l'éloge d'un homme célèbre, la confirmation embrasse le récit des faits et prend quelquefois une forme narrative.

Le *choix des preuves* est important.

L'orateur n'admettra pas indifféremment toutes celles qui s'offrent à lui : il rejettera les mauvaises et même les douteuses. Quand on s'appuie sur des raisons hasardées, on fait croire qu'on n'en a pas de véritablement bonnes à alléguer, et tout ce qu'on dit devient suspect.

« Lorsque je choisis mes preuves, dit Cicéron, je ne les compte pas, je les pèse. » Dans une espèce de plaidoyer dont l'objet est de prouver que la comédie est supérieure à la tragédie, l'auteur, entre autres raisons, donne celle-ci : « On ne dit pas, dans une ville, les *tragédiens*, mais les *comédiens* sont arrivés ; on ne dit pas, allons à la *tragédie*, mais allons à la *comédie*. » Des

preuves aussi insignifiantes ne peuvent que nuire à l
cause que l'on défend.

Il faut aussi, dans le choix des preuves, avoir égar
aux lumières et aux dispositions de l'auditoire auqu
on s'adresse. Par exemple, un prédicateur manquera
son but, si, en développant les vérités religieuses de
vant les habitants des campagnes, il employait de
raisonnements qui ne sont accessibles qu'à des espril
cultivés.

Il y a des preuves qui, sans être mauvaises, sor
faibles et légères ; il y en a qui sont fortes et convain
cantes.

Il faut serrer les preuves faibles et légères, qui, pa
leur réunion, acquièrent de la force et de la solidité
« Elles frappent, dit l'auteur d'un célèbre traité d
rhétorique, non comme la foudre qui renverse, mai
comme la grêle dont on sent les coups redoublés. :
On veut démontrer à un élève qu'il est un négligent
on lui dit, par exemple : « Aujourd'hui, une de vo
leçons n'est pas sue ; hier, votre devoir n'était pa
achevé ; un de vos cahiers n'est pas en règle ; un de
vos livres de classe est égaré. » Chacune de ces preuves, prise séparément, est faible ; réunies, elles on
de la force.

Quant aux preuves fortes et convaincantes, on le
fait valoir par le raisonnement, on les développe de
plusieurs manières[1], et on les présente sous plusieur:
aspects.

Ainsi Bossuet, dans un discours sur la divinité de l
religion, donne cette belle preuve :

La morale du christianisme est si parfaite, que Dieu seul a pu

____

[1]. Voir, pour ce qui concerne les développements, le chap. IV, § 3.

l'établir ; par conséquent, l'excellence de la morale du christianisme prouve la divinité de ses dogmes.

Mais il ne se contente pas d'indiquer en passant une preuve si forte et si convaincante ; il la creuse, il l'approfondit, et ne la quitte qu'après l'avoir développée de manière à entraîner les esprits les plus rebelles.

L'arrangement des preuves peut se faire de plusieurs manières. Voici ce que les livres de rhétorique disent à ce sujet :

« Ou l'on exposera d'abord les moins fortes, pour aller ainsi progressivement jusqu'à la dernière, qui sera la plus convaincante : ou l'on frappera d'abord les esprits par les plus fortes, et on arrivera par une progression décroissante jusqu'à celle qui peut produire le moins d'effet ; ou enfin l'on mêlera les moins fortes parmi les plus fortes, qui leur serviront d'appui. Ces trois manières de disposer les preuves peuvent servir selon les circonstances. En général, la dernière est la meilleure. »

Nous pensons que le meilleur arrangement des preuves est celui qui naît de leur analogie et de l'enchaînement logique des idées. Il n'y a point à cet égard de règle à donner.

De la péroraison.

La *péroraison* est la conclusion du discours. Elle a deux objets à remplir : elle doit *achever de convaincre les esprits* et *achever de toucher les cœurs*.

Elle achèvera de convaincre les esprits par une récapitulation courte et rapide des principaux moyens développés dans le discours. Massillon, après avoir dépeint, dans un de ses plus beaux sermons, tout ce que

la mort a de terrible pour le méchant, tout ce qu'elle
de consolant pour le juste, termine ainsi :

Mes frères, les réflexions sont ici inutiles. Telle est la fin
ceux qui ont vécu dans la crainte du Seigneur. Telle est la f.
déplorable de ceux qui l'ont oublié jusqu'à cette dernière heur
Si vous vivez dans le péché, vous mourrez dans les regrets int
tiles du pécheur, et votre mort sera une mort éternelle. Si vou
vivez dans la justice, vous mourrez dans la paix et dans la cor
fiance du juste, et votre mort ne sera qu'un passage à la bien
heureuse éternité.

La péroraison *achèvera de toucher les cœurs* en le
échauffant par le sentiment : l'orateur doit alors dé
ployer toutes les ressources de l'éloquence pour émou
voir ceux qui l'écoutent. Saint Vincent de Paul, aprè
un admirable discours adressé à des femmes pieuses
pour les engager à fonder un hôpital pour les enfant
abandonnés qu'elles avaient fait recueillir dans les rues
termine par cette péroraison touchante :

Or sus [1], mesdames, la compassion et la charité vous ont fa
adopter ces petites créatures pour vos enfants. Vous avez ét
leurs mères selon la grâce, depuis que leurs mères selon la na
ture les ont abandonnées. Voyez maintenant si vous voulez auss
les abandonner pour toujours. Cessez à présent d'être leurs mère
pour devenir leurs juges : leur vie et leur mort sont entre vo
mains. Je m'en vais prendre les voix et les suffrages. Il est temp
de prononcer leur arrêt et de savoir si vous ne voulez plus avoi
de miséricorde pour eux. Les voilà devant vous. Ils vivront, s
vous continuez d'en prendre un soin charitable ; et, je vous l
déclare devant Dieu, ils seront tous morts demain si vous le
délaissez [2].

Le plus beau modèle de péroraison pathétique es
celle de l'oraison funèbre de Condé, par Bossuet.

1. Vieille expression : ce discours a tel, qu'immédiatement après l'hôpita
été prononcé en 1648. des Enfants-Trouvés à Paris fut fond
2. L'effet produit par ce discours fut et doté richement.

Ce mot de *péroraison* ne s'applique guère au morceau qui termine le discours que lorsqu'il est animé et pathétique : lorsqu'il est tout à fait simple et que l'éloquence ne s'y fait pas sentir, il prend le nom plus modeste de *conclusion* ou de *récapitulation*.

---

§ II. DES MŒURS ET DES PASSIONS ORATOIRES.

DES MOEURS ORATOIRES. — DES BIENSÉANCES ORATOIRES. — DES PRÉCAUTIONS ORATOIRES. — DES PASSIONS ORATOIRES. — DE L'EMPLOI DU PATHÉTIQUE.

Des mœurs oratoires.

Nous avons dit que l'orateur doit plaire à ses auditeurs s'il veut les persuader ; il lui importe donc de leur inspirer, par la manière dont il s'exprime, de l'estime et de la bienveillance pour son caractère.

En effet, le caractère d'un homme se révèle naturellement par son langage.

Par exemple, quand Théodose, après avoir pardonné à ses ennemis vaincus, s'écriait : « Que ne puis-je aussi ressusciter les morts ! » il manifestait une magnanimité qui transporte tous les cœurs.

Quand Caligula disait dans un accès de rage : « Je voudrais que le peuple entier n'eût qu'une seule tête, pour tout abattre d'un seul coup ; » il manifestait une barbarie qui fait frémir.

On comprend par là combien il est important que l'orateur, par la manière dont il s'exprime, fasse concevoir à ses auditeurs une opinion favorable de son caractère et de ses sentiments.

Les qualités dont l'orateur doit se montrer doué pour obtenir cet avantage, sont ce qu'on appelle en rhétorique les *mœurs oratoires*; on appelle *mœurs réelles* son caractère véritable.

Mais si les nobles sentiments que l'orateur fait éclater ne sont pas sincères, si ses mœurs oratoires ne son pas la fidèle expression de ses mœurs réelles, jamais il ne parviendra à se faire écouter favorablement de hommes de bien, disons mieux, jamais il ne sera orateur : car « C'est de l'âme que vient l'éloquence. »

Une réputation d'honnête homme, quand elle e méritée, produit toujours sur les auditeurs une impression favorable, et les dispose à se laisser persuader.

Deux qualités aident merveilleusement l'orateur obtenir ce résultat si précieux : ces deux qualités son la *modestie* et la *prudence*. Il faut aussi qu'il sache in spirer à ses auditeurs de l'estime pour la sincérité d ses convictions et de la confiance dans ses lumières ainsi que dans son zèle et son dévouement pour eux

Il donnera, au contraire, de lui-même une idée désa vantageuse, et il déplaira, s'il paraît compter sur se propres talents, s'il parle beaucoup de lui-même, s' prend un ton d'autorité et de suffisance, s'il ne sa point ménager ceux à qui il s'adresse, s'il traite dure ment et impoliment ses adversaires.

C'est surtout à l'orateur que s'adressent quelques-un des préceptes que nous venons de donner; mais c'est tous les écrivains que l'on doit dire, avec Boileau :

> Que votre âme et vos mœurs, peintes dans vos ouvrages,
> N'offrent jamais de vous que de nobles images !

Racine nous offre un admirable exemple des mœur oratoires dans le discours que Burrhus adresse à Néro pour le détourner du meurtre de Britannicus.

Burrhus ne dit pas au jeune prince : « J'ai pour vous l'affection la plus tendre et la plus dévouée ; croyez-moi, car je suis sincère et généreux : c'est la vérité, la vertu, le patriotisme, qui vous parlent par ma bouche. » Mais toutes ces qualités sont dans son cœur ; elles éclatent dans son discours, et entraînent la volonté de celui qui l'écoute.

Des bienséances oratoires.

La prudence est une des qualités les plus nécessaires à l'orateur ; elle lui apprend à observer soigneusement toutes les *bienséances* [1], et à avoir quelquefois recours à cet artifice innocent qu'on appelle *précautions oratoires*.

Observer les *convenances* oratoires, c'est avoir égard dans ce qu'on dit à ce qu'exigent les diverses circonstances, les temps, les lieux, les personnes.

Rien n'est plus nécessaire dans la composition d'un discours, comme dans la conduite de la vie, que le sentiment des convenances.

Le même ton ne convient pas à un vieillard et à un jeune homme ; à un personnage illustre et à un citoyen obscur ; on ne parle pas à un conseil peu nombreux, comme à la foule ; sur les grands intérêts de l'État, comme sur des affaires d'une importance médiocre ; dans une église, comme devant les tribunaux ; dans des temps d'effervescence comme dans un temps calme ; à Paris, comme à Londres.

Des précautions oratoires.

On appelle *précautions oratoires* certains ménagements que l'orateur doit prendre pour ne point blesser

---

1. Ou *convenances*. Nous avons déjà parlé de la convenance du style, chap. IV, § 2.

ceux à qui il s'adresse, ou pour les préparer à ce qu'
va leur dire.

Un messager vient annoncer à Phèdre, dans la tra
gédie de ce nom, la mort de son mari; avant de lu
faire connaître le fatal événement, il l'y prépare en pe
de mots :

> *Je voudrais vous cacher une triste nouvelle,*
> *Madame; mais il faut que je vous la révèle :*
> *La mort vous a ravi votre invincible époux.*
>
> (RACINE.)

L'euphémisme, dont nous avons parlé, a quelqu
rapport avec les précautions oratoires.

Des passions oratoires.

Le triomphe de l'orateur ne sera complet que s'il sa
maîtriser les cœurs de ceux qui l'écoutent, et leur in
spirer les sentiments dont il est lui-même animé. C'es
là sa plus difficile et sa plus belle tâche.

Il excitera l'admiration en faveur du héros dont i
fait l'éloge, l'intérêt et même l'enthousiasme en faveu
de la cause politique, ou judiciaire, ou morale qu'i
soutient, l'indignation, le mépris, l'horreur contre cell
qu'il combat; il fera naître en faveur de ses clients l
bienveillance ou la pitié.

Ces sentiments qui, de l'âme de l'orateur passen
dans celle de ses auditeurs, se nomment *passions oratoires;* leur emploi s'appelle le *pathétique.*

On dit d'un passage oratoire qu'il est *pathétique*[1],
lorsqu'il émeut vivement les cœurs, surtout lorsqu'i
provoque l'attendrissement, et que cet attendrissemen
va jusqu'aux larmes.

---

1. Ce mot est tantôt substantif, tantôt adjectif.

C'est à l'aide de la sensibilité[1] secondée par l'imagination et réglée par la prudence, que l'orateur obtient ces beaux résultats.

De l'emploi du pathétique.

Éclairé par la prudence, l'orateur ne fera appel aux passions oratoires que dans les sujets où elles sont convenablement placées.

Il ne se jettera pas dans le pathétique brusquement et sans préparation ; mais il y amènera insensiblement les cœurs : car il risquerait d'être ridicule, si, avant d'avoir échauffé son auditoire, il paraissait lui-même tout en feu.

Il n'insistera pas trop longtemps sur le pathétique : car les vives émotions fatiguent lorsqu'elles sont trop prolongées ; il saura s'arrêter à propos ; il évitera toute exagération ; il sera toujours simple et naturel.

Si les sentiments qu'il veut inspirer à ses auditeurs sont contraires à ceux dont ils sont présentement animés, il ne les heurtera pas de front, mais il paraîtra d'abord entrer dans leur pensée, et les conduira insensiblement à son but. Ainsi Ulysse, pour vaincre la résistance d'Agamemnon, qui se refuse à laisser immoler sa fille Iphigénie, paraît d'abord partager ses sentiments :

> Je suis père, seigneur, et faible comme un autre :
> Mon cœur se met sans peine à la place du vôtre ;
> Et, frémissant du coup qui vous fait soupirer,
> Loin de blâmer vos pleurs, je suis près de pleurer.
> (RACINE.)

Dans d'autres cas, l'orateur indigné attaque vive-

---

1. Voir ce qui concerne la sensibilité et l'imagination, chap. IV, § 1.

ment les mauvaises passions dont il veut triompher
c'est ainsi que Burrhus, apprenant de Néron le proj
qu'il a formé contre la vie de Britannicus, fait éclat
aussitôt toute son indignation :

> Non, quoi que vous disiez, cet horrible dessein
> Ne fut jamais, seigneur, conçu dans votre sein.
>
> (Racine.)

Les discours de Lally-Tollendal, pour obtenir la ré
habilitation de la mémoire de son père, offrent c
beaux exemples du pathétique oratoire ; on en trouv
aussi d'admirables modèles dans presque tous les se
mons de Massillon.

---

§ III. DES GENRES D'ÉLOQUENCE.

DES DIVERSES SORTES DE DISCOURS. — DE L'ÉLOQUENCE JUDICIAIRE.
DE L'ÉLOQUENCE POLITIQUE. — DE L'ÉLOQUENCE SACRÉE. — DE L'ÉL
QUENCE ACADÉMIQUE.

Des diverses sortes de discours.

Les sujets sur lesquels le talent oratoire peut s'exer
cer, quelque nombreux qu'ils soient, peuvent se réduir
à un petit nombre de genres. Nous ne parlerons qu
des quatre genres les plus importants, qui sont l'élo
quence judiciaire, politique, religieuse et académique
.L'éloquence *judiciaire*, ou l'éloquence *du barreau*
embrasse toutes les affaires qui se traitent devant le
tribunaux.

L'éloquence *politique*, ou éloquence *de la tribune*
ou genre *délibératif*, a pour objet la discussion des in
térêts publics et des projets de loi.

L'éloquence *religieuse*, ou éloquence *de la chaire*

ou éloquence *sacrée*, comprend les divers discours qui sont prononcés dans les églises.

L'éloquence *académique* comprend les éloges, les harangues prononcées dans les cérémonies publiques, et les discours dans lesquels on traite une question de littérature ou de morale.

De l'éloquence judiciaire.

Dans toutes les causes judiciaires le débat est contradictoire : ce que l'un des orateurs affirme, l'autre le nie ; l'un accuse, l'autre défend ; l'un demande, l'autre refuse.

L'objet de l'éloquence judiciaire est le *juste*, c'est-à-dire que l'avocat doit prouver, s'il est possible, que la justice est de son côté. En ce sens, on appelle *juste* ce qui est conforme à la loi du pays.

Il y a, dans toute affaire de ce genre, deux *questions* à discuter : celle de *droit* et celle de *fait*.

La *question de droit* a un caractère général, et examine les choses dans leurs rapports avec les lois. « Telle ou telle servitude est-elle légale ? — Telle ou telle action est-elle du nombre de celles que la loi punit ? »

La *question de fait* s'applique à la chose même qui a occasionné le procès, et examine si elle est et ce qu'elle est. « Ce domaine est-il ou n'est-il pas sujet à la servitude dont on parle ? — L'accusé a-t-il fait ou n'a-t-il pas fait l'action dont il s'agit ? — L'a-t-il faite avec discernement, avec intention, avec préméditation ? »

Quelquefois les deux adversaires sont d'accord sur la question de droit et ne discutent que la question de fait. Quand le fait est constant et admis des deux côtés, ils ne traitent que la question de droit.

Il y a une infinité de causes dont le fait est simple,

et le droit vulgairement connu : l'éloquence ne s'e[n]
mêle pas et les livre à la logique.

On peut citer comme des modèles dans le genre ju[-]
diciaire les mémoires[1] de Pélisson en faveur de Fouque[t]
et ceux de Beaumarchais, les discours de d'Aguesseau
et beaucoup de plaidoyers prononcés par des avoca[ts]
plus ou moins célèbres.

De l'éloquence politique.

L'éloquence *politique* a pour but de faire prendre
un peuple, à ceux qui le représentent ou à ceux qui l[e]
gouvernent, une résolution quelconque, de détermine[r]
la volonté publique pour le dessein qu'on lui propose
ou de la détourner de celui qu'elle a pris.

L'objet de l'éloquence politique est l'équitable, l'h[o]
norable et l'utile. On entend par *équitable* ce qui es[t]
conforme à la loi naturelle ; par *honorable*, ce qui peu[t]
contribuer à la gloire du pays ; par *utile*, ce qui im[-]
porte à ses intérêts.

C'est donc au nom de l'équité, ou de la gloire natio[-]
nale, ou de l'intérêt public, que doit parler l'orateu[r]
qui monte à la tribune.

L'éloquence politique a pour principal théâtre le[s]
grandes assemblées délibérantes, telles que sont, e[n]
Angleterre, la chambre des députés et la chambre de[s]
pairs, et en France, l'Assemblée nationale.

On ne peut parler d'éloquence politique sans rappe[-]
ler que Démosthène chez les Grecs, Cicéron chez le[s]
Romains, en ont laissé les plus beaux modèles.

La France aussi a eu dans ce genre d'illustres ora[-]
teurs : Mirabeau, entre autres, sera toujours cité pou[r]

---

1. Le mot *mémoire* signifie ici une sorte de plaidoyer écrit ou imprimé.

sa véhémence, Royer-Collard pour l'élévation de sa
pensée, Martignac pour le charme de sa parole.

De l'éloquence sacrée.

L'orateur sacré n'est pas un homme qui s'adresse à
d'autres hommes, c'est l'interprète de Dieu ; c'est au
nom de la religion elle-même qu'il s'assied dans la
chaire de vérité. Son éloquence ne doit donc avoir rien
de profane. Il doit se nourrir de la substance des livres
saints, et répandre dans ses discours les images et les
sentiments qu'il aura puisés à cette source divine.

Ce qui doit surtout caractériser l'éloquence religieuse, c'est l'onction, c'est-à-dire cette chaleur et
cette effusion de sentiment qui naissent de la charité et
qui produisent la persuasion.

Les discours prononcés dans la chaire sacrée sont
appelés *sermons*.

On appelle *oraison funèbre* l'éloge d'une personne
élevée en dignité, prononcé dans l'église peu de temps
après sa mort. Depuis un demi-siècle, l'usage des oraisons funèbres a presque entièrement cessé.

Bossuet est le plus grand de nos orateurs sacrés ; ensuite viennent Bourdaloue et Massillon, également admirables, le premier par la force irrésistible de ses
raisonnements, le second par son onction et par le
charme de son style.

De l'éloquence académique.

L'orateur, dans le genre *académique*, a pour but de
plaire à son auditoire ou à ses lecteurs, en parant des
charmes de l'éloquence une doctrine pure ou des sentiments vrais.

Soit donc qu'il fasse l'éloge d'un homme célèbre,

soit qu'il traite une question de littérature ou de philosophie , soit qu'il contribue par l'élégance de sa parole à l'éclat de quelque solennité, la vérité doit toujours être l'âme de son discours.

On peut citer comme des modèles dans le genre académique l'éloge de Marc Aurèle par Thomas, le discours de Buffon sur le style , et le discours prononcé par Fontanes lorsque l'épée de Frédéric II, roi de Prusse , fut déposée dans la chapelle des Invalides.

APPENDICE.

CHAPITRE PREMIER.

DE LA VERSIFICATION.

§ I. DE LA FACTURE DES VERS.

DU VERS FRANÇAIS EN GÉNÉRAL ET DU VERS ALEXANDRIN EN PARTICULIER.
— DE L'E MUET ET DE L'ÉLISION. — DES VERS MASCULINS ET FÉMININS.
— DE L'HIATUS. — DES DIPHTHONGUES.

Du vers français en général et du vers alexandrin en particulier.

On appelle *vers* une suite de mots arrangés selon certaines règles qui ont pour but le plaisir de l'oreille ; c'est ce qu'on nomme aussi quelquefois *langage mesuré*.

Les vers français sont *syllabiques*, c'est-à-dire qu'ils sont composés d'un nombre déterminé de syllabes.

Douze syllabes forment un vers *alexandrin*.

Le vers alexandrin a nécessairement après la sixième syllabe un repos que le sens doit autoriser. Le vers se trouve ainsi coupé en deux parties égales qu'on nomme *hémistiches*.

<pre>
  1   2   3   4   5   6   1   2   3   4   5   6
Ni l'or ni la grandeur — ne nous rendent heureux.
  1   2   3   4   5   6   1   2   3   4   5   6
Ils ne mouraient pas tous , — mais tous étaient frappés.
</pre>
(LA FONTAINE.)

En vain, tout fiers d'un sang — que vous déshonorez,
Vous dormez à l'abri — de ces noms révérés.
Il est un heureux choix — de mots harmonieux;
Fuyez des mauvais sons — le concours odieux.

(BOILEAU.)

De l'e muet et de l'élision.

L'*e* muet final[1] s'élide (c'est-à-dire ne compte pas toutes les fois que le mot suivant, dans le même vers commence par une voyelle[2] ou par un *h* muet.

Sans ce*sse* en écrivant — variez vos discours.

(BOILEAU.)

Répands sur mes écrits — ta for*ce* et ta clarté.
U*ne* hum*ble* obscurité — t'assu*re* un cal*me* heureux.
Furieu*se* el*le* approche — avec un coutelas.

(VOLTAIRE.)

Quand l'*e* final muet ne s'élide pas[3], il compte comme une syllabe :

Tout vous est aquilon, — tout *me* sem*ble* zéphyr.

(LA FONTAINE.)

Ce que l'on conçoit bien — s'énonce clairement.
Le mal qu'on dit d'autrui — *ne* produit *que* du mal.
Lâ*ches*, où fuyez-vous? — quel*le* peur vous abat?
Sur l'en*ne*mi commun — ils fon*dent* en courroux.

(BOILEAU.)

---

1. *Final*, c'est-à-dire qui se trouve à la fin d'un mot.

2. Nous n'avons pas besoin de dire que l'élision ne peut avoir lieu si l'*e* muet est suivi de la marque du pluriel *s* ou *nt*.

3. C'est-à-dire quand il n'est pas suivi d'un mot qui commence ou par une voyelle ou par un *h* muet.

Néanmoins l'*e* muet ne peut se trouver à la sixième[1] syllabe du vers alexandrin[2].

Il peut, conformément à la règle de l'élision, se trouver après cette sixième syllabe, pourvu que la première du deuxième hémistiche commence par une voyelle :

    1 2 3 4   5   6   1 2   3   4 5 6
Que le début soit sim*ple* — et n'ait rien d'affecté.
    1 2 3 4   5 6   1 2   3   4 5 6
Le théâtre, ferti*le* — en censeurs pointilleux,
    1   2   3 4 5 6   1 2   3   4 5 6
Chez nous, pour se produi*re*, — est un champ périlleux.

                                     (Boileau.)

Des vers masculins et féminins.

L'*e* muet ne peut former la douzième syllabe[3] du vers alexandrin[4]; mais, après la douzième syllabe, on peut en ajouter une treizième formée par un *e* muet. Les vers qui ont cet *e* muet à la fin se nomment *féminins* (ceux qui, comme tous ceux que nous avons cités jusqu'à présent, n'ont pas cette syllabe supplémentaire, se nomment *masculins*). Voici des vers féminins :

                    1 2   3   4   5   6
Je chante ce héros — qui régna sur la Franc*e*
                     1 2   3   4 5 6
Et par droit de conquête — et par droit de naissanc*e*....

                             (Voltaire.)

                  1   2 3   4   5 6
Assez d'autres sans moi, — d'un style moins timi*de*,
                  1   2   3 4   5 6
Suivront aux champs de Mars — ton courage rapi*de*....

                           (Boileau.)

---

1. Ni à la quatrième du premier hémistiche dans les vers de dix syllabes.

2. Ainsi les vers suivants seraient faux :

  1   2 3 4 5   1   2 3   4 5 6
Je viens en ce temp*le*, dans ce jour solennel,
  1 2 3 4 5   1 2 3   4 5 6
Selon nos usage*s*, invoquer l'Eternel.
  1 2 3   4   5   1 2 3 4 5 6
Les Romains vainqui*rent* mille peuples divers.

3. Ni la dixième du vers de dix, la huitième du vers de huit, la sixième du vers de six, etc.

4. Ainsi les vers suivants seraient faux :

  1   2   3   4 5 6 1   2   3   4 5
Sous les murs de Paris les deux rois s'avan-
                           [cent.
  1 2   3   4   5 6   1 2 3 4   5
Jamais, au grand jamais, elle ne me quit*te*.

7.

Sous les murs de Paris — les deux rois s'avancèrent,
Rome s'en alarma, — les Espagnols tremblè*rent*....
Dis comment la discorde — a troublé nos provin*ces*,
Dis les malheurs du peuple — et les fautes des princes.
(VOLTAIRE.)

De l'hiatus.

Quand un mot est terminé par toute autre voyelle qu'un *e* muet, on ne peut le faire suivre dans le même vers d'un mot commençant par une voyelle quelconque ou un *h* muet : ce choc de deux voyelles, l'une finale, l'autre initiale, est ce qu'on appelle *hiatus*. L'hiatus est banni des vers français [1].

Les voyelles nasales sont considérées comme ne formant point d'hiatus, non plus que les *h* aspirés. Les vers suivants sont exacts :

Le crime fait *la honte* et non pas l'échafaud.
(THOMAS CORNEILLE.)
Le chard*on import*u*n hé*rissa les guérets.
(BOILEAU.)

Quand deux voyelles se suivent dans le même mo*t*, il n'y a pas d'hiatus :

Un docteur ! diras-tu, parlez de vous, po*ë*te !
(BOILEAU.)

Souvent l'*aï*, l'arbois et le bordeaux manquaient.
(DELILLE.)

Quand vous me *haï*riez, je ne me plaindrais pas.
(RACINE.)

Quand un mot se termine par une voyelle suivie

1. Ainsi les vers suivants seraient faux :

Offre à *Dieu un* cœur pur, suis sa *loi adorable*
Athène à la Pit*ié érigea un* autel.

d'un *e* muet, ce mot ne peut entrer dans le corps du vers[1], à moins de s'élider, et l'hiatus qui résulte de cette élision est permis.

> Vous prenez pour gén*ie u*ne ardeur de rimer.
> Le poëte s'éga*ye* en mille inventions.
> (BOILEAU.)
> Vous-même n'allez pas de contr*ée* en contrée.
> (RACINE.)

Par conséquent, lorsque ces mêmes mots ont la marque du pluriel, ils ne peuvent se trouver dans les vers, si ce n'est à la fin des vers féminins :

> J'entends déjà frémir les deux mers étonn*ées*
> De voir leurs flots unis aux pieds des Pyrén*ées*.
> Sous ce chef redouté bientôt ils se rall*ient*.
> (BOILEAU.)

On considère les pluriels ils aim*aient*, ils aim*eraient*, comme si l'*e* n'y était pas, et ces mots peuvent terminer les vers masculins[2].

> Français, Anglais, Lorrains, que la fureur rassemble,
> Avan*çaient*, comba*ttaient*, frapp*aient*, mour*aient* ensemble.
> (VOLTAIRE.)

La conjonction *et* ne peut pas être placée devant une voyelle[3].

On est convenu de ne point considérer comme hiatus la double affirmation *oui*, *oui*, non plus que *hé oui*.

Des diphthongues.

Une des plus grandes difficultés de la versification française, pour les commençants, consiste à savoir quand deux ou trois voyelles qui se suivent dans le

---

1. Les vers suivants seraient donc faux :

Elle adoucit mes maux, elle essuie mes lar-
[mes.
Les gén*ies* fameux cré*ent* de beaux ouvrages.

2. Ne pas confondre avec ils effra*yent*, rime féminine.

3. Il n'y a d'exception que pour cet hémistiche de Racine :

Je suais sang et eau.

même mot forment une diphthongue, et ne doivent
par conséquent, compter que pour une syllabe, ou
quand elles doivent former deux syllabes distinctes
Ainsi il y a deux syllabes dans l'adjectif *pieux* ; il n'y
en a qu'une dans le substantif *pieu*, dans *mieux*, etc.
plier forme deux syllabes, *pied* n'en fait qu'une :

1   2 3 4   5   6
Tout en irait bien m*ieux*
1   2   3   4   5 6
Si l'on se gouvernait par ses ordres p*ieux*.
(MOLIÈRE.)
1   2 3   4 5 6   1   2 3   4   5 6
Des folles pass*ions* nous écout*ions* la voix.

On trouvera à la fin de ce chapitre un article supplémentaire, dans lequel toutes les difficultés relatives
à cet objet sont résolues.

---

§ II. DE LA RIME.

DE LA RIME EN GÉNÉRAL. — DE LA RIME SOUS LE RAPPORT DE L'ORTHO-
GRAPHE. — DE LA RIME SOUS LE RAPPORT DES CONSONNANCES. — DES
RIMES RICHES ET SUFFISANTES. — DE LA SUCCESSION DES RIMES.

De la rime en général.

On appelle *rime* la consonnance finale de deux vers ;
la rime est considérée comme essentielle aux vers français.

Deux mots riment ensemble lorsque le son (ou
voyelle) qui les termine est le même; *loi* rime avec
roi; anneau avec bat*eau; destin* avec *vin.*

Si après la voyelle se trouvent des consonnes qui se
prononcent, il faut, pour qu'il y ait rime, que ces consonnes soient les mêmes : Cé*sar* et ch*ar; neuf* et v*euf.*

De la rime sous le rapport de l'orthographe.

Si après la voyelle (ou après la voyelle et les consonnes qui se prononcent) se trouvent des consonnes

qui ne se prononcent pas, il suffit que ces consonnes soient de même nature ; il est inutile pour la rime qu'elles soient les mêmes : je *consens* rime avec les *bancs*, les *agréments* et le *temps*; *repos* rime aussi bien avec animaux et bateaux qu'avec héros ; *art* rime avec *hasard :* les *arts* avec les *hasards :* les *projets* avec *jamais* et avec *faix*.

Mais un bateau ne rimerait ni avec les *châteaux*, ni avec les *animaux*, ni avec un *héros*; *banni*, *bandit*, *taillis*, ne riment point ensemble ; si les deux premiers mots étaient au pluriel, tous trois rimeraient.

De la rime sous le rapport des consonnances.

Le son *é* ne suffit pas pour la rime, il faut que la consonne qui le précède soit la même : ainsi *aimé*, *désiré*; *aimés*, *désirés*; *aimer*, *désirer*, ne riment pas ensemble : mais *aimé* rime avec *charmé*; *désirer* avec *adorer*, etc. La Fontaine s'est assez souvent affranchi de cette règle.

Toutes les rimes qui terminent les vers masculins, c'est-à-dire qui ne finissent pas par des *e* muets, s'appellent *rimes masculines*.

Les *rimes féminines* sont celles qui terminent les vers féminins, et qui, par conséquent, finissent par un *e* muet.

Pour que les rimes féminines soient exactes, il faut que les avant-dernières syllabes [1] forment une rime suffisante : ainsi *aimante* rime avec *désolante*; mais *aimée* ne rime pas avec *désolée*, *aimées* avec *désolées :* *aimée* rime avec *charmée*.

Des rimes riches et suffisantes.

On dit que la rime est *suffisante* lorsqu'elle est for-

[1] Celles qui précèdent la dernière syllabe renfermant l'*e* muet.

mée seulement des sons et articulations exigés par la règle : telles sont toutes les rimes que nous avons citées jusqu'à présent dans ce paragraphe.

On dit que la rime est *riche* lorsqu'elle est formée par plus de sons ou d'articulations que la règle n'exige : *chérir* rime suffisamment avec ven*ir ;* rich*e*ment avec mou*rir,* plus richement avec pé*rir,* plus richement encore avec ren*chérir ;* mél*ancolie* rime suffisamment avec *vie,* richement avec It*alie,* plus richement avec *folie,* plus richement encore avec *ancolie.*

Les composés du même mot ne riment pas ensemble, non plus que le simple avec le composé : *venir, revenir, survenir ; dire, redire, contredire.*

On peut faire rimer *ami* et *ennemi.*

Deux homonymes peuvent rimer ensemble, quand l'orthographe ne s'y oppose point : « Où portez-vous vos *pas ?* » rimera bien avec « ne vous éloignez *pas.* »

De la succession des rimes.

Les rimes masculines et les rimes féminines doivent se suivre alternativement.

> Surtout qu'en vos écrits la langue révérée
> Dans vos plus grands excès vous soit toujours sacrée :   *f.*
> En vain vous me frappez d'un son mélodieux,
> Si le terme est impropre ou le tour vicieux :   *m.*
> Mon esprit n'admet point un pompeux barbarisme,
> Ni d'un vers ampoulé l'orgueilleux solécisme :   *f.*
> Sans la langue, en un mot, l'auteur le plus divin
> Est toujours, quoi qu'il fasse, un méchant écrivain.   *m.*
>
> (BOILEAU.)

On commence une pièce de vers par une rime masculine ou féminine indifféremment.

Quand les vers qui riment ensemble sont toujours placés à la suite l'un de l'autre, comme dans l'exemple précédent, on dit que les rimes sont *plates*[1]. Quand les vers masculins et féminins sont entrelacés, comme dans les deux exemples suivants, on dit que les rimes sont *croisées* :

> Elle m'a prodigué sa tendresse et ses *soins* :
> Son zèle dans mes maux m'a fait trouver des *charmes*;
> Elle les partageait, elle essuyait mes *larmes*.
> Son amour attentif prévenait mes *besoins*.
> Viens, ô mon digne sang! viens, mon guide fidèle,
> Que ton père attendri te presse sur son *cœur!*
> Veuille du Tout-Puissant la justice éter*nelle*
> A ma reconnaissance égaler ton bon*heur!*
>
> (GUILLARD.)

Quelquefois les rimes sont *redoublées*; c'est lorsque plus de deux vers offrent la même consonnance finale :

> Cieux, écoutez ma voix; terre, prête l'or*eille* :
> Ne dis plus, ô Jacob, que ton Seigneur somm*eille!*
> Pécheurs, disparaissez! le Seigneur se rév*eille*.
>
> (RACINE.)

---

§ III. DES DIVERSES SORTES DE VERS, DE LEUR MÉLANGE ET DES LICENCES POÉTIQUES.

DES VERS DE DIX SYLLABES. — DES VERS DE HUIT SYLLABES ET AU-DESSOUS. — DES VERS MÊLÉS, DES STANCES ET DES STROPHES. — DE L'ENJAMBEMENT. — DES LICENCES POÉTIQUES.

Du vers de dix syllabes.

Les vers français ne peuvent avoir plus de douze syllabes : ils peuvent en avoir moins.

Il n'y a point de vers de onze syllabes; très-peu, pour mieux dire, point de vers de neuf.

Le vers de dix syllabes se compose de deux hémistiches inégaux, le premier de quatre syllabes, le second de six :

---

1. Ce mot est peu usité; il vaudrait peut-être mieux dire *rimes suivies*.

<pre>
  1   2   3   4   1   2   3   4   5   6
Tout mon bonheur — est de suivre vos pas,
  1   2   3   4   1   2   3   4   5   6
De vous servir, — de recueillir vos larmes :
  1   2   3   4   1   2   3   4 5   6
Qu'un si beau sort — pour mon cœur a de charmes!
  1   2   3   4   1   2   3   4 5   6
C'est mon seul bien : — ah ! ne m'en privez pas!
</pre>

(GUILLARD.)

Du vers de huit syllabes et au-dessous.

Les vers de huit syllabes et au-dessous ne sont point partagés en hémistiches :

Vers de huit syllabes.

<pre>
  1   2   3   4   5   6   7   8
Quels traits me présentent vos fastes,
 1 2 3 4 5   6   7   8
Impitoyables conquérants?
  1   2   3   4   5   6   7   8
Des vœux outrés, des projets vastes,
  1   2   3   4   5   6   7   8
Des rois vaincus par des tyrans.
</pre>

(J.-B. ROUSSEAU.)

Vers de sept syllabes.

<pre>
  1 2   3   4   5   6 7
Venez, troupe meurtrière;
  1   2   3   4   5   6   7
La nuit, qui dans sa carrière
  1   2   3   4 5 6 7
Fuit à pas précipités,
  1   2   3   4   5   6 7
Va bientôt laisser éclore
  1   2   3   4   5   6 7
De votre dernière aurore
  1   2   3   4 5   6   7
Les foudroyantes clartés.
</pre>

(J.-B. ROUSSEAU.)

Vers de six syllabes.

<pre>
  1   2   3   4 5 6
A soi-même odieux,
</pre>

1   2   3   4   5 6
Le sot de tout s'irrite;
1   2   3   4   5 6
En tous lieux il s'évite,
1   2 3   4   5   6
Et se trouve [1] en tous lieux.
(***)

Vers de cinq syllabes.

1   2   3   4   5
Dans ces prés fleuris
1   2   3 4   5
Qu'arrose la Seine,
1   2   5   4   5
Cherchez qui vous mène,
1   2   3   4 5
Mes chères brebis.
(Mme DESHOULIÈRES.)

Ce n'est que très-rarement qu'on trouve dans les poëtes des vers au-dessous de cinq syllabes :

Même il m'est arrivé quelquefois de manger
1   2   3
Le berger.
(LA FONTAINE.)

1   2   3   4   5
L'on voit des commis
1
Mis
1   2   3   4
Comme des princes,
1   2   3   4 5
Et qui sont venus
1
Nus
1   2   3 4
De leurs provinces.
(PANARD.)

C'est promettre beaucoup; mais qu'en sort-il souvent?

1   2
Du vent.
(LA FONTAINE.)

---

1. Se trouve *lui-même*, ne peut pas venir à bout de se quitter.

Des vers mêlés, des stances et des strophes.

On dit qu'une pièce de poésie est en *vers mêlés* quand les vers de différentes mesures s'y succèden sans autre règle que le caprice de l'auteur ; telles son les fables de La Fontaine.

Quand l'arrangement des rimes et des vers de diffé rentes mesures revient régulièrement de la même ma nière, on dit que ces vers forment des *stances* ou *strophes.*

Voici des modèles des divers genres de stances ou strophes dont les poëtes français ont fait le plus d'usage

L'homme en sa propre force a mis sa confiance ;
Ivre de sa grandeur et de son opulence,
L'éclat de sa fortune enfle sa vanité.
Mais, ô moment terrible ! ô jour épouvantable,
Où la mort saisira ce fortuné coupable,
Tout chargé des liens de son iniquité !

(J.-B. Rousseau.)

Peuples, dont la douleur aux larmes obstinée
De ce prince chéri déplore le trépas,
Approchez et voyez quelle est la destinée
    Des grandeurs d'ici-bas.

(Id.)

Comme un torrent fougueux qui, du haut des montagnes
Précipitant ses eaux, roule dans les campagnes
Arbres, rochers, troupeaux, par son cours emportés ;
Ainsi de Godefroi les légions guerrières
    Forcèrent les barrières
Que l'Asie opposait à leurs bras indomptés.

(Id.)

Que ne puis-je franchir cette noble barrière !
Mais, peu propre aux efforts d'une longue carrière,
    Je vais jusqu'où je puis ;
Et, semblable à l'abeille en nos jardins éclose,

De différentes fleurs j'assemble et je compose
    Le miel que je produis.
              (J.-B. Rousseau.)

Je trouvais le bonheur dans cette vie obscure;
    Et, du monde oubliés,
Tous mes jours s'écoulaient comme cette onde pure
    Qui s'enfuit à mes pieds.
             (***)

    Près de se voir réduire en poudre,
Ils défendent leurs bords enflammés et sanglants.
Voyez-les défier et la vague et la foudre
    Sous des mâts rompus et brûlants.
             (Lebrun.)

Il combla du chaos les abîmes funèbres,
Il affermit la terre, il chassa les ténèbres.
Les eaux couvraient au loin les rochers et les monts :
Mais au son de sa voix les ondes se troublèrent
      Et soudain s'écoulèrent
      Dans leurs gouffres profonds.
             (Pompignan.)

    Les bornes qu'il leur a prescrites
    Sauront toujours les resserrer.
    Son doigt a tracé les limites
    Où leur fureur doit expirer.
    La mer, dans l'excès de sa rage,
    Se roule en vain sur le rivage,
    Qu'elle épouvante de son bruit.
    Un grain de sable la divise :
    L'onde approche, le flot se brise,
    Reconnaît son maître et s'enfuit.
             (Id.)

    Rois, fuyez la calomnie;
    Ses criminels attentats
    Des plus paisibles États
    Troublent l'heureuse harmonie.
             (Racine.)

Tu plains mes jours troublés par tant d'orages,
Mes jours affreux d'ombres environnés :

> Va, le malheur m'a mis au rang des sages,
> Et la raison suit les infortunés.
> (COLARDEAU.)

> Murmure autour de ma nacelle,
> Douce mer, dont les flots chéris,
> Ainsi qu'une amante fidèle,
> Jettent une plainte éternelle
> Sur ces poétiques débris.
> (LAMARTINE.)

> Où sont ces fils de la Terre,
> Dont les fières légions
> Devaient allumer la guerre
> Au sein de nos régions?
> La nuit les vit rassemblées,
> Le jour les voit écoulées
> Comme ces faibles ruisseaux
> Qui, gonflés par quelque orage,
> Viennent inonder la plage
> Qui doit engloutir leurs eaux.
> (J.-B. ROUSSEAU.)

De l'enjambement.

On dit qu'il y a *enjambement* lorsque le sens commencé dans un vers s'arrête brusquement sur les premières syllabes du vers suivant.

L'enjambement n'est permis que dans quelques cas très-rares, où il produit une beauté, comme dans l'exemple suivant :

> Soudain un mont liquide, élevé dans les airs,
> *Retombe* : un noir limon bouillonne au fond des mers.
> (DELILLE.)

L'enjambement est permis lorsqu'il est habilement dissimulé, comme dans ces vers de Racine :

> Je répondrai, madame, avec la liberté
> *D'un soldat* qui sait mal farder la vérité.

Des licences poétiques.

On appelle *licences poétiques* quelques dérogations aux règles ordinaires de la langue, dérogations interdites dans la prose et autorisées dans les vers. Ces licences poétiques sont infiniment peu nombreuses.

On peut en vers supprimer l'*e* final de *encore;* on peut dans des cas très-rares (et même cela ne se fait plus) supprimer l'*s* final :

> Quitte ces bois et redevie*n*
> Au lieu de loup, homme de bien.
> (LA FONTAINE.)

On peut écrire *j'oublîrai,* il *paîra,* afin que ces mots puissent entrer dans les vers. On emploie quelques mots inusités en prose, comme *labeur* pour *trav ail,* *penser* pour *pensée :*

> L'Anglais mélancolique, à son ciel chargé d'ombres
> Doit des gazons plus frais et des *pensers* plus sombres.
> (DELILLE.)

La seule licence poétique importante consiste dans l'inversion.

Les inversions sont permises dans les vers français ; mais, pour qu'elles ne produisent pas l'obscurité, l'usage n'autorise que le déplacement des portions de phrase régies par des prépositions ; toute autre inversion est interdite, à moins qu'elle ne soit aussi admise dans la prose :

> Que les temps sont changés ! Sitôt que *de ce jour*
> La trompette sacrée annonçait *le retour,*
> *Du temple,* orné partout de festons magnifiques,
> Le peuple saint en foule inondait *les portiques;*
> Et tous, *devant l'autel avec ordre introduits,*
> *De leurs champs dans leurs mains* portant *les nouveaux*
> *Au Dieu* de l'univers consacraient *ces prémices.*   [*fruits,*
> (RACINE.)

L'usage permet, en vers, de parler à la seconde pe[rsonne] sonne du singulier aux personnes à qui l'on s'adress[e] quelque élevé que soit leur rang :

> Seignelay [1], c'est en vain qu'un ridicule auteur,
> Prêt à porter *ton nom* de l'Èbre jusqu'au Gange ,
> Croit *te* prendre aux filets d'une sotte louange.

> Grand roi [2]! *cesse* de vaincre, ou je cesse d'écrire.
>
> (BOILEAU.)

1. Un des ministres de Louis XIV.   2. Louis XIV.

ADDITION AU CHAPITRE PREMIER.

Nous avons dit qu'une des principales difficultés de [la] versification française est de savoir quand deux voyell[es] qui se suivent dans le même mot doivent compter pou[r] deux syllabes, ou n'en forment qu'une seule.

Nous réunissons ici dans un tableau très-court tout[es] les règles relatives à cette difficulté.

Nous séparons les voyelles toutes les fois qu'ell[es] forment deux syllabes ; nous les laissons réunies lors qu'elles forment *diphthongue,* c'est-à-dire lorsqu'ell[es] se prononcent d'une seule émission de voix et ne comp[tent] tent dans les vers que comme une seule syllabe. Ains[i] au n° 8 du tableau , l'on voit que *oe* compte pour u[ne] seule syllabe dans *poêle,* et pour deux syllabes da[ns] po-ëte.

Pour trouver la solution d'une difficulté, il suffit d[e] chercher les voyelles dans le petit vocabulaire en lettr[es] majuscules placé ci-contre , à gauche des explication[s]

VOYELLES.	EXPLICATIONS.
	SYLLABES FINALES DES VERBES.
1°. IER, OUER, UER, UIRE............	i-er.... ou-er.... u-er.... uire (excepté bru-*ire*). Je ri-ais, etc.
2°. IONS, IEZ.........	Nous aim*ions*, vous aim*iez*; que nous aim*ions*, que vous aim*iez*; nous aim*erions*, vous ai-mer*iez* (excepté quand ces voyelles sont précédées de deux consonnes, dont l'une est un *l* ou un *r*, vous voudr*i-ez*, nous sembl*i-ons*.
	AUTRES SYLLABES.
3°. IA, IAI, IAN, IEN[1], IANT, IENT[1], IAU.	i-a, i-ai, etc., excepté dans *diable*, *diantre*, *liard*, *diacre*, *fiacre*, *viande*, *bréviaire*, *piaffer* (on dit *biais* et *bi-ais*).
4°. IÉ, IEI, IER, IERRE.	ié, excepté dans les syllabes finales, quand ces voyelles sont précédées de deux consonnes, dont l'une est *l* ou *r*, comme ouvr*i-er*, peupl*i-er*; excepté aussi pi-*été*, ali-*éner*, soci-*été*, inqui-*et*, inqui-*étude*, matéri-*el*, essenti-*el*, gri-*ef* (on dit *hier* et *hi-er*).
5°. IEN[2].........	ien, excepté dans li-*en*, aéri-*en*, et les adjectifs de profession et de pays, comme histori-*en*, chirurgi-*en* (on dit an*cien* et anci-*en*, gard*ien* et gardi-*en*).
6°. IEU...............	i-eu, excepté dans *lieu*, mil*ieu*, *Dieu*, ad*ieu*, *pieu*, *épieu*, *essieu*, *cieux*, *vieux*, *mieux*.
7°. IO, ION...........	i-o; i-on.
8°. OE................	po*ële*, mo*elle*; po-*ète*, po-*ème*, po-*ésie*, po-*étique*.
9°. OUA, OUE, OUEN, 10°. OUETTE, OUEUX.	ou-a, etc.; excepté *fouet*, *fouetter*, *ouais*.
OUI...............	ou-i, excepté l'affirmation *oui*.
11°. OIN, OUIN.........	oin, ouin.
12°. UA, UE, UET, UEUR, UEUX............	u-a, etc.; excepté écu*elle*.
13°. UI.......	ui, excepté flu-*ide*, ru-*ine*, ru-*iner*, ru-*ineux*, su-*icide*, gratu-*it*, superflu-*ité*.

Usage de ce tableau.

On n'a qu'à chercher dans ce tableau les réunions de voyelles relati-vement auxquelles on éprouve de l'embarras; par exemple, l'adjectif *fier* et le verbe se *fier*. On voit par le n° 1 que le verbe a deux syllabes, et par le n° 4 que l'adjectif n'en a qu'une.

1. Prononcé *ian*, comme dans pat*i-ence*.   2. Prononcé comme dans chrét*ien*.

CHAPITRE DEUXIÈME.

DES DIVERS GENRES DE LITTÉRATURE.

§ I. DE LA LITTÉRATURE EN GÉNÉRAL ET DES OUVRAG[ES] EN PROSE.

DES DIVERSES OEUVRES LITTÉRAIRES. — DES OUVRAGES D'ÉLOQUENCE, D'HISTOIRE ET DE PHILOSOPHIE.

Des diverses œuvres littéraires.

Les œuvres littéraires se divisent en deux grande[s] classes que distingue la forme extérieure ; en effet, o[u] le langage se déploie librement sans être assujetti à un[e] forme rigoureuse, ou il est soumis à certaines lo[is] rhythmiques que nous venons de faire connaître ; le[s] ouvrages sont donc en prose ou en vers.

L'emploi de la prose ou des vers n'est pas arbitraire[:] les œuvres dans lesquelles l'imagination et la passio[n] dominent, appellent naturellement la versification : l[a] prose convient mieux à celles qui sont le produit d[u] savoir et du raisonnement ; cependant, cette règle n'e[st] pas d'une rigueur absolue.

La prose et la poésie admettent des genres divers[.] Chaque genre embrasse des ouvrages de nature iden[-] tique ou analogue.

Des ouvrages d'éloquence, d'histoire et de philosophie.

A la prose appartiennent trois grandes divisions[:] l'*éloquence*, l'*histoire* et la *philosophie*.

Nous avons déjà reconnu quatre genres d'*éloquence*, déterminés par la nature du sujet que l'on traite : l'éloquence de la tribune, du barreau, de la chaire et de l'Académie [1].

L'*histoire* est le récit fidèle des événements; l'histoire de la vie d'un homme s'appelle *biographie* [2].

L'*histoire* est *universelle* si elle embrasse, soit dans toute la durée des temps, soit dans une période limitée, l'ensemble des faits dont la terre a été le théâtre ; *générale*, si elle comprend la vie continue et complète d'un peuple [3]; *particulière*, si elle s'attache à un seul côté des faits, ou à une période limitée de l'existence d'une nation [4]; *philosophique*, si elle cherche la raison humaine ou providentielle de l'enchaînement des événements [5].

Les *mémoires* [6] sont moins des histoires que des matériaux historiques ; c'est le récit des faits auxquels l'auteur s'est trouvé mêlé comme acteur ou comme témoin.

Les *ouvrages philosophiques* forment une des principales branches de la littérature chez tous les peuples. La philosophie proprement dite [7], la politique [8], la morale [9] en sont les principales branches ; les sciences naturelles traitées avec élévation et avec chaleur forment aussi une branche de la littérature [10].

Ajoutons, pour ne rien omettre, aux ouvrages en prose, le *genre épistolaire* [11], et le *roman*, tableau de

---

1. Voir chap. VII, § 3.

2. *Vie de Henri IV*, par Péréfixe; *Histoire de Théodose*, par Fléchier; *Vies des hommes célèbres de la Grèce et de Rome*, écrites en grec par Plutarque et traduites en français par Ricard.

3. *Histoire des révolutions romaines*, par Vertot.

4. *Siècle de Louis XIV*, par Voltaire.

5. *Discours* de Bossuet *sur l'histoire universelle*.

6. *Mémoires* du cardinal de Retz.

7. Malebranche, *Recherche de la vérité*; Descartes, *Discours sur la méthode*; Fénelon, *Traité de l'Existence de Dieu*.

8. Montesquieu, *Esprit des lois*.

9. *Caractères* de Labruyère; *Essais de morale*, par Nicole.

10. Buffon, *Histoire naturelle*; Bernardin de Saint-Pierre, *Études de la nature*.

11. *Lettres* de madame de Sévigné.

mœurs mêlé au récit d'une action feinte, ou même d
quelques faits historiques.

---

§ II. DE LA POÉSIE EN GÉNÉRAL, ET DE LA POÉSIE NARRATIVE EN PARTICULIER.

DE LA POÉSIE EN GÉNÉRAL. — DE L'ÉPOPÉE OU POEME ÉPIQUE. — D
POEME HÉROÏ-COMIQUE. — DE L'IDYLLE OU POÉSIE PASTORALE. — D
LA FABLE. — DU CONTE.

De la poésie en général.

Les ouvrages en vers se divisent en trois grande
classes : le récit, le drame et la poésie de sentimen
ou de précepte.

A la poésie narrative appartiennent l'épopée et l
poëme héroï-comique, auxquels on peut joindre la fa
ble, l'idylle et le conte ; au drame appartiennent la tra
gédie et la comédie, auxquelles on peut joindre l
drame lyrique et le drame proprement dit ; à la troisième classe appartiennent l'ode, l'élégie, la satire
l'épître, le poëme didactique et les poésies légères.

De l'épopée ou poëme épique[1].

L'*épopée* est le récit poétique d'une action mémorable

L'action doit être une, grande, intéressante ; les caractères doivent être vraisemblables et toujours fidèle
à eux-mêmes ; tous doivent se faire valoir mutuellement, et le caractère principal doit dominer tous le
autres.

On regarde le merveilleux comme nécessaire au

---

[1]. Chez les Grecs, l'*Iliade* et l'*Odyssée* d'Homère ; chez les Latins, l'*Énéide* de Virgile ; en italien, la *Jérusalem délivrée*, du Tasse ; en portugais, les *Lusiades*, de Camoëns ; en anglais le *Paradis perdu*, de Milton ; en allemand la *Messiade*, de Klopstock ; en français la *Henriade*, de Voltaire.

poëme épique : l'intervention des agents surnaturels, les communications continuelles du ciel et de la terre donnent en effet à l'épopée un caractère de grandeur et d'inspiration.

Le style de l'épopée doit répondre à la grandeur du sujet : la majesté, la chaleur, la hardiesse, l'élégance continue, en sont les qualités principales.

Les actions particulières, habilement rattachées à l'action principale, se nomment *épisodes*.

L'épopée n'admet rien qui soit médiocre : partout doivent se trouver la vérité et la chaleur dans les sentiments, la vivacité dans les récits, la magnificence dans les descriptions, la vigueur du coloris dans les tableaux, l'éloquence dans les discours.

Du poëme héroï-comique [1].

Le *poëme héroï-comique* est comme une parodie de l'épopée : on y célèbre d'un ton épique des faits sans importance et des personnages vulgaires. C'est un badinage ingénieux qui provoque le rire par des contrastes piquants et par des rapprochements inattendus.

De l'idylle ou poésie pastorale [2].

L'*idylle* ou *églogue*, autrement appelée *poésie pastorale* ou *bucolique*, est un petit poëme ordinairement en action, quelquefois en dialogue, dont les personnages sont des bergers. Elle offre une peinture embellie des habitudes champêtres, destinée à inspirer l'amour de la nature et des champs.

De la fable [3].

La *fable* ou *apologue* est un récit allégorique qui con-

1. Boileau, le *Lutrin*.
2. *Idylles* de Gessner, traduites de l'allemand; *Galatée* et *Estelle*, de Florian, en prose mêlée de vers.
3. La Fontaine, incomparablement supérieur à tous les autres fabulistes.

tient une vérité facile à saisir sous le voile qui la couvre
Les personnages de ce petit poëme sont presque tou
jours des animaux, ou même des plantes, que l'oi
suppose doués de la pensée et de la parole.

Du conte[1].

Le *conte* est un récit très-court, dont le ton est ordi
nairement simple et le sujet léger.

---

§ III. DE LA POÉSIE DRAMATIQUE.

DU DRAME EN GÉNÉRAL. — DE LA TRAGÉDIE. — DE LA COMÉDIE. —
DES DRAMES DE SECOND ORDRE.

Du drame en général.

Le *drame* est là reproduction directe d'une actio
feinte ou réelle, à l'aide de personnages agissant et pai
lant selon la vérité ou la vraisemblance. Cette actio
est-elle grande, héroïque, terrible, touchante, l
drame prend le nom de *tragédie;* est-elle gaie, plaisante
elle s'appelle *comédie.*

De la tragédie[2].

La première loi de la *tragédie,* c'est le pathétique
qui naît d'un intérêt vif et soutenu, auquel se mêlent de
sentiments parmi lesquels la *terreur* et la *pitié* domi
nent : cet intérêt résulte de la vue de l'homme aux prise
avec l'adversité ou avec les passions.

Comme cet intérêt ne saurait exister sans illusion
ni l'illusion sans la vraisemblance, il est nécessaire qu

1. Andrieux, le *Meunier Sans-Souci,*   2. Corneille, Racine, Voltaire.
la *Promenade de Fénelon.*   3. Voir p. 144 et suivantes.

la tragédie obéisse à la loi des trois unités[1] : unité d'*action* : tout doit se rapporter à un même fait ; unité de *temps* : l'action ne doit pas durer plus que le temps de la représentation, que l'on est convenu de considérer comme pouvant embrasser un jour ; unité de *lieu* : tout doit se passer dans le même endroit, en sorte que la scène ne change jamais.

On appelle *fable* le développement de l'action tragique ; l'*exposition* fait connaître le sujet ; le *nœud* se forme des incidents qui s'opposent à l'accomplissement de l'action. Le *dénoûment* résout les difficultés de l'intrigue par une issue favorable, ou le plus souvent par une catastrophe.

L'exposition doit être claire ; le nœud doit se compliquer toujours de plus en plus ; le dénoûment, même le plus inattendu, doit toujours être préparé. L'action tragique s'accomplit ordinairement en cinq *actes*.

On exige dans les caractères la vérité, la variété, la couleur locale ; dans le style, la dignité et le naturel[2].

De la comédie[3].

La *comédie* a pour but d'instruire en amusant, par le tableau des vices et des travers de l'homme présentés sous un aspect ridicule.

On distingue la comédie de mœurs et la comédie d'intrigue. La comédie *de mœurs*[4] se propose de peindre ou l'un des travers généraux de l'humanité, ou un côté spécial des mœurs publiques. La comédie *d'intrigue*[5]

---

1. C'est là la règle de ce qu'on appelle la tragédie classique. Les théâtres espagnol, anglais et allemand n'obéissent point à la loi des trois unités.

2. *Athalie*, de Racine, est le chef-d'œuvre de la scène française.

3. Molière, aussi supérieur dans son genre que La Fontaine dans le sien.

4. Le *Misanthrope*, l'*Avare*, les *Femmes savantes*, le *Tartufe*, le *Malade imaginaire*, de Molière.

5. L'*Étourdi*, de Molière.

subordonne la peinture des mœurs à l'action, dont elle complique et embrouille le nœud.

La comédie de mœurs a ordinairement cinq actes ; dans la comédie d'intrigue, ce nombre est souvent réduit à trois, et quelquefois à un seul.

Lorsque la comédie ne se propose que d'exciter le rire, elle prend le nom de *farce* [1] ; lorsqu'elle travestit un sujet sérieux, on l'appelle *parodie*.

Des drames de second ordre.

On appelle vulgairement *opéra* [2] une tragédie dont tous les vers sont chantés avec accompagnement d'orchestre. Les représentations de ce genre ont beaucoup de pompe et d'éclat ; la raison et la vraie poésie y sont presque toujours sacrifiées à la musique et au plaisir des yeux.

On appelle *opéras comiques* des comédies mêlées de chants ; si ces chants ne sont que des couplets appropriés à des airs déjà connus, la pièce s'appelle *vaudeville*.

On a quelquefois donné le nom de *drame* à des pièces de théâtre sérieuses et attendrissantes, qui reproduisent des événements de la vie commune.

On les appelle aussi *tragédies bourgeoises*.

Ce que l'on appelle *mélodrame* est une sorte de drame pendant la représentation duquel l'orchestre se fait entendre de temps en temps, pour ajouter à l'intérêt d'une situation.

1. Le *Médecin malgré lui*, de Molière.   2. *OEdipe à Colone*, par Guillard.

§ IV. DE LA POÉSIE DE SENTIMENT OU DE PRÉCEPTES, ET DE LA POÉSIE LÉGÈRE.

DE L'ODE OU POÉSIE LYRIQUE. — DE L'ÉLÉGIE. — DE LA SATIRE. — DE L'ÉPÎTRE. — DE LA POÉSIE DIDACTIQUE ET DESCRIPTIVE. — DE LA POÉSIE LÉGÈRE ET FUGITIVE.

De l'ode ou poésie lyrique [1].

L'*ode* est un poëme d'une courte étendue, dans lequel l'âme fortement émue exprime ses sentiments par de vives images et par des élans passionnés.

Ordinairement elle est divisée en strophes [2]. Dans l'ode la pensée poétique, libre de tout frein, n'est pas asservie à une marche régulière et s'élance par bonds impétueux.

On peut distinguer plusieurs sortes d'odes : sacrée, pindarique, morale, anacréontique.

L'ode, portée au plus haut point d'exaltation et affranchie de la contrainte des strophes, prend le nom de *dithyrambe* [3].

La *chanson* peut se rattacher à l'ode; c'est une suite de couplets destinés à être chantés, dans un genre ordinairement léger et amusant; la *romance* exprime ordinairement des sentiments tendres ou tristes.

De l'élégie [4].

L'*élégie* est un poëme de peu d'étendue, consacré ordinairement à l'expression de la douleur et de la plainte, quelquefois à celle des passions.

La mélancolie en est le ton habituel; alternativement tendre et passionnée, l'élégie doit toujours être natu-

---

1. *Odes* de J.-B. Rousseau; *Méditations poétiques* de Lamartine.
2. Voir, relativement aux strophes, page 162.
3. Dithyrambe de Delille sur l'*Immor-*talité de l'âme (c'est le seul qui existe dans notre langue).
4. Élégie de La Fontaine sur la *Disgrâce de Fouquet*; Millevoye, la *Chute des feuilles*, l'*Anniversaire*.

relle, et la poésie, dans ces sortes de compositions, r
doit jamais parler que le langage du cœur.

De la satire [1].

La *satire* attaque directement les vices et les trave
des hommes, ainsi que les mauvais ouvrages et les fau
jugements ; elle est personnelle ou générale : *personnell*
si elle attaque et nomme les coupables ; *générale*,
elle ne s'en prend qu'aux vices et aux travers de
société, sans signaler personne en particulier.

De l'épître [2].

L'*épître* n'est autre chose qu'une lettre en vers,
peut, par conséquent, traiter une grande variété d
sujets ; on en distingue deux sortes : l'épître philoso
phique et l'épître familière.

L'épître *philosophique* présente, sous une forme poé
tique, d'utiles enseignements ; l'épître *familière* est un
causerie libre et agréable. A ce genre peuvent se rap
porter les *discours en vers* [3].

De la poésie didactique et descriptive.

La poésie *didactique* [4] donne des préceptes sur un ar
ou explique une science ; son but est d'inspirer le goû
de cet art ou de cette science en montrant quelques-un
de ses résultats embellis par les charmes de la poésie

L'aridité et la monotonie des préceptes doivent dis
paraître sous les grâces du langage.

Le poëme *descriptif* [5] consiste dans une suite de ta
bleaux qui se rapportent à un même sujet.

1. Boileau, Gilbert.
2. Boileau.
3. Boileau, *Discours au roi*.
4. *Géorgiques* de Virgile, traduites en vers français par Delille ; *Art poétique* de Boileau ; les *Jardins*, par Delille.
5. Delille, l'*Imagination*, les *Trois règnes de la nature*.

De la poésie légère et fugitive.

L'*épigramme* exprime avec concision une pensée piquante ; le *madrigal*, tombé en désuétude depuis long-temps, exprime avec grâce une pensée agréable ; l'*inscription* fait connaître avec brièveté et avec élégance la destination d'un monument ou d'une statue ; l'*épitaphe* est une inscription tumulaire ; l'*épithalame* célèbre un mariage ; l'*énigme*, le *logogriphe*, la *charade* n'ont guère d'autre but que d'amuser les oisifs en les tourmentant.

Trois petits poëmes ont joui d'une grande vogue autrefois, et sont maintenant à peu près oubliés : le *sonnet*, la *ballade*, le *rondeau*.

Le *sonnet* est composé de deux quatrains[1] sur deux rimes et de deux tercets[2] sur trois rimes.

Il est inutile de parler du *rondeau* et de la *ballade*.

1. Stances de quatre vers.　　2. Stances de trois vers.

CHAPITRE TROISIÈME.

LECTURE A HAUTE VOIX.

DE LA PRONONCIATION. — DE L'INTONATION ET DE L'ACCENT. — DE L'A:
TITUDE ; DE L'EXPRESSION DU VISAGE ; DES GESTES. — DE LA TIMIDI:
ET DE L'ASSURANCE.

De la prononciation.

L'art de lire à haute voix ou de réciter soit les com
positions qu'on a faites, soit les ouvrages d'autrui, e
le complément indispensable des études littéraires.

Cet art embrasse deux choses qui concourent a
succès du lecteur : la voix et le geste.

Relativement à la *voix*, on doit distinguer la pronon
ciation, l'intonation et l'accent.

La *prononciation* est la manière dont on fait entendr
les paroles.

La prononciation doit être claire et distincte ; cor
recte ; bienséante ; réglée :

Claire et *distincte* : c'est-à-dire qu'il faut faire en
tendre toutes les syllabes des mots et les articuler d'un
manière nette et facile ;

Correcte : c'est-à-dire qu'on doit donner aux voyelle
le son et la durée consacrés par le bon usage, et n'ap
puyer sur les consonnes ni plus ni moins que ce mêm
usage ne l'exige ;

Bienséante et *réglée* : c'est-à-dire ni trop haute ' r

1. *Haute* signifie ici *forte et bruyante ; basse* a la signification opposée.

trop basse, mais rapide sans précipitation, et modérée sans lenteur.

La prononciation a beaucoup d'importance et exige des soins : elle doit, autant que possible, être exempte des défauts qui se rencontrent généralement dans les provinces parmi les personnes dont l'éducation, sous ce rapport, n'a pas été extrêmement soignée.

Le seul moyen d'acquérir une bonne prononciation est d'écouter les personnes qui prononcent très-bien, et de chercher, sans affectation, à les imiter.

De l'intonation et de l'accent.

L'*intonation* consiste dans l'élévation et l'abaissement[1] de la voix.

Il y a en effet, pour la voix parlée comme pour le chant, une échelle de tons que les oreilles délicates savent apprécier, quoiqu'on ne puisse la noter comme celle des intervalles de la musique.

Les tons de la voix doivent toujours être naturels. Il faut savoir les varier, et passer de l'un à l'autre sans affectation et sans brusquerie, conserver des inflexions justes qui ne dégénèrent jamais en cris ni en sons étouffés, et mettre toujours les tons de la voix en harmonie avec les sentiments dont on est ou dont on veut paraître animé.

L'*accent*[2] est une sorte d'émotion de la voix, qui vient du cœur et qui va au cœur.

L'accent doit être vrai et naturel, jamais ni forcé ni affecté ; il sera, selon les divers sentiments que l'on

1. *Élévation* et *abaissement* signifient ici *acuité* et *gravité*.
2. L'*accent*, dans cette acception, s'appelle aussi *accent oratoire*. Il ne faut pas le confondre avec ce qu'on appelle dans chaque province l'*accent*, c'est-à-dire une prononciation particulière au pays, et presque toujours vicieuse.

veut retracer, doux, flatteur, insinuant, triste, véh
ment, pathétique, solennel, terrible.

Il n'est qu'un moyen de parvenir à donner à tout (
qu'on dit l'accent convenable : c'est de se pénétrer v
vement et profondément des sentiments qu'on exprim(
En général, ce qu'on sent bien on le dit bien.

De l'attitude; de l'expression du visage; des gestes.

Le *geste*, considéré dans l'homme qui parle en pu
blic, comprend les attitudes, les mouvements ou gest(
proprement dits, l'expression du visage.

L'*attitude* de l'homme qui lit tout haut ou qui réci(
doit être simple et noble. On doit tenir la tête droite (
dans une position naturelle : courbée, elle donne u
air bas; haute, un air dédaigneux; penchée, un a
d'indolence; roide et immobile sur les épaules, el.
marque je ne sais quoi de méchant ou de stupide.

Les *gestes proprement dits*, c'est-à-dire les mouv(
ments des bras et des mains, sont de trois sortes : l(
uns sont *indicatifs*, et désignent le lieu, le temps, l
nombre; les autres sont *imitatifs*, et représentent, pe
des signes pittoresques, les personnes et les choses
les derniers sont *expressifs*, et servent à manifester l(
affections et les mouvements de l'âme.

Bien loin de prodiguer les gestes, on doit en êtr
très-sobre : la plus exacte bienséance devra toujour
les régler, même dans l'expression des passions les plu
vives; on évitera avec soin tout ce qui aurait une appe
rence d'affectation ou un air théâtral.

Le *visage* est le miroir de l'âme. C'est surtout pa
l'expression de la physionomie qu'on fait connaître l(
sentiments dont on est animé et qu'on peut les trans
mettre aux autres. La rougeur, la pâleur, le mouve

ment des lèvres, le front, le sourire, ont leur éloquence.

Mais ce qui a plus d'expression encore, ce sont les yeux. Naturellement, la joie les rend plus vifs et la tristesse les couvre comme d'un nuage. On les voit enflammés dans la colère, terribles dans la menace, sévères dans les reproches, égarés dans la frayeur, élevés dans l'admiration, baissés et comme obscurcis dans la honte.

De plus, la nature leur a donné les larmes, ces fidèles interprètes de notre cœur, qui tantôt les mouillent doucement, tantôt s'ouvrent impétueusement un passage, tantôt tombent goutte à goutte, rares et brûlantes.

Les principaux défauts à éviter sont d'avoir les yeux effarés, contraints, endormis, toujours fixes ou continuellement agités.

En cherchant à donner de l'*expression* à ses traits, on doit éviter l'affectation, ou plutôt on ne doit pas rechercher cette expression : elle viendra naturellement, si l'on sent vivement ce qu'on dit ; sinon, les efforts qu'on ferait n'auraient d'autre résultat que d'aboutir à d'odieuses ou ridicules grimaces.

De la timidité et de l'assurance.

Nous ajouterons une dernière observation.

L'homme qui parle en public ou qui lit à haute voix doit montrer beaucoup de modestie, mais en même temps une certaine *assurance*. Il ne doit pousser à l'excès ni la crainte de déplaire, qui paralyserait ses forces, ni le désir de plaire, qui le conduirait à l'affectation dans sa prononciation et dans ses gestes.

Un peu de *timidité,* du reste, ne messied à personne,

et a même quelque grâce dans la jeunesse. Les hommes les plus distingués et les plus sûrs d'eux-mêmes ne peuvent se défendre d'un léger frisson lorsqu'ils ouvrent la bouche devant une assemblée un peu nombreuse ; ce mouvement de crainte dure peu et fait promptement place à une noble assurance.

DEUXIÈME PARTIE[1].

I EXEMPLES ET ECLAIRCISSEMENTS.

I.

DE L'IDÉE ET DU JUGEMENT.

§ I.

DÉFINIR ET DISTINGUER.

(Voir page 4.)

Les deux morceaux suivants présentent un modèle de l'art de *définir* et de *distinguer*.

Fénelon, parlant de la philanthropie, distingue la vraie de la fausse, et les définit toutes deux. D'Aguesseau, dans un discours dont l'objet est de recommander la science, distingue avec soin la science utile de l'érudition indigeste et superflue, et les caractérise habilement l'une et l'autre.

LA PHILANTHROPIE.

Il y a deux manières de se donner aux hommes. La première est de se faire aimer d'eux, non pour être leur

---

1. Nous ne citons point dans cette seconde partie les *Fables de La Fontaine,* indiquées dans la première. Il n'est personne qui ne doive avoir les *Fables de La Fontaine* à sa disposition. Nous indi-quons spécialement à nos lecteurs l'excellente édition que M. Geruzez a enrichie de notes pleines de goût, et qui se trouve à la librairie de L. Hachette et Cie. — 1 vol. in-12. Prix, cartonné, 1 fr. 50 c.

idole, mais pour employer leur confiance à les rendre bons. Cette philanthropie est toute divine. Il y en a une autre qui est une fausse monnaie, quand on se donne aux hommes pour leur plaire, pour les éblouir, pour usurper de l'autorité en les flattant. Ce n'est pas eux qu'on aime ; c'est soi-même. On n'agit que par vanité et par intérêt ; on fait semblant de se donner pour posséder ceux à qui l'on fait accroire qu'on se donne à eux. Ce faux philanthrope est comme un pêcheur qui jette un hameçon avec un appât : il paraît nourrir les poissons ; mais il les prend et les fait mourir. Tous les tyrans, tous les magistrats, tous les politiques qui ont de l'ambition, paraissent bienfaisants et généreux ; ils paraissent se donner, et ils veulent prendre les peuples ; ils jettent l'hameçon dans les compagnies, dans les assemblées publiques ; ils ne sont pas sociables pour l'intérêt des hommes, mais pour le leur propre. Ils ont un esprit flatteur, insinuant, artificieux, pour corrompre les mœurs des hommes et pour réduire en servitude tous ceux dont ils ont besoin. La corruption de ce qu'il y a de meilleur est le plus pernicieux de tous les maux. De tels hommes sont les pestes du genre humain. Au moins l'amour-propre d'un misanthrope n'est que sauvage et inutile au monde ; mais celui de ces faux philanthropes est traître et tyrannique : ils promettent toutes les vertus de la société, et ils ne font de la société qu'un trafic dans lequel ils veulent tout attirer à eux et asservir tous les citoyens. Le misanthrope fait plus de peur et moins de mal. Un serpent qui se glisse entre les fleurs est plus à craindre qu'un animal sauvage qui s'enfuit vers sa tanière dès qu'il vous aperçoit. (FÉNELON.)

LA SCIENCE.

Nous savons qu'il est une science peu digne des efforts de l'esprit humain ; ou plutôt il est des savants peu estimables, de qui le bon sens paraît comme accablé sous le poids d'une fatigante érudition. L'art, qui ne doit qu'aider la nature, l'étouffe chez eux et la rend impuissante. On dirait qu'en apprenant les pensées des autres, ils se soient condamnés eux-mêmes à ne plus penser, et que la science leur ait fait perdre l'usage de la raison. Chargés de richesses superflues, souvent le nécessaire leur manque ; ils savent tout ce qu'il faut ignorer, ils n'ignorent que ce qu'ils devraient savoir.

A Dieu ne plaise qu'une telle science devienne l'objet de nos veilles ! Mais ne cherchons point aussi à faire, des défauts de quelques savants, le crime de la science même.

Il est une culture savante, il est un art ingénieux qui, loin d'étouffer la nature et de la rendre stérile, augmente ses forces et lui donne une heureuse fécondité : une doctrine judicieuse, moins attentive à nous tracer l'histoire des pensées d'autrui qu'à nous apprendre à bien penser, qui nous met, pour ainsi dire, dans la pleine possession de notre raison, et qui semble nous la donner une seconde fois en nous apprenant à nous en servir ; enfin, une science d'usage et de société, qui n'amasse que pour répandre, et qui n'acquiert que pour donner. Profonde sans obscurité, riche sans confusion, vaste sans incertitude, elle éclaire les intelligences, elle étend les bornes de notre esprit, elle fixe et assure nos jugements. (D'AGUESSEAU.)

Autre exemple de définition.

LA MOLLESSE [1].

La mollesse est une langueur de l'âme, qui l'engourdit, et qui lui ôte toute vie pour le bien ; mais c'est une langueur traîtresse, qui la passionne secrètement pour le mal, et qui cache sous la cendre un feu toujours prêt à tout embraser. Il faut donc une fermeté mâle et vigoureuse, qui gourmande cette mollesse sans l'écouter jamais. Sitôt qu'on l'écoute et qu'on marchande avec elle, tout est perdu. Elle fait même autant de mal selon le monde que

1. Voir, relativement à cet exemple et aux deux qui précèdent, la page 81.

selon Dieu. Un homme mou ne peut jamais être qu'un pauvre homme, et s'il se trouve dans de grandes places, il n'y sera que pour se déshonorer. La mollesse ôte à l'homme tout ce qui peut faire les qualités éclatantes. Un homme mou n'est pas un homme, c'est une demi-femme. L'amour de ses commodités l'entraîne toujours, malgré ses plus grands intérêts. Il ne saurait cultiver ses talents, ni acquérir les connaissances nécessaires dans sa profession, ni s'assujettir de suite au travail dans les fonctions pénibles, ni se contraindre longtemps pour s'accommoder au goût et à l'humeur d'autrui, ni s'appliquer courageusement à se corriger.

C'est *le paresseux* de l'Écriture[1], qui *veut et ne veut pas*; qui veut de loin ce qu'il faut vouloir, mais à qui les mains tombent de langueur dès qu'il regarde le travail de près. Que faire d'un tel homme? il n'est bon à rien. Les affaires l'ennuient, la lecture sérieuse le fatigue, l'assiduité le gêne. Il faudrait lui faire passer sa vie sur un lit de repos. Travaille-t-il, les moments lui paraissent des heures. S'amuse-t-il, les heures ne lui paraissent plus que des moments. Tout son temps lui échappe, il ne sait ce qu'il en fait; il le laisse couler comme l'eau sous les ponts. Demandez-lui ce qu'il a fait de sa matinée : il n'en sait rien, car il a vécu sans songer s'il vivait; il a dormi le plus tard qu'il a pu, s'est habillé fort lentement, a parlé au premier venu, a fait plusieurs tours dans sa chambre, a entendu nonchalamment la messe. Le dîner est venu : l'après-dînée se passera comme le matin, et toute la vie comme cette journée. Encore une fois, un tel homme n'est bon à rien. (FÉNELON, *Correspondance.*)

---

1. *Prov.*, ch. XIII, v. 4.

§ II.

DE LA CERTITUDE ET DE LA PROBABILITÉ.

(Voir page 12.)

Nous croyons devoir ajouter, pour l'intelligence de ce paragraphe, quelques mots sur la certitude des jugements.

Un jugement est *certain*, lorsque notre esprit y adhère complétement. Il y a cette différence entre la vérité et la certitude, que la vérité est dans les choses et la certitude dans notre esprit. Ainsi une chose peut être vraie sans que nous en ayons la certitude; mais, comme elle n'est vraie pour nous que lorsque nous en sommes certains, ces deux mots se prennent quelquefois l'un pour l'autre.

Il y a trois sortes de certitude : métaphysique, physique et morale.

La certitude *métaphysique* est fondée sur l'essence même des choses : il est métaphysiquement certain que le tout est plus grand que sa partie, que tous les rayons d'un cercle sont égaux entre eux.

La certitude *physique* est fondée sur les lois qui régissent le monde visible : tels sont, par exemple, les calculs de l'astronomie, les prévisions de l'agriculture. Quand je mets en terre un noyau d'abricot, je suis physiquement certain que s'il en provient un arbre, cet arbre produira des abricots, et non des noix ou des groseilles.

La certitude *morale* est fondée sur la connaissance des hommes et sur les lois qui régissent les êtres intelligents. Ainsi, qu'un homme franc, loyal, m'affirme ou me nie quelque chose, je suis moralement certain qu'il ne ment pas.

Il n'y a point de degrés dans la certitude : elle est également puissante et invincible, soit qu'elle ait pour objet des vérités métaphysiques, ou physiques, ou morales.

Un jugement est simplement *probable*, lorsqu'il présente l'apparence de la vérité, mais que cependant cette vérité n'est pas évidente. Par l'examen et par le raisonnement, on parvient ordinairement à reconnaître s'il est vrai ou s'il est faux; quand on n'y parvient pas, la proposition reste *probable*, ou *douteuse*, ou simplement *possible*

II.

DE LA DICTION.

§ I.

DE LA CONSTRUCTION EN GÉNÉRAL. — TOURNURES ÉLÉGANTES ET REMAR-
QUABLES. — TOURNURE PAR L'INFINITIF. — EXEMPLES DE MAUVAISES
CONSTRUCTIONS. — INVERSION. — ELLIPSE. — PLÉONASME. — SYLLEPSE.

De la construction en général.

(Voir page 19.)

Ce qu'on doit rechercher surtout dans la construction des phrases
et des périodes, c'est le moyen de leur donner de l'ensemble, et de
lier les membres entre eux si étroitement que l'esprit n'en soit frappé
que comme d'un seul objet. Pour cela, il faut choisir et placer toujours les circonstances accessoires de manière qu'elles ajoutent à
la pensée principale et lui servent comme de preuve et de développement.

Labruyère va nous en fournir un exemple :

Champagne, au sortir d'un long dîner qui lui enfle
l'estomac, et dans les douces fumées d'un vin d'Avenay
ou de Sillery, signe un ordre qu'on lui présente, et qui
ôterait le pain à toute une province, si l'on n'y remédiait.

Les membres incidents, *au sortir d'un long dîner* et *dans les
douces fumées du vin*, sont ici nécessaires ; ils servent à motiver la
phrase principale, et l'auteur lui-même va nous le faire voir ; il continue :

Il est excusable : quel moyen de comprendre, dans la
première heure de la digestion, qu'on puisse quelque
part mourir de faim ?

Cette phrase, ou si l'on veut ce paragraphe, a de l'unité.
Mais si l'on écrivait : « L'Académie française fut obligée de faire
la critique du *Cid*, par soumission à la volonté du cardinal de Riche-

lieu, *qui abaissa la maison d'Autriche et fit trancher la tête au Duc de Montmorency*, » il est évident qu'on ferait une fort mauvaise phrase, dans laquelle il n'y aurait ni unité ni ensemble, puisque les derniers membres de cette phrase ne seraient point du tout d'accord, n'auraient rien de commun avec le commencement.

Il suffit même que les circonstances accessoires dont on fait usage soient étrangères à la pensée principale, pour qu'elles rompent l'unité de la phrase et pour qu'elles nuisent au sens. Le désir d'arrondir une période ou de lui donner une sorte d'éclat ne justifierait point l'emploi d'accessoires inutiles.

Tournures élégantes et remarquables.

Si la licence fut réprimée, *si* les haines publiques et particulières furent assoupies, *si* les lois reprirent leur ancienne vigueur, *si* l'ordre et le repos furent rétablis dans la campagne et dans les villes, *c'est à lui, France, que tu le dois.* (FLÉCHIER.)

Trois fois le vainqueur s'efforça de rompre ces intrépides combattants ; *trois fois* il fut repoussé par le valeureux comte de Fontaines. (BOSSUET.)

Mais enfin *il faut céder : c'est en vain qu'à* travers les bois, etc. (ID.)

A Dieu ne plaise que nous réfutions nos frères avec indignation et amertume ! *Plutôt nous condamner nous-mêmes* à un silence perpétuel que de blesser jamais la charité à leur égard ! (FÉNELON.)

Malheur aux princes dont quelques particuliers se louent, quand la nation a lieu de se plaindre ! (FÉNELON.)

Dans cette dernière phrase, il n'y a point d'imprécation ; c'est seulement une tournure vive. Le sens est : « Les princes dont, etc., sont malheureux. »

Tournure par l'infinitif.

Ne compter pour rien les travaux de l'enfance, et commencer les sérieuses, les véritables études dans le temps où nous les finissons ; regarder la jeunesse non comme un

âge destiné par la nature au plaisir et au relâchement,
mais comme un temps que la vertu consacre au travail
et à l'application ; négliger le soin de ses biens, de sa
fortune, de sa santé même, et faire de tout ce que les
hommes chérissent le plus un digne sacrifice à l'amour de
la science et à l'ardeur de s'instruire ; devenir invisible
pour un temps ; se réduire soi-même dans une captivité
volontaire, et s'ensevelir tout vivant dans une profonde
retraite, pour y préparer de loin des armes toujours vic-
torieuses : voilà ce qu'ont fait les Démosthène et les Cicéron. (D'Aguesseau.)

Exemples de mauvaises constructions.

On n'ignore pas que peu de temps après la mort d'Auguste commença la décadence de la poésie, *qui* s'éclipsa
peu à peu et demeura enfin comme éteinte dans les ténèbres de la barbarie, *qui* amena du fond du nord ce déluge
de nations féroces, *qui*, des débris de l'empire romain,
forma la plupart des États *qui* subsistent aujourd'hui en
Europe. (Dubos.)

Ce qui rend cette construction vicieuse, c'est que de ces quatre
qui conjonctifs, l'un se rapporte à *poésie*, l'autre à *barbarie*, le troisième à *déluge*, le quatrième à *États*.

Il les fit patriciens avant de les élever à la dignité de
sénateurs, *qui* se trouvèrent ainsi au nombre de trois
cents. (Vertot.)

Ce *qui* rend la construction vicieuse, parce qu'un pronom con-
jonctif ne se rapporte jamais à un nom qui n'a pas été déjà déterminé. Il fallait dire : « Avant de les admettre au nombre des sénateurs qui, etc. »

Inversion.

Énorme est le cahier, et fine est l'écriture.
(Delille.)

Il faut toujours tendre à la perfection ; et alors cette

ustice qui nous est quelquefois refusée par nos contemporains, la postérité nous la rend. (LABRUYÈRE.)

L'inversion est très-propre à augmenter la force des contrastes et
à faire ressortir une idée. Bossuet pouvait dire :

Douze pêcheurs envoyés par Jésus-Christ, et témoins
le sa résurrection, ont accompli alors, ni plus tôt ni plus
tard, ce que les philosophes n'ont osé tenter, ce que les
prophètes ni le peuple juif, lorsqu'il a été le plus protégé et le plus fidèle, n'ont pu faire.

Mais Bossuet se sert d'une inversion par laquelle il fixe d'abord
l'esprit sur les philosophes, sur les prophètes, sur le peuple juif protégé et fidèle; il nous fait sentir toute la grandeur de l'entreprise,
avant de parler de ceux qui l'ont accomplie, et il ne présente les
douze pêcheurs et l'accomplissement qu'à la fin de la phrase :

Alors seulement, et ni plus tôt ni plus tard, ce que les
philosophes n'ont osé tenter, ce que les prophètes ni le
peuple juif, lorsqu'il a été le plus protégé et le plus fidèle,
n'ont pu faire, douze pêcheurs, envoyés par Jésus-Christ
et témoins de sa résurection, l'ont accompli.

Ellipse.
(Voir page 20.)

On sous-entend un mot déjà exprimé :

Le fini s'anéantit devant l'infini : ainsi notre esprit devant Dieu ; ainsi notre justice devant la justice divine.
(BOSSUET.)

Quelquefois on sous-entend avec une négation un verbe qui a été
pris négativement : « Il y avait tout à redouter de la fureur d'An-
nibal, et *rien à craindre* de la modération de Fabius. » Suppléez *il
n'y avait rien*. D'autres fois on sous-entend sans négation un verbe
qui avait été pris négativement : « Je ne suis pas irrité de votre
étourderie, mais affligé de votre ingratitude. » Suppléez *je suis*.
Enfin on sous-entend des mots qui n'ont pas été énoncés :

Ainsi, triste et captif, ma lyre toutefois
S'éveillait....
(ANDRÉ CHÉNIER.)

Suppléez *lorsque j'étais*.

Voici une ellipse très-forte :

> Le crime fait la honte, *et non pas l'échafaud*.
>
> (Thomas Corneille.)

C'est-à-dire *et l'échafaud ne fait pas la honte*.

Celle-ci est plus hardie encore et se rapporte à celle de Louis Racine, qui est citée dans le texte :

> *Mon avare magnificence* n'étalerait point aux yeux des fruits auxquels à peine on osât toucher. (J.-J. Rousseau.)

Pléonasme.

(Voir page 20.)

« Je n'*en* ai reçu que trois, de ces lettres aimables qui me pénètrent le cœur, » écrit madame de Sévigné à sa fille. Qu'on retranche le pronom *en*, la pensée sera la même, mais l'expression du sentiment sera affaiblie.

Il y a des pléonasmes vicieux :

Je me *contenterai seulement* de cette *unique* réponse.

C'est faire un pléonasme vicieux que d'exprimer une même idée par deux mots qui ont à peu près le même sens : Ce soldat est *vaillant* et *courageux*. Le pléonasme est encore plus blâmable si le second mot a moins de force que le premier : Ce soldat est *intrépide* et *courageux*. Mais on pourrait dire : Ce soldat est *courageux* et *intrépide*, parce que le second mot ajoute à la force du premier.

Les grands écrivains se sont permis quelquefois des pléonasmes pour ajouter à l'énergie :

> De tant de coups affreux la *tempête orageuse*
> Tient un temps sur les eaux la fortune douteuse....
>
> (Boileau.)
>
> O paix ! *tranquille* paix !...
>
> (J.-B. Rousseau.)
>
> Déjà pour *réveiller* sa fureur *assoupie*....
>
> (Id.)

Syllepse.

Quand le peuple hébreu entra dans la terre promise, tout y célébrait *leurs* ancêtres. (Bossuet.)

M. de Nemours ne laissait échapper aucune occasion de voir madame de Clèves, sans laisser paraître néanmoins qu'il *les* cherchât. (Mme DE LAFAYETTE.)

Un grammairien a dit à propos de cette phrase : « Que veut dire *les* au pluriel avec *aucune occasion* au singulier? — Cette critique, répond un littérateur, n'est pas fondée. Quand on dit *il ne laissait échapper aucune occasion*, l'esprit se représente nécessairement qu'il y en a eu plusieurs ; c'est à cette idée de multitude que se rapporte le pronom *les*. »

---

§ II.

COMPARAISON. — ANTITHÈSE. — CONTRASTE.

Comparaison.

(Voir page 24.)

Fénelon fait comprendre par une comparaison quel est le malheureux état d'un jeune homme qui se laisse entraîner par le vice :

Je me sentais affaiblir tous les jours ; la bonne éducation que j'avais reçue ne me soutenait presque plus ; toutes mes bonnes résolutions s'évanouissaient ; je ne me sentais plus la force de résister au mal qui me pressait de tous côtés ; j'avais même une mauvaise honte de la vertu. J'étais comme un homme qui nage dans une rivière profonde et rapide : d'abord il fend les eaux et remonte contre le torrent ; mais, si les bords sont escarpés et s'il ne peut se reposer sur le rivage, il se lasse peu à peu ; ses forces l'abandonnent, ses membres s'engourdissent, et le cours du fleuve l'entraîne.

« Les gens médiocres sont jaloux les uns des autres ; les hommes supérieurs s'aiment et se favorisent mutuellement. » Voltaire rend cette remarque plus frappante à l'aide de cette comparaison :

C'est ainsi que la terre avec plaisir rassemble
Les chênes, les sapins qui s'élèvent ensemble :
Un suc toujours égal est préparé pour eux.

9

Leur pied touche aux enfers, leur cime est dans les
Leur tronc inébranlable et leur pompeuse tête [cieux;
Résiste, en se touchant, aux coups de la tempête.
Ils vivent l'un par l'autre, ils triomphent du temps :
Tandis que sous leur ombre on voit de vils serpents
Se livrer, en sifflant, des guerres intestines,
Et de leur sang impur arroser leurs racines.

Les comparaisons sont quelquefois plus courtes.
Massillon dit aux gens de guerre :

Vous ne devez compter sur la vie que *comme sur un
trésor* que vous laissez exposé sur un grand chemin.

Fénelon parlant de la brièveté de la vie :

Les hommes passent *comme les fleurs*, qui s'épanouis-
sent le matin, et qui le soir sont flétries et foulées aux
pieds.... Les générations des hommes sont *comme les ondes*
d'un fleuve rapide.

Voltaire, au sujet de Henri III :

Sa gloire avait passé *comme une ombre légère.*

Autre tournure :

Les éclairs sont moins prompts; je l'ai vu de mes yeux,
Je l'ai vu qui frappait ce monstre audacieux.
(VOLTAIRE.)

Antithèse.

(Voir page 26.)

La *jeunesse* vit d'espérances, la *vieillesse* de souvenirs.

Trop heureux le génie, ornement de la scène,
Qui, formé par *Thalie* ou cher à *Melpomène,*
Égayant à son choix ou *tourmentant* les cœurs,
Fait éclater le *rire* ou ruisseler les *pleurs !*
(DELILLE.)

Où l'*imprudent périt*, les *habiles prospèrent.*
(VOLTAIRE.)

Vil et *grand*, *pauvre* et *riche*, *infini* mais *borné*,
Noble et brillant anneau de la chaîne inégale
Qui du *néant* à l'*être* embrasse l'intervalle,
De l'*ange* et de l'*insecte* il partage le sort :
Faible *immortel*, blessé du glaive de la *mort*,
Enfant de la *poussière*, héritier de la *gloire*,
Un *ver* !. un *dieu* !... [1]

(COLARDEAU.)

Vous *parlez* en *soldat*, je dois *agir* en *roi*.

(LAMOTTE.)

C'est abuser de l'antithèse que de dire, comme Fléchier, en parlant d'une jeune fille douée d'une raison prématurée :

Qui ne sait qu'*elle fut admirée* dans un âge où *les autres ne sont pas encore connues*; qu'elle *eut de la sagesse* dans un temps où l'on *n'a presque pas encore de la raison*; qu'on lui *confia* les secrets les plus importants dès qu'elle fut en âge de les *entendre*; que son *naturel* heureux lui tint lieu d'*expérience*, et qu'elle fut capable de *donner* des conseils en un temps où les autres sont à peine *capables* d'en *recevoir* ?

L'amour de l'antithèse a poussé cet écrivain jusqu'à dire, en parlant d'une maladie contagieuse :

Ces soupirs contagieux qui sortent du sein d'un *mourant*, pour faire mourir *ceux qui vivent*.

Faire mourir ceux qui vivent !... Mais l'auteur voulait une antithèse à mourant, et il ne s'aperçoit pas que ce qu'il dit est ridicule.

Contraste.

(Voir page 27.)

Un auteur dépeint la désolation des rives du Tage ; il la rend plus frappante par le *contraste* qu'elle offre avec le tableau riant qu'on en avait faussement tracé :

---

1. Comparez cette définition de l'homme avec les deux autres qui se trouvent dans la première partie, page 82. Celle-ci est imitée de Young, poëte anglais.

LE TAGE.

Au nom de ce fleuve tant célébré par les poëtes, l'imagination, involontairement réveillée, se retrace les plus riants tableaux ; elle se figure des rives enchanteresses formées par de longues prairies émaillées des fleurs les plus odorantes ; elle erre délicieusement exaltée sous l'ombrage aromatique d'orangers épais dont les rameaux, enlacés à ceux du laurier d'Apollon, se courbent sous le poids de leurs pommes d'or. L'haleine des vents tempérés, plus doux que le zéphyr même, y caresse un éternel feuillage et la mobile surface d'une onde cristalline, qui, s'échappant à regret dans un lit étincelant de pierres précieuses, roule dans ses molles sinuosités les paillettes d'or pur qui en forment l'arène. Au doux murmure de ce nouveau Pactole[1] se mêle encore l'harmonieux concert que forment, en saluant l'aurore, mille brillants oiseaux parés du plus riche plumage. De gracieuses bergères, d'heureux bergers conduisent dans ce fortuné séjour de superbes troupeaux, dont on n'exige que le lait superflu ou l'abondante toison, en dédommagement des soins qu'on leur donne, et qui n'ont à craindre ni le couteau du boucher, ni la dent cruelle des loups. Les animaux féroces sont inconnus dans ces lieux paisibles ; leur approche n'appela jamais au combat le chien fidèle. Le miel, naturellement purifié, y découle du tronc des chênes ; le vin le plus généreux, une huile parfumée, n'ont pas besoin que l'homme les vienne extraire des fruits qui les prodiguent, et nul climat dans l'univers ne rappela mieux ces Champs élyséens, où l'antiquité plaçait le séjour de paix promis aux âmes des justes.

Mais que la réalité est loin de la pompeuse réputation que, depuis les Romains jusqu'à nos jours, on s'est complu à donner au plus triste des fleuves !

Des bords arides âprement coupés à pic, un lit géné-

1. Rivière de l'Asie Mineure qui roule, dit-on, de l'or dans ses eaux.

ralement torrentueux, embarrassé et rétréci, des eaux
jaunâtres, presque continuellement bourbeuses, voilà ce
qui caractérise véritablement ce Tage, parcourant une
campagne ordinairement dépouillée, sèche, abandonnée,
où l'ardeur du soleil dévore la végétation dure, courte,
ligneuse, quand le souffle des tempêtes n'en élève pas
une poussière rougeâtre qui pénètre les vêtements, et va
donner sa teinte sinistre aux traits du campagnard, ainsi
qu'aux tristes bouquets d'yeuses échappés à la destruction
parmi des rocs dépouillés. Le vautour seul, entre les
oiseaux carnassiers habitants de l'austère vallée, y domine les airs, en menaçant des bandes malpropres de mé-
rinos, guidés par des pâtres plus malpropres encore,
malheureux et grossiers compagnons des animaux qu'ils
défendent non-seulement contre les loups, mais encore
contre les nombreux lynx dont les montagnes voisines
sont remplies. Nulle partie de l'Espagne n'est plus sauvage ni plus pauvre que celle qu'on prétendait en être la
plus riante et la plus riche, et quelques points un peu
moins déshérités de la nature, qu'on rencontre çà et là le
long du fleuve que nous avons représenté tel qu'il est, ne
sauraient lui mériter ce nom de *Tage doré* et cette célé-
brité qu'on lui donna, en adoptant comme des vérités les
exagérations des poëtes. (BORY DE SAINT-VINCENT.)

Voyez plus loin un bel exemple de contraste dans le morceau de
Buffon : *La nature sauvage et la nature cultivée.*

---

§ III.

STYLE FIGURÉ. — MÉTONYMIE. — MÉTAPHORE. — ALLÉGORIE. — EXEMPLES
DE DIVERSES FIGURES.

Style figuré.

(Voir pages 29 et suiv.)

Louis XIV, lorsqu'un de ses petits-fils fut appelé à régner en

Espagne, pouvait dire : « L'Espagne et la France ne seront plus divisées. » Il eût parlé à peu près sans figure, car cette métonymie, *Espagne* et *France*, est tellement usitée, qu'elle peut à peine être considérée comme un trope. Il pouvait dire : « Il n'y a plus de barrière entre la France et l'Espagne. » La figure aurait été plus marquée. Il a dit d'une manière plus expressive : « Il n'y a plus de Pyrénées ; » mot d'autant plus heureux qu'il ne convient qu'à ces deux contrées. Aussi cette belle métonymie est devenue historique.

Métonymie.
(Voir page 33.)

Exemples de métonymie.

Regardez dans Denain l'audacieux Villars
Disputant le *tonnerre* à *l'aigle des Césars.*
(VOLTAIRE.)

J'élèverai la tombe, où manquera sa *cendre,*
Mais où *vivront* du moins et son doux souvenir,
Et son nom , et ses vers *écrits pour l'avenir.*
(JOSEPH CHÉNIER.)

Tous les trois tour à tour s'*inondent* de ce *jus.*
(BOILEAU.)

Hélas ! ce peuple ingrat a méprisé ta loi ;
La nation chérie a violé sa foi :
Elle a *répudié son époux et son père,*
Pour rendre à d'autres dieux un *honneur adultère.*
(RACINE.)

Profanes amateurs de spectacles frivoles,
Dont l'*oreille s'ennuie* au son de mes paroles,
Fuyez de mes plaisirs la sainte austérité.
(ID.)

A la fin j'ai quitté la *robe* pour l'*épée.*
(CORNEILLE.)

Sa cabane est son *Louvre* et son *Fontainebleau.*
(RACAN.)

Métonymie du nom abstrait.

Nous ne pouvons réfléchir sans former des idées abstraites. Nous ayons vu, chapitre 1ᵉʳ, § 1, qu'en les formant, nous séparons des objets les qualités qui leur appartiennent, que nous considérons ces qualités comme si elles existaient par elles-mêmes, et que nous leur donnons une sorte de réalité. De là vient que notre langage paraît leur attribuer les sentiments et les actions des êtres animés. Nous disons : *La loi nous ordonne, la vertu nous prescrit, la vérité nous guide.*

Telle est l'origine de cette sorte de métonymie, dont il est ici question : *L'amitié s'alarme facilement.*

Mon zèle n'a besoin que *de votre silence.*

(RACINE.)

Souvent *la tyrannie a* d'heureuses prémices.

(ID.)

De là aussi les personnifications allégoriques ; de là, dans certains cas, l'usage de la *prosopopée.*

Métaphore.

(Voir page 35.)

Exemples de métaphore.

On put à Despréaux[1] pardonner la satire :
Il joignit l'art de plaire au malheur de médire.
Le miel que cette abeille avait tiré des fleurs
Pouvait de sa piqûre adoucir les douleurs.

(VOLTAIRE.)

L'homme en sa propre force a mis sa confiance.
Ivre de sa grandeur et de son opulence,
L'éclat de sa fortune *enfle* sa vanité.
Mais, ô moment terrible, ô jour épouvantable,
Où la mort saisira ce fortuné coupable,
Tout chargé des liens de son iniquité !

(J.-B. ROUSSEAU.)

Métaphores ridicules.

Je me suis appuyé sur le roc inébranlable de la vérité,

---

1. Autrefois on désignait assez souvent Boileau par ce surnom.

d'où j'ai vu tranquillement l'onde courroucée de l'imposture se briser avec une impuissante furie sous mes pieds.

— Avec lui vainement je voudrais vous lier :
Son cœur est un logis qui n'a pas d'escalier.

— Il tente l'impossible, et l'impossible vaincu recule devant lui [1].

Métaphore et allégorie.

Exemple d'allégorie.

Pendant la terreur, André Chénier, renfermé dans une prison, entendit une de ses compagnes de captivité, mademoiselle de Coigny, dire naïvement qu'*elle était trop jeune pour mourir*; cette circonstance lui inspira les strophes que nous allons reproduire.

Ces strophes admirables feront parfaitement comprendre à nos lecteurs ce que c'est que la métaphore et l'allégorie. La même idée, « je suis trop jeune pour mourir, » y est répétée six fois et exprimée par six métaphores différentes : c'est l'*épi*, qui ne doit pas être moissonné avant l'été; le *raisin*, qu'on ne doit pas vendanger avant l'automne; le *voyageur*, qui doit arriver au terme de sa course; le *convive*, qui ne doit pas quitter la table au commencement du repas; une *année*, qui doit parcourir le cercle entier des saisons; une *fleur*, qu'on ne doit pas cueillir dès le matin, etc.

LA JEUNE CAPTIVE.

« L'épi naissant mûrit, de la faux respecté;
Sans crainte du pressoir, le pampre [2] tout l'été
　　Boit les doux présents de l'aurore [3];
Et moi, comme lui belle, et jeune comme lui,
Quoique l'heure présente ait été trouble, ennui [4],
　　Je ne veux point mourir encore.

« Qu'un stoïque [5] aux yeux secs vole embrasser la
　　　　　　　　　　　　　　　　[mort [6],

1. Phrases extraites d'auteurs connus.
2. Métonymie : le *raisin*.
3. La *rosée*; périphrase.
4. Quoique les circonstances actuelles soient inquiétantes et pénibles.
5. Qu'un philosophe austère.

6. Contraste et allusion. Condorcet, sacrifiant sa vie à ses convictions, avait fait ces deux vers

Ils m'ont dit : choisis d'être oppresseur ou
　　　　　　　　　　　　　　　[victime,
J'embrassai le malheur et leur laissai le crime.

Moi, je pleure et j'espère; au noir souffle du nord,
　　Je plie et relève ma tête[1].
S'il est des jours amers, il en est de si doux[2]!
Hélas! quel miel jamais n'a laissé de dégoûts?
　　Quelle mer n'a point de tempête?

« L'illusion féconde habite dans mon sein;
D'une prison sur moi les murs pèsent en vain :
　　J'ai les ailes de l'espérance[3].
Échappée aux réseaux de l'oiseleur cruel,
Plus vive, plus heureuse, aux campagnes du ciel,
　　Philomèle[4] chante et s'élance[5].

« Est-ce à moi de mourir? Tranquille je m'endors,
Et tranquille je veille; et ma veille aux remords
　　Ni mon sommeil ne sont en proie[6].
Ma bienvenue au jour me rit dans tous les yeux[7];
Sur des fronts abattus mon aspect dans ces lieux[8]
　　Ranime presque de la joie.

« Mon beau voyage encore est si loin de sa fin !
Je pars, et des ormeaux qui bordent le chemin
　　J'ai passé les premiers à peine.
Au banquet de la vie à peine commencé,
Un instant seulement mes lèvres ont pressé
　　La coupe en mes mains encor pleine.

« Je ne suis qu'au printemps, je veux voir la moisson;

---

1. Métaphore : allusion à la fable *le Chêne et le Roseau.*

2. Antithèse. Ce vers et les deux métaphores qui suivent signifient : «On doit tenir à la vie, parce que, s'il y a des jours malheureux, les jours heureux sont en plus grand nombre. La vie est comme le miel, qu'on mange avec plaisir, quoiqu'il laisse quelquefois du dégoût dans la bouche; elle est comme la mer, sur laquelle on aime à naviguer, quoiqu'elle soit quelquefois agitée par la tempête.»

3. Sens de ces trois vers : « Je suis dans l'âge des douces illusions, et, quoi-que renfermée dans une prison, j'en sors en espérance. »

4. Le rossignol.

5. Nouvelle métaphore : « Le séjour de la prison me fera paraître plus douce la liberté dont je jouirai ensuite.»

6. Sens de ces trois vers : «Ce n'est pas à moi de mourir; ma conscience est calme et pure.»

7. «Tous ceux qui me voient sourient de plaisir à l'aspect de ma jeunesse si fraîche et si riante; je lis dans leurs yeux qu'ils sont contents de me voir entrer dans la vie. »

8. Dans cette prison.

9.

Et comme le soleil, de saison en saison,
    Je veux achever mon année.
Brillante sur ma tige et l'honneur du jardin,
Je n'ai vu luire encor que les feux du matin;
    Je veux achever ma journée.

« O mort! tu peux attendre; éloigne, éloigne-toi;
Va consoler les cœurs que la honte, l'effroi,
    Le pâle désespoir dévore.
Pour moi Palès[1] encore a des asiles verts,
L'hymen de doux liens, les muses[2] des concerts[3,4],
    Je ne veux pas mourir encore. »

Ainsi triste et captif, ma lyre[5] toutefois
S'éveillait, écoutant ces plaintes, cette voix,
    Ces vœux d'une jeune captive :
Et, secouant le joug de mes jours languissants,
Aux douces lois des vers je pliais les accents
    De sa bouche aimable et naïve[6].

Ces chants, de ma prison témoins harmonieux,
Feront à quelque amant des loisirs studieux
    Chercher quelle fut cette belle :
La grâce décorait son front et ses discours;
Et comme elle craindront de voir finir leurs jours
    Ceux qui les passeront près d'elle.
(André Chénier.)

Autre exemple d'allégorie.

Le bonheur est le port où tendent les humains;
Les écueils sont fréquents, les vents sont incertains;
Le ciel, pour aborder cette rive étrangère,
Accorde à tout mortel une barque légère.

---

1. Expression mythologique : divinité qui présidait aux champs.
2. Expression mythologique : divinités qui présidaient aux arts.
5. Ce mot, par métonymie, signifie *poésie* et *musique*.

4. Sens de ces deux vers : «Je puis jouir des douceurs de la campagne; je puis être aimée d'un époux; je puis cultiver la musique et la poésie.»
5. Ellipse élégante et hardie.
6. Je mettais en vers ses paroles.

Ainsi que les secours les dangers sont égaux.
Qu'importe, quand l'orage a soulevé les flots,
Que ta poupe soit peinte, et que ton mât déploie
Une voile de pourpre et des câbles de soie?
Le vent est sans respect, il renverse à la fois
Les bateaux des pêcheurs et les barques des rois.
Si quelque heureux pilote, échappé de l'orage,
Près du port arrivé, gagne au moins le rivage,
Son vaisseau, plus heureux, n'était pas mieux con-
Mais le pilote est sage, et Dieu l'avait conduit. [struit;

(Voltaire.)

Personnification.
(Voir page 38, ligne 19.)

LA JALOUSIE.

Nous fûmes conduits, mon ami et moi, par un chemin
de fleurs, au pied d'un rocher affreux : nous vîmes un
antre obscur; nous y entrâmes, croyant que c'était la demeure de quelque mortel. Oh! dieux, qui aurait pensé
que ce lieu eût été si funeste? A peine y eus-je mis le
pied, que tout mon corps frémit; mes cheveux se dres-
sèrent sur ma tête, une main invisible m'entraînait dans
ce fatal séjour; à mesure que mon cœur s'agitait, il cherchait à s'agiter encore. « Ami! m'écriai-je, entrons plus
avant; dussions-nous voir augmenter nos peines. » J'a-
vance dans ce lieu où jamais le soleil n'entra et que les
vents n'agitèrent jamais : j'y vis la Jalousie; son aspect
était plus sombre que terrible; la Pâleur, la Tristesse,
le Silence l'entouraient, et les Ennuis volaient autour
d'elle. Elle souffla sur nous, elle nous mit la main sur le
cœur, elle nous frappa sur la tête, et nous ne vîmes, nous
n'imaginâmes plus que des monstres. « Entrez plus avant,
nous dit-elle, malheureux mortels; allez trouver une
déesse plus puissante que moi. » Nous vîmes une affreuse
divinité à la lueur des langues enflammées des serpents
qui sifflaient sur sa tête : c'était la Fureur. Elle détacha

un de ses serpents et le jeta sur moi; je voulus le prendre : déjà, sans que je l'eusse senti, il s'était glissé dans mon cœur. Je restai un moment comme stupide; mais, dès que le poison se fut répandu dans mes veines, je crus être au milieu des enfers ; mon âme fut embrasée, et dans sa violence tout mon corps la contenait à peine; j'étais si agité qu'il me semblait que je tournais sous le fouet des Furies. (MONTESQUIEU.)

Autre exemple de personnification.

LE PALAIS DE L'ÉTUDE.

Dans sa majestueuse et sainte obscurité,
Soudain s'ouvre un palais par l'Étude habité :
Là tout se tait, nul son n'importune l'oreille ;
Mais le calme est actif et le silence veille ;
Des soins, des passions la turbulente voix
Expire en approchant de ces paisibles toits.
Là, loin du vain fracas d'un monde qu'elle oublie,
La Méditation, assise et recueillie,
Couve tous les trésors renfermés dans son sein,
Et son front taciturne est penché sur sa main.
Elle ne quitte point ce solitaire asile;
Le regard incliné, la paupière immobile,
D'un invisible objet que poursuit son ardeur
Son œil semble de loin percer la profondeur.
Au ravage du jour les Heures échappées
Glissent légèrement, et d'ombre enveloppées;
L'astre des nuits préside à des travaux constants,
Et la seule pensée y mesure le temps.

(THOMAS.)

Exemples de diverses figures.

(Voir pages 39 et suivantes.)

Périphrase.

Pour que la périphrase contribue à la clarté et à l'élégance du style, il faut que les mots dont elle se compose aient un rapport marqué avec le sens de la phrase.

Voici, par exemple, deux périphrases différentes pour signifier *Dieu :*

> *Celui qui met un frein à la fureur des flots*
> Sait aussi des méchants arrêter les complots.
> (RACINE.)

Celui qui règne dans les cieux et de qui relèvent tous les empires , à qui seul appartient la gloire , la majesté , l'indépendance , est aussi le seul qui se glorifie de faire la loi aux rois, et de leur donner, quand il lui plaît, de grandes et terribles leçons. (BOSSUET.)

Essayons, dans ces deux exemples, de changer les périphrases, et disons :

« Celui qui met un frein à la fureur des flots est aussi celui qui se glorifie de faire la loi aux rois, etc. — Celui qui règne dans les cieux et de qui, etc., sait aussi arrêter les complots des méchants. »

Ces périphrases nous paraîtront froides, déplacées. Pourquoi? C'est qu'alors elles ne seront point assez en rapport avec l'action attribuée à Dieu dans chacune de ces deux phrases.

La périphrase, employée à propos, peut même tenir lieu de preuve. Ainsi Bossuet, au lieu de nommer la métempsycose, la désigne par une périphrase, qui fait suffisamment comprendre toute l'absurdité de ce système :

Que dirai-je de ceux qui croyaient la transmigration des âmes ; qui les faisaient rouler des cieux à la terre , et puis de la terre aux cieux, des animaux dans les hommes et des hommes dans les animaux, de la félicité à la misère et de la misère à la félicité, sans que ces révolutions eussent jamais ni de terme , ni d'ordre certain ?

Autres exemples de périphrase.

Fils de saint Louis , montez au ciel ! (Paroles de l'abbé Edgeworth à Louis XVI sur l'échafaud.)

> J'estime plus *ces utiles enfants*
> *Qui de Savoie arrivent tous les ans ,*

Et dont la main légèrement essuie
Nos longs canaux engorgés par la suie.

(VOLTAIRE.)

Interrogation.

.... De votre bouche, ô ciel ! puis-je l'apprendre ?
Vous-même sans frémir avez-vous pu l'entendre ?
Songez-vous dans quel sang vous allez vous baigner ?

(RACINE.)

Où suis-je? de Baal ne vois-je pas le prêtre ?

(ID.)

Quel fruit me revient-il de tous vos sacrifices ?
Ai-je besoin du sang des boucs ou des génisses ?

(ID.)

Par quel ordre, ô soleil ! viens-tu du sein de l'onde
Nous rendre les rayons de ta clarté féconde ?
Est-ce moi qui t'appelle et qui règle ton cours ?

(LOUIS RACINE.)

Interrogation avec réponse.

Archidamus, roi de Lacédémone, avant que la guerre du Péloponèse ne soit déclarée, cherche à en dissuader ses concitoyens :

Peuple de Lacédémone, qui peut vous inspirer cette confiance ? Est-ce votre flotte ? Mais il faudrait de longues années pour la rétablir. Est-ce l'état de vos finances ? Mais nous n'avons point de trésor public, et les particuliers sont pauvres. Est-ce l'espérance de détacher les alliés d'Athènes ? Mais, comme la plupart sont des insulaires, il faudrait être maîtres de la mer pour exciter et entretenir leur défection. Est-ce le projet de ravager les plaines de l'Attique, et de terminer cette grande querelle dans une campagne ? Mais il serait absurde de croire que la perte d'une moisson, si facile à réparer dans un pays où le commerce est florissant, engagera les Athéniens à vous demander la paix. (BARTHÉLEMY.)

Autre exemple.

J'annonce un sauveur humble et pauvre ; mais je l'annonce aux riches du monde. Que leur dirai-je donc, Seigneur? et de quels termes me servirai-je pour leur proposer le mystère de votre pauvreté et de votre humilité? Leur dirai-je : Ne craignez rien? Dans l'état où je les suppose, ce serait les tromper. Leur dirai-je : Craignez? Je m'éloignerais de l'esprit du mystère même que nous célébrons et des pensées qu'il inspire et qu'il doit inspirer aux plus grands pécheurs. Leur dirai-je : Affligez-vous? pendant que tout le monde chrétien est dans la joie. Leur dirai-je : Consolez-vous? tandis qu'à la vue du Sauveur qui condamne toutes leurs maximes, ils ont tant de raisons de s'affliger. (BOURDALOUE, *Sermon pour le jour de Noël.*)

Exclamation.

O spectacle! ô triomphe admirable à mes yeux !
(RACINE.)

Sa mère.... *ah! que l'amour inspire de courage !*
Sa mère.... elle s'élance au milieu des soldats.
(VOLTAIRE.)

O douleur! ô supplice affreux à la pensée !
O honte! qui jamais ne peut être effacée !
(RACINE.)

O nuit terrible! ô nuit effroyable ! où l'on entendit retentir tout à coup comme un éclat de tonnerre cette affreuse nouvelle : Madame se meurt! Madame est morte !
(BOSSUET.)

Ironie.

C'était un *beau* sujet de guerre
Qu'un logis où lui-même il n'entrait qu'en rampant !
(LA FONTAINE.)

Agrippine dit à Néron, après la mort de Britannicus :

.... *Poursuis,* Néron; avec de tels ministres,
Par des faits *glorieux* tu te vas signaler.
(RACINE.)

Athalie à Josabeth, en parlant de Joas :

.... *J'aime à voir* comme vous l'instruisez.
(RACINE.)

Alidor à ses frais bâtit un monastère....
C'est un homme d'*honneur*, de *piété profonde*,
Et qui veut rendre à Dieu ce qu'il a pris au monde.
(BOILEAU.)

L'ironie peut avoir la louange pour objet, comme dans cette lettre
adressée au prince de Condé, après la bataille de Rocroy :

Oui, monseigneur, vous en faites trop pour qu'on puisse
le souffrir sans se plaindre. Ç'a été, en vérité, trop de
hardiesse et de violence à vous d'avoir, à votre âge, battu
de vieux généraux que vous deviez respecter, tué le comte
de Fontaines qui était un des meilleurs hommes de
Flandre, pris seize pièces de canon qui appartenaient à
un grand monarque, et mis en désordre l'armée des Es--
pagnols, qui vous avaient laissé passer avec tant de
bonté.

Hyperbole.

Quoi ! fille de David ! vous parlez à ce traître !
Vous souffrez qu'il vous parle !... Et *vous ne craignez*
Que du fond de l'abîme entr'ouvert sous ses pas, [pas
Il ne sorte à l'instant des feux qui vous embrasent,
Ou que, tombant sur lui, ces murs ne vous écrasent !
(RACINE.)

Condé, *dont le seul nom* renverse les murailles,
Force les escadrons et gagne les batailles.
(BOILEAU.)

Gradation.

Comme on voit la foudre briller, éclater, frapper,
abattre ; ainsi son ardeur guerrière brille, éclate, frappe,
renverse de toutes parts. (MASCARON.)

Concession.

Massillon vient de prouver qu'il est insensé de remettre la con--

version à l'heure de la mort, parce que cette heure peut arriver tout à coup et sans qu'on ait pu s'y attendre. Il ajoute :

Mais *je veux* que le temps vous soit accordé, et que le ministre du Seigneur ait le loisir de venir vous dire comme autrefois le prophète au roi de Juda : « Réglez votre maison, car vous allez mourir. » L'accablement où vous serez alors vous permettra-t-il de chercher Jésus-Christ ?

Communication.

Voyez plus loin, dans le discours de Mirabeau, ce passage : *Daignez me répondre*, et cet autre : *Croyez-vous que parce que, etc.*

Correction.

O vous qui survivrez à ma cendre glacée,
Si vous voulez charmer ma dernière pensée,
Un jour élevez-moi.... *Non ! ne m'élevez rien* ; [tien,
Mais, près des lieux où dort l'humble espoir du chré-
Creusez-moi dans ces champs la couche que j'envie,
Et ce dernier sillon où germe une autre vie.
(LAMARTINE.)

Dubitation.

Caïus Gracchus [1], pour exciter en sa faveur l'intérêt du peuple romain, s'écrie au milieu de l'assemblée :

« Où fuir ? où me réfugier ? Dans le Capitole ? il est encore teint du sang de mon frère. Dans ma propre maison ? j'y trouverai ma mère qui le pleure encore. »

Suspension.

Quand Cinéas [2] prit notre sénat pour une assemblée de rois, il ne fut ébloui ni par une pompe vaine, ni par une élégance recherchée ; il n'y entendit point cette éloquence frivole, l'étude et le charme des hommes futiles. Que vit

---

1. Il était frère de Tibérius Gracchus, qui avait été tué par le parti du sénat, et il éprouva plus tard le même sort. 2. Ambassadeur de Pyrrhus à Rome.

donc Cinéas de si majestueux ? O citoyens ! il vit un
spectacle que ne donneront jamais vos richesses ni tous
vos arts, le plus beau spectacle qui ait jamais paru sous
le ciel, l'assemblée de deux cents hommes vertueux,
dignes de commander à Rome et de gouverner la terre..
(J.-J. Rousseau.)

> O mont de Sinaï ! conserve la mémoire
> De ce jour à jamais auguste et renommé,
>   Quand sur ton sommet enflammé,
> Dans un nuage épais le Seigneur enfermé,
> Fit luire aux yeux mortels un rayon de sa gloire.
>   Dis-nous pourquoi ce bruit et ces éclairs,
> Ces torrents de fumée et ces feux dans les airs,
>   Ces trompettes et ce tonnerre :
> Venait-il renverser l'ordre des éléments ?
>   Sur ses antiques fondements
>   Venait-il ébranler la terre ?...
> Il venait révéler aux enfants des Hébreux
> De ses préceptes saints la lumière immortelle :
>   Il venait à ce peuple heureux
> Ordonner de l'aimer d'une amour éternelle.
>
> (Racine.)

(Réticence.)

Henri III, assassiné, dit à son successeur Henri IV :

> Vous connaissez la ligue, et vous voyez ses coups ;
> Peut-être un jour viendra qu'une main plus barbare....
> Juste ciel ! épargnez une vertu si rare.
>
> (Voltaire.)

Un vizir turc à son confident, en parlant du sultan :

> S'il ose quelque jour me demander ma tête....
> Je ne m'explique pas, Osmin ; mais je prétends
> Que du moins il faudra la demander longtemps.
>
> (Racine.)

Prétermission.

N'attendez pas, messieurs, que j'ouvre ici une scène

tragique ; que je représente ce grand homme étendu sur ses propres trophées ; que je découvre ce corps pâle et sanglant auprès duquel fume encore la foudre qui l'a frappé ; et que j'expose à vos yeux les tristes images de la Religion et de la Patrie éplorées. (FLÉCHIER, *Oraison funèbre de Turenne*.)

Allusion.

Sous Louis XIII, le cardinal de Richelieu, dont la puissance grandissait de plus en plus, montant un jour le grand escalier du Louvre, rencontra le duc d'Épernon, qui descendait le même escalier. D'Épernon avait été très-puissant et ne l'était plus guère. « Qu'y a-t-il de nouveau ? » dit le cardinal au duc : « Rien, » répondit le duc, « si ce n'est que vous montez et que je descends. »

Apostrophe.

Sans cette paix, Flandre, théâtre sanglant où se passent tant de scènes tragiques, tu aurais accru le nombre de nos provinces ; et, au lieu d'être la source malheureuse de nos guerres, tu serais aujourd'hui le fruit paisible de nos victoires. (FLÉCHIER.)

Tu céderas, ou tu tomberas sous ce vainqueur, Alger, riche des dépouilles de la chrétienté ! (BOSSUET.)

....Ce n'est point au bout de l'univers,
Que Rome fait sentir tout le poids de ses fers ;
Et de près inspirant les haines les plus fortes,
Tes plus grands ennemis, Rome, sont à tes portes.

Prosopopée.

Il me semble déjà que ces murs, que ces voûtes,
Vont prendre la parole, et, prêts à m'accuser,
Attendent mon époux pour le désabuser.
(RACINE.)

III.

RAISONNEMENT, DÉMONSTRATION.

§ I.

DÉDUCTION. — INDUCTION. — DÉMONSTRATION PAR L'ABSURDE.

Déduction.

Voyez les livres de géométrie; ils présentent le modèle de déduction le plus facile à comprendre et à suivre, par l'enchaînement des théorèmes dont ils se composent.

Induction.

(Voir page 55.)

Parmi les savants ou les gens qui croient l'être, quelques-uns pensent que le globe terrestre se refroidit graduellement et périra faute de chaleur.

D'autres pensent, au contraire, que la température du globe terrestre s'est élevée, qu'il s'échauffe de plus en plus et qu'il finira par s'embraser.

Ce qui est vrai, c'est que les uns et les autres ont également tort, et que la température du globe, depuis trois mille ans, n'a pas varié.

Voici comment on le prouve, à l'aide de l'induction :

Si le globe se refroidit ou s'échauffe, ce changement de température doit être sensible sur toutes ses parties. Si donc je puis prouver que dans une des parties du globe la température n'a pas changé depuis trente siècles, j'aurai le droit d'en conclure qu'elle est restée à peu près la même sur tout le globe.

Remarquons d'abord deux faits : la vigne, au-dessus d'un certain degré de chaleur moyenne, ne peut plus produire de raisin bon à faire du vin ; ainsi, dans l'Indoustan, dans la Guinée, la vigne ne saurait produire du vin, ni même du raisin bon à manger.

Le palmier cesse de donner des fruits au-dessous d'un certain degré de chaleur moyenne. Ainsi les palmiers dont sont bordées les côtes méridionales d'Espagne sont stériles, tandis que, dans les déserts de l'Afrique septentrionale, ces mêmes arbres donnent d'excellentes dattes.

Or, le degré de chaleur au-dessous duquel les palmiers ne donnent plus de dattes, est le même que celui au-dessus duquel la vigne ne donne plus de vin; donc, si un pays réunit ces deux productions, il faut nécessairement reconnaître que sa température moyenne se maintient à ce degré de chaleur : car, à un degré plus bas, il ne produirait pas de dattes, à un degré plus haut, il ne produirait pas de vin.

Or, il est prouvé par les livres de l'Ancien Testament qu'il y a plus de trois mille ans la Terre-Sainte ou Palestine produisait des vins excellents. Dans ces mêmes livres, il est souvent question des dattes, comme d'un des produits les plus importants du pays. Ainsi, il y a trois mille ans, la température moyenne de la Palestine était exactement celle qui permet à la vigne de donner du vin et au palmier de porter des dattes.

Mais aujourd'hui tous les voyageurs qui parcourent la Palestine remarquent sur les coteaux des vignes qui donnent des vins excellents, et dans les plaines des dattiers chargés de fruits. Donc la température de la Palestine n'a pas changé depuis trois mille ans : car, si elle avait baissé d'un degré, ce pays ne produirait plus de dattes, si elle avait monté d'un degré, il ne produirait plus de vin. Nous sommes donc en droit d'affirmer que la température générale du globe n'a pas varié depuis trois mille ans.

B.

Démonstration par l'absurde.

(Voir page 56.)

L'AME NE MEURT PAS AVEC LE CORPS.

Le raisonnement de Massillon se résume ainsi : « Si l'âme périt avec le corps, il s'ensuit nécessairement des conséquences immorales, absurdes, impossibles : donc l'âme ne périt pas avec le corps. »

Si tout meurt[1] avec le corps, il faut que l'univers prenne d'autres lois, d'autres mœurs, d'autres usages, et que tout change de face sur la terre. Si tout meurt avec le corps, les maximes de l'équité, de l'amitié, de l'honneur, de la bonne foi, de la reconnaissance, ne sont donc plus que des erreurs populaires, puisque nous ne devons rien à des hommes qui ne nous sont rien, auxquels aucun nœud commun de culte et d'espérance ne nous lie, qui vont demain retomber dans le néant, et qui ne sont déjà plus. Si tout meurt avec nous, les doux noms d'enfant, de père, d'ami, d'époux, sont donc des noms de théâtre, et de vains titres qui nous abusent, puisque l'amitié, celle même qui vient de la vertu, n'est plus un lien durable; que nos pères qui nous ont précédés, ne sont plus, que nos enfants ne seront point nos successeurs : car le néant, tel que nous devons être un jour, n'a point de suite; que la société sacrée des noces n'est plus qu'une union brutale, d'où, par un assemblage bizarre et fortuit, sortent des êtres qui nous ressemblent, mais qui n'ont de commun avec nous que le néant.

Que dirai-je encore? Si tout meurt avec nous, les annales domestiques, et la suite de nos ancêtres n'est donc plus qu'une suite de chimères, puisque nous n'avons point d'aïeux, et que nous n'aurons point de neveux. Les soins du nom et de la postérité sont donc frivoles; l'honneur qu'on rend à la mémoire des hommes illustres, une erreur puérile, puisqu'il est ridicule d'honorer ce qui n'est

---

1. C'est-à-dire : Si l'âme de l'homme ne survit pas à son corps.

plus ; la religion des tombeaux , une illusion vulgaire ; les
cendres de nos pères et de nos amis, une vile poussière
qu'il faut jeter au vent , et qui n'appartient à personne ;
les dernières intentions des mourants, si sacrées parmi
les peuples les plus barbares , le dernier son d'une machine qui se dissout ; et, pour tout dire en un mot, si tout
meurt avec nous, les lois sont donc une servitude insensée ;
les rois et les souverains , des fantômes que la faiblesse
des peuples a élevés : la justice, une usurpation sur la liberté des hommes ; la loi des mariages, un vain scrupule ; la pudeur, un préjugé ; l'honneur et la probité, des
chimères ; les incestes, les parricides, les perfidies noires,
des jeux de la nature, et des noms que la politique des
législateurs a inventés.

Voilà où se réduit la philosophie sublime des impies ;
voilà cette force, cette raison, cette sagesse, qu'ils nous
vantent éternellement. Convenez de leurs maximes , et
l'univers entier retombe dans un affreux chaos ; et tout est
confondu sur la terre ; et toutes les idées du vice et de la
vertu sont renversées ; et les lois les plus inviolables de la
société s'évanouissent ; et la discipline des mœurs périt ;
et le gouvernement des États et des empires n'a plus de
règle ; et toute l'harmonie du corps politique s'écroule ;
et le genre humain n'est plus qu'un assemblage d'insen-
sés, de barbares, d'impudiques, de furieux, de fourbes,
de dénaturés, qui n'ont plus d'autre loi que la force,
d'autre frein que leurs passions et la crainte de l'autorité ,
plus d'autre lien que l'irréligion et l'indépendance, plus
d'autre Dieu qu'eux-mêmes. Voilà le monde des impies ;
et, si ce plan affreux de république vous plaît, formez,
si vous le pouvez , une société de ces hommes mon-
strueux. Tout ce qu'il nous reste à vous dire, c'est que
vous êtes dignes d'y occuper une place. (MASSILLON.)

§ II.

SYLLOGISME. — ENTHYMÈME. — RÉDUCTION DU RAISONNEMENT EXPRIMÉ DANS LE LANGAGE ORDINAIRE A LA FORME PHILOSOPHIQUE. — DILEMME. — SYLLOGISMES COMPOSÉS. — SORITE.

Syllogisme.

(Voir page 58.)

« On doit prendre conseil dans les choses importantes ;
Le choix d'un état est de la plus haute importance :
Donc pour le choix d'un état, on doit prendre conseil.

— L'homme qui vit comme la brute se dégrade ;
Or, celui qui ne songe qu'à la satisfaction de ses sens vit comme la brute :
Donc l'homme sensuel se dégrade.

— Dans la conversation celui qui n'aime pas à écouter ne s'instruit pas ;
Or, le babillard n'aime pas à écouter :
Donc il ne s'instruit pas. »

Enthymème.

(Voir page 59.)

« Ce n'est qu'en réparant sa faute, qu'on recouvre le calme de la conscience :
Donc, dès qu'on a commis une faute, on doit s'empresser de la réparer.

— L'orgueilleux ne veut pas connaître ses défauts :
Donc, il ne peut pas s'en corriger.

— Les hirondelles sont arrivées :
Donc le printemps est de retour.

— La lune ne s'éclipse que lorsque la terre se trouve placée entre elle et le soleil :
Donc, c'est l'ombre du soleil qui cause l'éclipse. »

**Réduction du raisonnement exprimé dans le langage ordinaire
à la forme philosophique.**

(Voir page 60.)

Passage de Fénelon :

Rien ne peut arrêter le temps, qui entraîne après lui
tout ce qui paraît le plus immobile. Le présent, qui s'enfuit, est déjà bien loin, puisqu'il s'anéantit dans le moment que nous parlons, et ne peut plus se rapprocher.
Ne compte donc jamais, mon fils, sur le présent ; mais
soutiens-toi dans le sentier rude et âpre de la vertu par la
vue de l'avenir. Prépare-toi par des mœurs pures et par
l'amour de la justice une place dans l'heureux séjour de
la paix.

Réduction à la forme syllogistique :

« Nous ne devons pas compter sur ce qui nous échappe ;
Or, le présent nous échappe :
Donc nous ne devons pas compter sur le présent ;
Mais nous devons nous occuper sérieusement de ce qui
fixera notre destinée ;
C'est l'avenir qui doit la fixer :
Donc notre avenir doit nous occuper sérieusement. »

— Apprends sérieusement tout ce que tu étudies : car
les études superficielles ne produisent que des hommes
médiocres et présomptueux.

C'est un enthymème renversé.

— Ne parlez pas de politique, puisque vous n'y entendez rien.

C'est encore un enthymème renversé. Le voici sous la forme d'un
syllogisme :

« On ne doit pas parler de ce qu'on ne connaît pas ;
Vous ne connaissez pas la politique :
Donc vous ne devez pas en parler. »

Dilemme.

(Voir page 61.)

Oh! que les rois sont à plaindre! oh! que leurs minis-tres sont dignes de compassion! S'ils sont méchants, combien font-ils souffrir les hommes, et quels châtiments leur sont réservés par la justice divine! S'ils sont bons, quelles difficultés n'ont-ils n'ont pas à vaincre! quels piéges à éviter! quels maux à souffrir! (FÉNELON.)

Saint Augustin répond par ce dilemme aux Juifs qui prétendaient que Jésus-Christ n'etait pas ressuscité, mais que les apôtres avaient enlevé son corps :

C'est vous qui gardiez le sépulcre. Ou vous avez dormi, ou vous n'avez pas dormi. Si vous n'avez pas dormi, comment l'aurait-on enlevé? Si vous. avez dormi, comment avez-vous pu savoir qu'on l'enlevait?

Syllogismes composés.

(Voir page 61.)

Ou vous pardonnerez à ceux dont vous croyez avoir à vous plaindre, ou vous renoncerez au pardon que la miséricorde de Dieu vous promet ;
Mais vous désirez que Dieu vous pardonne :
Donc vous devez pardonner.

— Ou le meurtre de César fut une grande et belle action, ou ce fut un crime ;
Mais tuer un homme qui ne peut se défendre, ne saurait être appelé une grande et belle action :
Donc ce fut un crime.

— Il est des circonstances graves dans lesquelles il faut nécessairement ou s'exposer à déplaire aux personnes qu'on aime, ou mentir à sa propre conscience :
Mais on ne doit jamais mentir à sa conscience :
Donc on doit résolument s'exposer à leur déplaire.

— Vous ne pouvez en même temps, et satisfaire votre ambition, et conserver votre indépendance;
Vous tenez à votre indépendance :
Renoncez donc à votre ambition.

— Si vous voulez qu'on soit poli envers vous, vous devez l'être envers les autres ;
Or, vous voulez qu'on soit poli envers vous :
Donc vous devez l'être envers les autres.
Ou : Or, vous ne voulez pas l'être envers les autres :
N'exigez donc pas qu'on le soit envers vous.

— Si Joseph Chénier avait, comme on l'en a accusé, contribué à la mort de son frère[1], ou même s'il n'avait pas fait tout son possible pour le sauver, sa mère aurait conçu de l'horreur pour lui ;
Or, sa mère, jusqu'à sa dernière heure, lui a montré la plus vive tendresse :
Donc Joseph Chénier était innocent.

Sorite.

(Voir page 63.)

Faute d'un clou, le fer d'un cheval se perd ; faute d'un fer, on perd le cheval ; et faute d'un cheval, le cavalier lui-même est perdu, parce que son ennemi l'atteint et le tue. (FRANKLIN.)

---

1. André Chénier, jeune poëte, condamné à mort par le tribunal révolutionnaire, en 1794. Son frère Joseph, poëte non moins célèbre, était alors membre de la Convention. Voyez, page 200, une ode composée par A. Chénier dans sa prison.

IV.

STYLE, DÉVELOPPEMENTS.

§ I.

Images, sentiments.

(Voir pages 71 et 72.)

Télémaque dit dans Fénelon :

Je cours les mêmes dangers qu'Ulysse, pour apprendre où il est. Mais que dis-je ? peut-être *qu'il est maintenant enseveli dans les profonds abîmes des mers.*

Si Télémaque parlait de quelqu'un à qui il ne prît pas un vif intérêt, il n'exprimerait pas ainsi sa pensée par une image ; il dirait simplement : « Peut-être qu'il a péri dans un naufrage. » Mais il parle d'un père chéri ; l'intérêt qui l'anime est vif, sa frayeur est grande, il voit ce qu'il craint, il peint ce qu'il voit, et son langage exprime les sentiments d'amour et de crainte qui l'agitent.

Voici quelques exemples de pensées dont l'expression est animée par les sentiments et par les images.

Proposition simple : « Les mystères de la religion sont au-dessus de la raison de l'homme. »

Je dirai aux philosophes : « Ne vous agitez pas contre ces mystères que le raisonnement ne saurait percer. Laissez à Dieu cette nuit profonde où il lui plaît de se retirer avec sa foudre et ses mystères. (GUÉNARD.)

Proposition simple : « Il est bien difficile d'être humble et modeste quand on vient de remporter une grande victoire. »

Qu'il est difficile d'être victorieux et d'être humble tout ensemble ! Les prospérités militaires laissent dans l'âme je ne sais quel plaisir touchant qui l'occupe et la remplit tout entière. On s'attribue une autorité de puissance et de force ; on se couronne de ses propres mains ; et, lors même qu'on rend à Dieu de solennelles actions de grâces, et qu'on pend aux voûtes sacrées de ses temples les drapeaux déchirés et sanglants qu'on a pris sur les ennemis, qu'il est dangereux que la vanité n'étouffe une partie de la reconnaissance, et qu'on ne retienne au moins quelques grains de cet encens qu'on va brûler sur les autels ! (FLÉCHIER.)

Proposition simple : « Le remords est une preuve de l'immortalité de notre âme. »

Chaque homme a au milieu du cœur un tribunal où il commence par se juger soi-même, en attendant que l'arbitre souverain confirme la sentence. Si le vice n'est qu'une conséquence physique de notre organisation, d'où vient cette frayeur qui trouble les jours d'une prospérité coupable ? Pourquoi le remords est-il si terrible, qu'on préfère souvent de se soumettre à la pauvreté et à toute la rigueur de la vertu, plutôt que d'acquérir des biens illégitimes ? Pourquoi y a-t-il une voix dans le sang, une parole dans la pierre ? Le tigre déchire sa proie, et dort ; l'homme devient homicide, et veille. Il cherche les lieux déserts, et cependant la solitude l'effraye ; il se traîne autour des tombeaux, et cependant il a peur des tombeaux. Son regard est inquiet et mobile ; il n'ose fixer le mur de la salle du festin, dans la crainte d'y voir des caractères funestes. Tous ses sens semblent devenir meilleurs pour le tourmenter : il voit au milieu de la nuit des lueurs menaçantes ; il est toujours environné de l'odeur du carnage ; il découvre le goût du poison jusque dans les mets qu'il a lui-même apprêtés ; son oreille, d'une étrange subtilité, trouve le bruit où tout le monde trouve le silence ; et, en embrassant son ami, il croit sentir sous ses vêtements un poignard caché. (CHATEAUBRIAND.)

§ II.

DES DIVERS CARACTÈRES DU STYLE. — STYLE SUBLIME. — BEAUTÉ DU STYLE.

Dés divers caractères du style.

(Voir page 76.)

Parmi les morceaux cités dans cette seconde partie de la *Méthode*, voyez, comme modèles de style simple, le récit de la *Bataille de Rocroy* par Voltaire, la *Narration de Lysimaque* par Montesquieu ; de style sévère, le *Tableau de Jérusalem* par Chateaubriand ; de style badin et enjoué, la *Lettre de madame de Sévigné ;* de style piquant, la *Leçon donnée à la vanité ;* de style léger, le *Meunier Sans-Souci ;* de style fleuri, l'*Épisode d'Abdolonyme*, par Delille ; de style gracieux, le *Portrait de l'écureuil*, par Buffon ; de style brillant, le *Jeune peintre*, par Delille, le *Portrait de l'oiseau-mouche*, par Buffon ; de style animé et pittoresque, le *Portrait du cheval*, par Buffon, le *Tableau des combats sur mer*, par Thomas.

Style sublime.

(Voir page 76.)

ODE SUR LE VAISSEAU LE VENGEUR.

En 1794, dans une bataille navale entre les Anglais et les Français, non loin de Brest, l'équipage d'un des vaisseaux français nommé *le Vengeur*, se voyant réduit à l'extrémité, aima mieux périr que de se rendre, et fit sombrer le vaisseau.

> Toi que je chante et que j'adore,
> Dirige, ô Liberté, mon vaisseau [1] dans son cours :
> Moins de vents orageux tourmentent le Bosphore
> Que la mer terrible où je cours.
>
> Vainqueur d'Éole et des Pléiades [2],
> Je sens d'un souffle heureux mon navire emporté :

---

1. Dans cette strophe et dans la suivante, le mot *vaisseau* est pris au sens figuré : le poète se considère comme un navigateur et compare aux tempêtes les difficultés qu'un auteur est obligé de surmonter pour réussir.

2. Les poëtes donnent au roi fabuleux des vents le nom d'*Éole*, et attribuent à la constellation des Pléiades une influence qui soulève les vagues : ce vers signifie *vainqueur des vents et des flots soulevés*.

Il échappe aux écueils des trompeuses Cyclades[1] ;
    Il vogue à l'immortalité.

    Mais des flots fût-il la victime,
Ainsi que *le Vengeur* il est beau de périr ;
Il est beau, quand le sort nous plonge dans l'abîme,
    De paraître le conquérir.

    Trahi par le sort infidèle,
Tel qu'un lion pressé de nombreux léopards[2],
Seul, au milieu de tous, sa colère étincelle ;
    Il les combat de toutes parts.

    L'airain lui déclare la guerre ;
Le fer, l'onde, la flamme entourent ses héros.
Sans doute ils triomphaient !.... Mais leur dernier ton-
    Vient de s'éteindre sous les flots !....   [nerre

    Captifs !... la vie est un outrage.
Ils préfèrent le gouffre à ce bienfait honteux.
L'Anglais en frémissant admire leur courage,
    Albion[3] pâlit devant eux.

    Plus fiers d'une mort infaillible,
Sans peur, sans désespoir, calmes dans leurs combats,
De ces républicains l'âme n'est plus sensible
    Qu'à l'ivresse d'un beau trépas.

    Près de se voir réduire en poudre,
Ils défendent leurs bords embrasés et sanglants ;
Voyez-les défier et la vague et la foudre,
    Sous des mâts rompus et brûlants !

    Voyez ce drapeau tricolore
Qu'élève en périssant leur courage indompté ;
Sous le flot qui les couvre entendez-vous encore
    Ce cri : « Vive la liberté ! »

1. Les Cyclades sont des îles groupées dans l'Archipel. Il y a ici une double figure : *échapper aux écueils* est une métaphore qui signifie *réussir malgré les obstacles ;* et les *écueils des Cyclades* sont employés par métonymie, pour des *écueils* quels qu'ils soient.

2. Allusion aux léopards représentés sur les armoiries de l'Angleterre.

3. Nom que l'on donne quelquefois à la Grande-Bretagne dans le langage poétique.

Ce cri.... c'est en vain qu'il expire,
Étouffé par la mort et par les flots jaloux,
Sans cesse il revivra répété par ma lyre :
Siècles! il planera sur vous.

Et vous, héros de Salamine[1],
Dont Téthys[2] vante encor les exploits glorieux,
Non, vous n'égalez point cette auguste ruine,
Ce naufrage victorieux.

(LEBRUN.)

CHARLES-GUSTAVE.

[1655-1660.]

Charle-Gustave, roi de Suède, attaque la Pologne; il est vainqueur à Varsovie et maître du royaume; il est obligé de quitter la Pologne. — Sa mort.

Un nouveau conquérant s'élève en Suède : on y voit un autre Gustave[3] non moins fier ni moins hardi ou moins belliqueux que celui dont le nom fait encore trembler l'Allemagne. Charles-Gustave parut à la Pologne, surprise et trahie, comme un lion qui tient sa proie dans ses ongles, tout prêt à la mettre en pièces.

Qu'est devenue cette redoutable cavalerie qu'on voit fondre sur l'ennemi avec la vitesse d'un aigle? Où sont ces âmes guerrières, ces marteaux d'armes[4] tant vantés et ces arcs qu'on ne vit jamais tendus en vain? Ni les chevaux ne sont vites, ni les hommes ne sont adroits que pour fuir devant le vainqueur. En même temps, la Pologne se voit ravagée par le rebelle Cosaque, par le Moscovite infidèle, et plus encore par le Tartare qu'elle appelle à son secours dans son désespoir. Tout nage dans le sang, et l'on ne tombe que sur des corps morts; la reine n'a plus de retraite, elle a quitté le royaume. Après de courageux, mais de vains efforts, le roi[5] est contraint de la suivre.

1. Salamine, petite île près de laquelle la flotte de Grecs vainquit la flotte des Perses, beaucoup plus nombreuse, 480 ans avant J.-C.

2. Nom poétique de la mer.

3. Charles-Gustave ou Charles X, de la maison de Deux-Ponts, fils d'une sœur de Gustave-Adolphe; roi de Suède après l'abdication de sa cousine Christine.

4. Arme offensive en forme de marteau.

5. Jean-Casimir, qui abdiqua depuis, et se retira en France.

Réfugiés dans la Silésie, où ils manquent des choses les plus nécessaires, il ne leur reste qu'à considérer de quel côté allait tomber ce grand arbre ébranlé par tant de mains et frappé de tant de coups à sa racine, ou qui en enlèverait les rameaux épars. Dieu en avait disposé autrement. La Pologne était nécessaire à son Église et lui devait un vengeur[1]. Il la regarde en pitié. Sa main puissante ramène en arrière le Suédois indompté, tout frémissant qu'il était. Il se venge sur le Danois[2], dont la soudaine invasion l'avait frappé, et déjà il l'a réduit à l'extrémité. Mais l'Empire et la Hollande se remuent contre un conquérant qui menaçait tout le Nord de la servitude. Pendant qu'il rassemble de nouvelles forces et médite de nouveaux carnages, Dieu tonne du plus haut des cieux; le redouté capitaine tombe au plus beau temps de sa vie, et la Pologne est délivrée. (Bossuet.)

DIALOGUE D'HORACE ET DE CURIACE.

Les Romains et les Albains étaient en guerre. Pour arrêter l'effusion du sang, il fut convenu que le sort des deux peuples serait décidé par un combat de trois contre trois, et que la ville dont les guerriers auraient l'avantage, commanderait à l'autre.

Rome choisit trois frères, nommés Horace. Albe, de son côté, choisit trois frères, nommés Curiace.

Les Horace et les Curiace étaient unis par l'amitié et par le sang. Un des Horace avait épousé la sœur des Curiace; un des Curiace était fiancé à la sœur des Horace.

Dans le dialogue suivant entre les deux beaux-frères éclate le même dévouement pour la patrie. Mais chez l'un il atteint à l'héroïsme, chez l'autre il le dépasse.

HORACE.

Combattre un ennemi pour le salut de tous,
Et contre un inconnu s'exposer seul aux coups;
D'une simple vertu c'est l'effet ordinaire:

---

1. Allusion à Jean Sobieski qui, quelques années après, sauva Vienne et l'Empire, attaqués par les Turcs.
2. Frédéric III, roi de Danemark.

Mille déjà l'ont fait, mille pourraient le faire :
Mourir pour le pays est un si digne sort,
Qu'on briguerait en foule une si belle mort.
Mais vouloir au public immoler ce qu'on aime,
S'attacher au combat contre un autre soi-même,
Attaquer un parti qui prend pour défenseur
Le frère d'une femme et l'amant d'une sœur,
Et, rompant tous ces nœuds, s'armer pour la patrie
Contre un sang qu'on voudrait racheter de sa vie :
Une telle vertu n'appartenait qu'à nous.
L'éclat de son grand nom lui fait peu de jaloux[1],
Et peu d'hommes au cœur l'ont assez imprimée[2],
Pour oser aspirer à tant de renommée.

CURIACE.

Il est vrai que nos noms ne sauraient plus périr ;
L'occasion est belle, il nous la faut chérir :
Nous serons les miroirs[3] d'une vertu bien rare.
Mais votre fermeté tient un peu du barbare....
Pour moi, je l'ose dire, et vous l'avez pu voir,
Je n'ai point consulté[4] pour suivre mon devoir ;
Notre longue amitié, l'amour, ni l'alliance,
N'ont pu mettre un moment mon esprit en balance,
Et puisque, par ce choix, Albe montre en effet
Qu'elle m'estime autant que Rome vous a fait[5],
Je crois faire pour elle autant que vous pour Rome :
J'ai le cœur aussi bon[6] ; mais enfin je suis homme :
Je vois que votre honneur demande tout mon sang,
Que tout le mien[7] consiste à vous percer le flanc ;
Près d'épouser la sœur, qu'il faut tuer le frère,
Et que pour mon pays j'ai le sort si contraire[8] :
Encor qu'à[9] mon devoir je coure sans terreur,

1. Est cause que peu de personnes la désirent.
2. En sont assez fortement pénétrés.
3. Les modèles.
4. Hésité, demandé conseil.
5. Que Rome vous a estimé lorsqu'elle vous a choisi.
6. Aussi courageux.
7. Que tout mon honneur.
8. Et qu'en servant mon pays je suis moi-même si malheureux.
9. Belle tournure qui a vieilli. Quoique....

Mon cœur s'en effarouche, et j'en frémis d'horreur ;
J'ai pitié de moi-même et jette un œil d'envie
Sur ceux dont notre guerre a consumé la vie[1] ;
Sans souhait toutefois de pouvoir reculer.
Ce triste et fier honneur m'émeut sans m'ébranler :
J'aime ce qu'il me donne, et je plains ce qu'il m'ôte ;
Et, si Rome demande une vertu plus haute,
Je rends grâces aux dieux de n'être pas Romain,
Pour conserver encor quelque chose d'humain.

HORACE.

Si vous n'êtes Romain, soyez digne de l'être ;
Et, si vous m'égalez, faites-le mieux paraître.
La solide vertu dont je fais vanité
N'admet point de faiblesse avec sa fermeté ;
Et c'est mal de l'honneur entrer dans la carrière[2],
Que dès le premier pas regarder en arrière.
Notre malheur est grand, il est au plus haut point,
Je l'envisage entier ; mais je n'en frémis point.
Contre qui que ce soit que mon pays m'emploie,
J'accepte aveuglément cette gloire avec joie :
Celle[3] de recevoir de tels commandements
Doit étouffer en nous tous autres sentiments[4].
Qui[5], près de le servir[6], considère autre chose,
A faire ce qu'il doit lâchement se dispose.
Ce droit saint et sacré rompt tout autre lien.
Rome a choisi mon bras, je n'examine rien.
Avec une allégresse aussi pleine et sincère
Que j'épousai la sœur, je combattrai le frère ;
Et, pour trancher enfin ces discours superflus,
Albe vous a nommé, je ne vous connais plus.

CURIACE.

Je vous connais encore, et c'est ce qui me tue ;

---

1. Qui ont péri dans la guerre des Albains contre les Romains.
2. Cette inversion n'est plus usitée.
3. La joie.

4. On dirait aujourd'hui : Tout autre sentiment.
5. Celui qui.
6. De servir son pays.

> Mais cette âpre vertu ne m'était pas connue;
> Comme notre malheur elle est au plus haut point;
> Souffrez que je l'admire et ne l'imite point.
>
> (CORNEILLE.)

De la beauté du style.

(Voir page 77.)

Les deux qualités qui font la beauté du style, à savoir l'élégance et l'énergie, se font remarquer dans tous les morceaux cités dans cette seconde partie de la *Méthode*.

On peut distinguer particulièrement, sous le rapport de *l'élégance*, le parallèle du *Serin et du Rossignol*, par Buffon; sous le rapport de *l'énergie*, le morceau de Lamennais sur le *Danger des habitudes vicieuses*.

La *naïveté*, la *finesse* et la *délicatesse* font le charme de la plupart des fables de La Fontaine. On admire la naïveté dans la fable du *Lapin et la Belette*, la délicatesse dans celle des *deux Pigeons*, la finesse dans celle de l'*Ours et les deux Compagnons*.

On trouvera plus loin un exemple de *véhémence* dans Mirabeau; le morceau de Massillon intitulé *L'âme ne meurt pas avec le corps*, nous présente un exemple de la *richesse* du style : nous allons citer le morceau de Buffon que nous indiquons dans le texte comme remarquable sous le rapport de la *magnificence* du style.

TABLEAU DE LA NATURE SAUVAGE ET DE LA NATURE CULTIVÉE.

La nature est le trône extérieur de la magnificence divine : l'homme qui la contemple, qui l'étudie, s'élève par degrés au trône intérieur de la toute-puissance : fait pour adorer le Créateur, il commande à toutes les créatures; vassal du ciel, roi de la terre, il l'ennoblit, la peuple et l'enrichit; il établit entre tous les êtres vivants l'ordre, la subordination, l'harmonie; il embellit la nature même; il la cultive, l'étend et la polit, en élague le chardon et la ronce, y multiplie le raisin et la rose.

Voyez ces plages désertes, ces tristes contrées où l'homme n'a jamais résidé, couvertes ou plutôt hérissées

de bois épais et noirs dans toutes les parties élevées : des
arbres sans écorce et sans cime, courbés, rompus, tombant
de vétusté, d'autres, en plus grand nombre, gisant auprès des premiers, pour pourrir sur des monceaux déjà
pourris, étouffent, ensevelissent les germes prêts à éclore.
La nature, qui partout ailleurs brille par sa jeunesse, paraît ici dans la décrépitude ; la terre, surchargée par le
poids, écrasée par les débris de ses productions, n'offre,
au lieu d'une verdure florissante, qu'un espace encombré,
traversé de vieux arbres chargés de plantes parasites, de
lichens, d'agarics, fruits impurs de la corruption. Dans
toutes les parties basses, des eaux mortes et croupissantes,
faute d'être conduites et dirigées ; des terrains fangeux qui,
n'étant ni solides ni liquides, sont inabordables, et demeurent également inutiles aux habitants de la terre et des
eaux ; des marécages qui, couverts de plantes aquatiques
et fétides, ne nourrissent que des insectes venimeux et
servent de repaire aux animaux immondes. Entre ces marais infects qui occupent les lieux bas, et les forêts décré-
pites qui couvrent les terres élevées, s'étendent des espèces de landes, des savanes qui n'ont rien de commun
avec nos prairies ; les mauvaises herbes y surmontent, y
étouffent les bonnes : ce n'est point ce gazon fin qui semble faire le duvet de la terre, ce n'est point cette pelouse
émaillée qui annonce sa brillante fécondité ; ce sont des
végétaux agrestes, des herbes dures, épineuses, entrela-
cées les unes dans les autres, qui semblent moins tenir à
la terre qu'elles ne tiennent entre elles, et qui, se déta-
chant et repoussant successivement les unes sur les autres,
forment une bourre grossière, épaisse de plusieurs pieds.

Nulle route, nulle communication, nul vestige d'intelligence dans ces lieux sauvages : l'homme, obligé de suivre
les sentiers de la bête farouche, s'il veut les parcourir, est
contraint de veiller sans cesse pour éviter d'en devenir la
proie ; effrayé de leurs rugissements, saisi du silence même
de ces profondes solitudes, il rebrousse chemin, et dit :

« La nature brute est hideuse et mourante ; c'est moi, moi seul qui peux la rendre agréable et vivante. Desséchons ces marais, animons ces eaux mortes en les faisant couler ; formons-en des ruisseaux, des canaux ; employons cet élément actif et dévorant qu'on nous avait caché, et que nous ne devons qu'à nous-mêmes ; mettons le feu à cette bourre superflue, à ces vieilles forêts déjà à demi consumées ; achevons de détruire avec le fer ce que le feu n'aura pu consumer. Bientôt, au lieu du jonc, du nénufar, dont le crapaud composait son venin, nous verrons paraître la renoncule, le trèfle, les herbes douces et salutaires ; des troupeaux d'animaux bondissants fouleront cette terre jadis impraticable ; ils y trouveront une subsistance abondante, une pâture toujours renaissante ; ils se multiplieront pour se multiplier encore. Servons-nous de ces nouveaux aides pour achever notre ouvrage ; que le bœuf, soumis au joug, emploie ses forces et le poids de sa masse à sillonner la terre ; qu'elle rajeunisse par la culture : une nature nouvelle va sortir de nos mains. »

Quelle est belle cette nature cultivée ! Que par les soins de l'homme elle est brillante et pompeusement parée ! Il en fait lui-même le principal ornement ; il en est la production la plus noble : en se multipliant il en multiplie le germe le plus précieux ; elle-même aussi semble se multiplier avec lui ; il met au jour par son art tout ce qu'elle recélait dans son sein. Que de trésors ignorés ! que de richesses nouvelles ! Les fleurs, les fruits, les grains perfectionnés, multipliés à l'infini ; les espèces utiles d'animaux transportées, propagées, augmentées sans nombre ; les espèces nuisibles réduites, confinées, reléguées ; l'or, et le fer plus nécessaire que l'or, tirés des entrailles de la terre ; les torrents contenus, les fleuves dirigés, resserrés ; la mer soumise, reconnue, traversée d'un hémisphère à l'autre ; la terre accessible partout, rendue aussi vivante que féconde ; dans les vallées de riantes prairies, dans les plaines de riches pâturages ou

des moissons encore plus riches; les collines chargées de
vignes et de fruits, leurs sommets couronnés d'arbres
utiles et de jeunes forêts; les déserts devenus des cités
habitées par un peuple immense, qui, circulant sans
cesse, se répand de ces centres jusqu'aux extrémités;
des routes ouvertes et fréquentées, des communications
établies partout comme autant de témoins de la force, de
l'union de la société; mille autres monuments de puissance et de gloire démontrent assez que l'homme, maître
du domaine de la terre, en a changé, renouvelé la surface
entière, et que de tout temps il en partage l'empire avec la
nature. (BUFFON.)

§ III.

EXEMPLE D'ANALYSE LITTÉRAIRE. — RÉSUMÉ. — DÉVELOPPEMENTS.

Exemple d'analyse littéraire.

(Voir page 81.)

LE CHÊNE ET LE ROSEAU.

La Fontaine mettait au rang de ses meilleures fables
celle qui est intitulée *le Chêne et le Roseau*. Avant de la
lire, essayons nous-mêmes quelles seraient les idées que
la nature nous présenterait sur ce sujet.

Dès qu'on nous annonce le *Chêne* et le *Roseau*, nous
sommes frappés par le contraste du grand avec le petit,
du fort avec le faible. Voilà une première idée qui nous
est donnée par le seul titre du sujet. Nous serions choqués
si, dans le récit du poëte, elle se trouvait renversée de
manière qu'on attribuât la force et la grandeur au Roseau,
et la petitesse avec la faiblesse au Chêne; nous ne man-
querions pas de réclamer les droits de la nature, et de dire
qu'elle n'est pas rendue, qu'elle n'est pas imitée. L'auteur est donc lié par le seul titre.

Si l'on suppose que ces deux plantes se parlent, la supposition une fois accordée , on sent que le Chêne doit parler avec hauteur et avec confiance, le Roseau avec modestie et simplicité; c'est encore la nature qui le demande. Cependant, comme il arrive presque toujours que ceux qui prennent le ton haut sont des sots, et que les gens modestes ont raison, on ne serait point surpris ni fâché de voir l'orgueil du Chêne abattu et la modestie du Roseau préservée. Hâtons-nous de voir comment l'auteur développera cette idée :

> Le Chêne un jour dit au Roseau :
> « Vous avez bien sujet d'accuser la nature.

Le discours est direct. Le Chêne ne dit point au Roseau *qu'il avait* bien sujet d'accuser la nature ; mais *vous avez*.... Cette manière est plus vive ; on croit entendre les acteurs mêmes : le discours est ce qu'on appelle dramatique. Ce second vers d'ailleurs contient la proposition du sujet, et marque quel sera le ton de tout le discours. Le Chêne montre déjà de la compassion, mais cette compassion orgueilleuse par laquelle on fait sentir au malheureux les avantages qu'on a sur lui.

> Un roitelet pour vous est un pesant fardeau.

Cette idée que le Chêne donne de la faiblesse du Roseau est bien humiliante ; elle tient de l'insulte : le plus petit des oiseaux est pour vous un poids qui vous incommode.

> Le moindre vent qui d'aventure
> Fait rider la face de l'eau,
> Vous oblige à baisser la tête.

C'est la même pensée présentée sous une autre image. *D'aventure* est un terme un peu vieux, dont la naïveté est poétique. *Rider la face de l'eau* est une image juste et agréable : *vous oblige à baisser la tête ;* ces trois vers sont doux : il semble que le Chêne s'abaisse à ce ton de bonté par pitié pour le Roseau. Il va parler de lui-même en termes bien différents :

> Cependant que mon front, au Caucase pareil,

> Non content d'arrêter les rayons du soleil,
> Brave l'effort de la tempête....

Quelle noblesse dans les images ! Quelle fierté dans les expressions et dans les tours ! *Cependant que*, terme noble et majestueux ; *au Caucase pareil*, comparaison hyperbolique ; *non content d'arrêter les rayons du soleil : arrêter* marque une sorte d'empire et de supériorité ; sur qui ? sur le soleil même ; *brave l'effort ; braver* ne signifie pas seulement *résister*, mais *résister avec orgueil*. Ce n'est point à *la tempête* seulement qu'il résiste, mais à son *effort*. Le singulier est ici plus poétique que le pluriel. Ces trois vers, dont l'harmonie est forte, pleine, les idées grandes, nobles, contrastent avec les trois précédents, dont l'harmonie est douce, de même que les idées.

> Tout vous est aquilon ; tout me semble zéphyr.

Le Chêne revient à son parallèle si flatteur pour son amour-propre ; et, pour le rendre plus sensible, il le réduit en deux mots : *tout vous est* réellement *aquilon ;* et à moi, *tout me semble zéphyr*. Le contraste est observé partout ; continuons :

> Encor si vous naissiez à l'abri du feuillage
> Dont je couvre le voisinage,
> Vous n'auriez pas tant à souffrir ;
> Je vous défendrais de l'orage.

L'orgueil du Chêne était satisfait. Il reprend son premier ton de compassion, pour engager adroitement le Roseau à consentir aux louanges qu'il s'est données, et à flatter encore son amour-propre par un aveu plaintif de sa faiblesse.

Mais, malgré ce ton de compassion, il sait toujours mêler dans son discours les expressions du ton avantageux. *Du feuillage dont je couvre le voisinage : de mon feuillage* eût été trop succinct et trop simple, mais *dont je couvre*, cela étend l'idée et fait image. Le *voisinage*, terme juste, mais qui n'est pas sans enflure. *Je vous défendrais de l'orage : je....* Qu'il y a de plaisir à se donner soi-même pour quelqu'un qui protége !

> Mais vous naissez le plus souvent
> Sur les humides bords des royaumes du vent.

Ce tour est poétique , et même de la haute poésie ; ce qui ne messied pas dans la bouche du Chêne.

> La nature envers vous me semble bien injuste.

C'est la conclusion que le Chêne prononça sans doute en appuyant, et avec une pitié désobligeante, quoique sincère.

On attend avec impatience la réponse du Roseau. La Fontaine, qui a su faire naître l'intérêt, ne sera point embarrassé pour le satisfaire. La réponse du Roseau sera polic mais sèche, et l'on n'en sera point surpris.

> — Votre compassion, lui répondit l'arbuste,
> Part d'un bon naturel.

C'est précisément une contre-vérité. Le Roseau n'a pas voulu lui dire qu'elle partait de l'orgueil ; mais seulement il lui fait sentir qu'il en avait examiné et vu le principe : c'était au Chêne à comprendre ce discours. Tout ce qui suit est sec et même menaçant :

> Mais quittez ce souci :
> Les vents me sont moins qu'à vous redoutables ;
> Je plie et ne romps pas. Vous avez jusqu'ici
> Contre leurs coups épouvantables
> Résisté sans courber le dos ;
> Mais attendons la fin. »

Le propos n'est pas long, mais il est énergique. Les acteurs n'ont plus rien à se dire ; c'est au poëte à achever le récit. Il prend le ton convenable à la matière ; il peint un orage furieux.

> Comme il disait ces mots,
> Du bout de l'horizon accourt avec furie
> Le plus terrible des enfants
> Que le nord eût portés jusque-là dans ses flancs.

Le vent part de l'extrémité de l'horizon ; sa rapidité

s'augmente dans sa course : il y a image. Au lieu de dire *un vent du nord*, on le personnifie, et la périphrase donne de la noblesse à l'idée.

> L'arbre tient bon ; le Roseau plie.

Voilà nos deux acteurs en situation parallèle.

> Le vent redouble ses efforts,
> Et fait si bien qu'il déracine
> Celui de qui la tête au ciel était voisine,
> Et dont les pieds touchaient à l'empire des morts.

Ces vers sont beaux, nobles ; l'antithèse et l'hyperbole qui règnent dans les deux derniers les rendent sublimes.

Le poëte, comme on le voit, a suivi les idées que le sujet présente naturellement ; c'est ce qui fait la *vérité* de son récit. Mais il a su revêtir ce fonds de tous les ornements qui pouvaient lui convenir : c'est ce qui en a fait la *beauté*. Ses pensées, ses expressions, ses tours forment un accord parfait avec le sujet : toutes les parties en sont assorties et liées, au dedans par la suite et l'ordre des pensées, au dehors par la forme du style, et nous présentent par ce moyen un tableau où tout est grâce et vérité. Joignez à cela le sentiment qui règne partout, qui anime tout d'un bout à l'autre. Cette pièce a tout ce qu'on peut désirer pour une fable parfaite. (LE BATTEUX.)

Résumé.

(Voir page 81.)

On peut, par exemple, donner ainsi en peu de mots le résumé de l'exorde de l'oraison funèbre de la reine d'Angleterre. (Voir plus loin.)

« Les prospérités que Dieu accorde aux rois et les adversités dont il les frappe, ont également pour but de leur rappeler et sa toute-puissance et leurs devoirs. La vie de Henriette offre une preuve éclatante de cette vérité. »

Le plan du discours sur la *gloire humaine*, et celui du plaidoyer de Lally, que nous donnons plus loin, peuvent être considérés comme offrant le *résumé* de ces deux discours.

Développements.

Par la définition.

(Voir page 81.)

LE RICHE ET LE PAUVRE DANS L'ESPRIT DU MONDE ET DANS L'ORDRE DE LA PROVIDENCE.

Qu'est-ce qu'un riche dans l'esprit du monde? C'est un homme de jeux, de fêtes, de spectacles, d'amusements, dont toute la gloire consiste à être orgueilleusement frivole, tout le mérite à ne rien refuser à ses passions, et qui, ne mettant de bornes à ses désirs que celles de sa fortune, n'est grand le plus souvent qu'à force de crimes et de scandales.

Dans l'ordre de la Providence, c'est un ange de paix et de consolation placé entre Dieu et les hommes, pour achever la distribution des biens de la terre : c'est l'ambassadeur du ciel et comme l'apôtre de la Providence, obligé de la faire connaître à ceux qui l'ignorent, de la disculper auprès de ceux qui l'accusent. Et tel que l'astre du jour, dont la marche éclatante parle à tous les yeux de la gloire de son auteur, le riche, par ses bienfaits, parle au cœur de tous les hommes de la sagesse et de la bonté divine ; et, selon qu'il est avare ou généreux, sensible ou inexorable, il devient pour les peuples un objet, ou de terreur, ou de consolation; un dieu s'il est bienfaisant, un monstre s'il est barbare.

De même, qu'est-ce qu'un pauvre selon le monde? Hélas! quelles couleurs pourraient nous le dépeindre? C'est un être isolé, proscrit, triste rebut de la nature entière, qui rampe dédaigné sur la surface de la terre, à qui la misère a comme imprimé sur le front un caractère de honte et d'ignominie : errant, fugitif, et comme retranché du reste des humains, on ne le rencontre qu'avec peine; c'est, ce semble, lui faire grâce que de lui parler; l'humanité en lui n'a plus de droits, le malheur plus de dignité; on ne le plaint même pas, on ne le secourt qu'avec dégoût; et, réduit à rougir de son existence, il semble qu'en devenant malheureux il a cessé d'être homme.

Dans l'ordre de la Providence, au contraire, un pauvre, c'est en quelque sorte le plus intéressant de ses ouvrages : par lui se révèle sa sagesse, qui a rendu le pauvre précieux et nécessaire au riche, qui a voulu que le riche fût le protecteur du pauvre, et le pauvre le sauveur des riches, qu'il délivre du danger des richesses sur la terre, en leur offrant les moyens de les convertir en charités qui leur servent à mériter le ciel ; en sorte que le pauvre, dans l'ordre de la Providence, est tout à la fois un juge qui tient dans sa main le sort des grands et des riches, et un ministre du ciel qui entasse sur leur tête ou des bénédictions ou des anathèmes. C'est-à-dire, en un mot, que le riche et le pauvre, dans l'ordre de la Providence, sont le contraire de nos idées. Et, de même que cette Providence s'est reposée sur les parents de l'éducation des familles, sur les législateurs du gouvernement de la société, sur les rois de la conduite des empires, elle a fait les riches pour se reposer sur eux du soin des pauvres ; et elle ne leur a donné plus de biens que pour les distribuer à ceux qui en manquent, et pour remplir par leurs largesses l'intervalle que la misère a mis entre eux et leurs frères. (CAMBACÉRÈS.)

Par l'énumération.

(Voir page 82.)

LES ORGANES DE L'HOMME NE SUPPORTENT RIEN D'EXTRÊME.

Nos sens ne perçoivent rien d'extrême : trop de bruit nous assourdit, trop de lumière nous éblouit, trop de distance et trop de proximité empêchent la vue, trop de longueur et trop de brièveté obscurcissent un discours, trop de plaisir incommode, trop de consonnances déplaît; nous ne sentons ni l'extrême chaud, ni l'extrême froid; les qualités excessives nous sont ennemies et non pas sensibles. Nous ne les sentons plus, nous les souffrons. Trop de jeunesse et trop de vieillesse empêchent l'esprit, trop et trop peu de nourriture troublent ses actions, trop et trop peu d'instruction l'abêtissent. Les choses extrêmes sont pour nous comme si elles n'étaient pas, et nous ne sommes point à leur égard; elles nous échappent, ou nous à elles. (PASCAL.)

Par les principes et les faits généraux.

(Voir page 83.)

Ainsi, pour engager un jeune homme à ne pas fréquenter un des ses condisciples, trop libre dans son langage, on établit ce principe que *les mauvaises conversations sont toujours dangereuses*. Pour prouver que la traite des noirs est criminelle, on établit en thèse générale qu'une action contraire à l'humanité est toujours un crime, quelque avantage qu'on en puisse retirer.

Cette manière de prouver repose sur la déduction [1] et n'est autre chose que l'application du syllogisme ou de l'enthymème [2]. L'exemple cité dans le texte peut se réduire à cet enthymème :

> Il est inutile de louer les grands hommes :
> Donc il est inutile de louer le prince de Condé.

Par les causes et les effets.

(Voir page 83.)

Par les effets :

Travaillons à nous rendre capables de parler et d'écrire. Car celui qui parle d'une manière agréable et qui écrit bien, charme les autres hommes, et a bien plus de puissance, soit pour les exciter au bien, soit pour les détourner du mal.

Par la cause :

Travaillons à nous rendre capables de parler et d'écrire : car notre conscience nous oblige à perfectionner tous les

1. Voir page 55.   2. Voir pages 58 et 59.

moyens que Dieu a mis à notre disposition pour exercer sur les autres hommes une influence salutaire.

L'ATHÉISME.

Otez aux hommes l'opinion d'un Dieu rémunérateur et vengeur, Sylla et Marius se baignent alors avec délices dans le sang de leurs concitoyens ; Auguste, Antoine et Lépide surpassent les fureurs de Sylla ; Néron ordonne de sang-froid le meurtre de sa mère : il est certain que la doctrine d'un Dieu vengeur était alors éteinte chez les Romains. L'athée, fourbe, ingrat, calomniateur, brigand, sanguinaire, raisonne et agit conséquemment, s'il est sûr de l'impunité de la part des hommes : car, s'il n'y a pas de Dieu, ce monstre est son Dieu à lui-même ; il s'immole tout ce qu'il désire, ou tout ce qui lui fait obstacle ; les prières les plus tendres, les meilleurs raisonnements ne peuvent pas plus sur lui que sur un loup affamé. (VOLTAIRE.)

DANGER DES HABITUDES CONTRAIRES AUX BONNES MOEURS.

Le premier effet, l'effet inévitable des habitudes contraires aux bonnes mœurs, est de lier les puissances de l'âme, et d'en exclure toute autre pensée que celle des vils plaisirs dont elle s'est rendue l'esclave. Distrait par des désirs sans cesse renaissants, obsédé d'impurs fantômes, l'esprit perd sa vigueur et sa fécondité. Tout s'altère et dépérit ; la mémoire s'éteint, le caractère s'énerve, le cœur se dessèche. On ne sait plus aimer, ni compatir, ni répandre les délicieuses larmes de l'attendrissement. Le visage même s'empreint d'une expression dure et repoussante ; des traits heurtés et morts annoncent que la source des doux sentiments, des pures émotions, des joies innocentes est tarie. On dirait que la vie s'est réfugiée tout entière dans les organes. Mais les organes mêmes s'usant bientôt, les infirmités, les maladies, les souffrances accourent en foule. J'ai vu, et le souvenir m'en sera toujours présent, j'ai vu de ces malheureuses victimes d'une passion dévorante, offrir, à la fleur de l'âge, la dégoûtante image d'une complète décrépitude. Le front chauve, les joues hâves et creuses, le regard plein d'une tristesse stupide, le corps chancelant et comme courbé sous le poids du vice, épuisés de vie, de pensée, d'amour, déjà hideusement en proie à la dissolution, à leur aspect on croyait entendre les pas du fossoyeur se hâtant de venir enlever le cadavre. (LAMENNAIS.)

Par la comparaison [*à fortiori*].
(Voir page 85.)

Si je me trouvais seul et sans guide dans une solitude affreuse, exposé à tous les risques d'un égarement sans retour, je serais dans des frayeurs mortelles ; si, dans une pressante maladie, je me voyais abandonné, n'ayant que moi-même pour veiller sur moi, je n'oserais plus compter sur ma guérison; si, dans une affaire capitale, où il s'agirait pour moi non-seulement de ma fortune, mais de ma vie, tout autre conseil que le mien me manquait, je me croirais perdu et sans espérance : comment donc, au milieu du monde, de tant d'écueils et de piéges qui m'environnent, de tant de périls qui me menacent, de tant d'ennemis qui me poursuivent, de tant d'occasions où je puis périr, sans autre secours que moi-même, pourrais-je vivre en paix, et n'être point dans de continuelles alarmes ? (BOURDALOUE.)

Par l'incompatibilité, par les contraires.
(Voir page 85.)

L'Agneau dit au Loup :

 .... Que Votre Majesté
 Ne se mette pas en colère;
 Mais plutôt qu'elle considère
 Que je vais me désaltérant

Dans le courant,
Plus de vingt pas au-dessous d'elle,
Et que, par conséquent, en aucune façon
Je ne puis troubler sa boisson.

(LA FONTAINE.)

Si un homme fait outrage aux autels, à la sainteté du lien conjugal, à la décence, à la probité, et puis vient crier : Patrie! patrie! ne le croyez pas; c'est un hypocrite de patriotisme et un mauvais citoyen. Il n'y a de bon patriote que l'honnête homme. (SILVIO PELLICO.)

Par les circonstances.

(Voir page 85.)

Supposons, par exemple, qu'il s'agisse d'un meurtre : on peut le prouver par les témoignages de haine et les menaces de vengeance qui l'ont précédé, par le caractère de l'accusé, homme féroce et violent; par la considération de l'action en elle-même, conforme à son caractère; par les facilités qu'il a eues pour l'exécution; par les motifs qui l'y ont porté; par les circonstances de temps et de lieu qui lui ont été favorables; enfin par les avantages qu'il en espérait. Pour procéder avec méthode, on peut considérer d'abord les circonstances qui ont précédé le fait, ensuite celles qui l'ont accompagné, enfin celles qui l'ont suivi. Ainsi, en accusant le meurtrier, on dira, en se servant :

1°. De ce qui précède : « Vous aviez menacé votre ennemi, vous êtes sorti pendant la nuit, vous avez pris les devants pour l'attendre sur le chemin. »

2°. De ce qui accompagne : « On a entendu du bruit, des clameurs. »

3°. De ce qui suit : « Vous avez pris la fuite, vous vous êtes tenu caché, etc. »

LES COMBATS SUR MER.

Si jamais l'homme eut occasion de développer cet instinct de courage que lui donna la nature, c'est dans les combats qui se livrent sur mer. Les batailles de terre présentent, à la vérité, un spectacle terrible; mais du moins le sol qui porte les combattants ne menace point de s'entr'ouvrir sous leurs pas; l'air qui les environne n'est pas leur ennemi, et les laisse diriger leurs mouvements à leur gré; la terre entière leur est ouverte pour échapper au danger. Dans les combats de mer, tout conspire à augmenter les périls, à diminuer les ressources. L'eau n'offre que des abîmes, dont la surface, balancée par d'éternelles secousses, est toujours prête à s'ouvrir. L'air, agité par les vents, produit des orages, trompe les efforts de l'homme, et le précipite au-devant de la mort qu'il veut éviter. Le feu déploie sur les eaux son activité terrible, entr'ouvre les vaisseaux, et réunit la double horreur d'un naufrage et d'un embrasement. La terre, ou reculée à une grande distance refuse son asile; ou, si elle est près, sa proximité même est dangereuse, et le refuge est souvent un écueil. L'homme, isolé et séparé du monde entier, est resserré dans une prison étroite d'où il ne peut sortir, tandis que la mort y entre de toutes parts. Mais, parmi ces horreurs, il trouve quelque chose de plus terrible pour lui : c'est l'homme son semblable qui, armé de fer, et mêlant l'art à la fureur, l'approche, le joint, le combat, lutte contre lui sur ce vaste tombeau, et unit les efforts de sa rage à celle de l'eau, des vents et du feu. (THOMAS.)

Par l'argument personnel.

(Voir page 86.)

LA DURETÉ ENVERS LES INDIGENTS.

On accompagne souvent la miséricorde de tant de dureté envers les malheureux; en leur tendant une main secourable, on leur montre un visage si dur et si sévère, qu'un simple refus eût été moins accablant pour eux qu'une charité si sèche et si farouche, car la pitié qui paraît touchée de leurs maux, les console presque autant que la libéralité qui les soulage. On leur reproche leur force, leur paresse, leurs mœurs errantes et vagabondes;

on s'en prend à eux de leur indigence et de leur misère, et, en les secourant, on achète le droit de les insulter.

Mais s'il était permis à ce malheureux que vous outragez de vous répondre; si l'abjection de son état n'avait pas mis le frein de la honte et du respect sur sa langue : « Que me reprochez-vous ? vous dirait-il ; une vie oiseuse et des mœurs inutiles et errantes? Mais quels sont les soins qui vous occupent dans votre opulence? Les soucis de l'ambition, les inquiétudes de la fortune, les mouvements de la vanité. Je puis être un serviteur inutile : n'êtes-vous pas vous-même un serviteur infidèle ? Ah ! si les plus coupables étaient les plus pauvres et les plus malheureux ici-bas, votre destinée aurait-elle quelque chose au-dessus de la mienne ? Vous me reprochez des forces dont je ne me sers pas; mais quel usage faites-vous des vôtres? Je ne devrais pas manger, parce que je ne travaille point; mais êtes-vous dispensé vous-même de cette loi ? N'êtes-vous riche que pour vivre dans une indigne mollesse ? Ah ! Dieu jugera entre vous et moi; et, devant son tribunal redoutable, on verra si vos voluptés et vos profusions vous étaient plus permises que l'innocent artifice dont je me sers pour trouver du soulagement à mes peines. » (POULLE.)

Voyez, plus loin (p. 319), dans le discours de Burrhus à Néron, un bel exemple d'argument personnel :

Un jour, il m'en souvient, etc.

V.

TRAVAIL DE LA COMPOSITION.

Transition.

(Voir page 89.)

Dans son discours sur la *fermeté*, d'Aguesseau dit que le juge doit résister aux séductions du plaisir, aux sollicitations de ses amis et aux prières de sa famille. Voici comment il passe du premier de ces objets au second :

Vous qui fuyez sans déshonneur des ennemis qu'on ne combat que par la fuite, vous ne serez pas même encore sans péril : *il est un autre genre d'ennemis que vous ne fuirez point*, et que vous ne devez point fuir, et que vous trouverez souvent dans vos amis mêmes.

Et il passe ainsi du second objet au troisième :

Le sacrifice de l'amitié immolée à la justice aurait bientôt décidé la question et résolu le problème; mais que ce sacrifice coûte à une âme commune! *et cependant il est encore des victimes plus chères, que la justice exige de la fermeté du magistrat : c'est peu de cesser d'être ami, il faudra souvent qu'il cesse d'être père;* et que, comme si les liens de la nature étaient rompus, il ait le courage de dire à sa famille : Je ne vous connais point, je ne suis point à vous, je suis à la justice. (D'Aguesseau.)

Révision.

(Voir page 99.)

Loin de se laisser éblouir par l'heureux succès d'une éloquence subite, il reprend toujours avec une nouvelle ardeur le pénible travail de la composition. C'est là qu'il pèse scrupuleusement jusqu'aux moindres expressions, dans la balance exacte d'une sévère critique ; c'est là qu'il ose retrancher tout ce qui ne présente pas à l'esprit une image vive et lumineuse ; qu'il développe tout ce qui peut paraître obscur ou équivoque à un auditeur médiocrement attentif ; qu'il joint les grâces et les ornements à la clarté et à la pureté du discours ; qu'en évitant la négligence, il ne fuit pas moins l'écueil également dangereux de l'affectation, et que, prenant en main une lime savante, il ajoute autant de force à son discours qu'il en retranche de paroles inutiles, imitant l'adresse de ces habiles sculpteurs qui, travaillant sur les matières les plus précieuses, en augmentent le prix à mesure qu'ils les diminuent, et ne forment les chefs-d'œuvre les plus parfaits de leur art que par le simple retranchement d'une riche superfluité. (D'AGUESSEAU.)

VI.

DESCRIPTIONS, RÉCITS, DIALOGUES, LETTRES.

§ I.

PORTRAITS. — PARALLÈLE. — TABLEAU. — DESCRIPTION.

Portraits.

(Voir page 110.)

CROMWELL.

Un homme s'èst rencontré d'une profondeur d'esprit incroyable, hypocrite raffiné autant qu'habile politique, capable de tout entreprendre et de tout cacher, également actif et infatigable dans la paix et dans la guerre, qui ne laissait rien à la fortune de ce qu'il pouvait lui ôter par conseil et par prévoyance; mais, au reste, si vigilant et si prêt à tout, qu'il n'a jamais manqué les occasions qu'elle lui a présentées; enfin, un de ces esprits remuants et audacieux qui semblent être nés pour changer le monde. Que le sort de tels esprits est hasardeux, et qu'il en paraît dans l'histoire à qui leur audace a été funeste! Mais aussi que ne font-ils pas, quand il plaît à Dieu de s'en servir! Il fut donné à celui-ci de tromper les peuples et de prévaloir contre les rois. (BOSSUET.)

Un autre écrivain aurait pu dire : « Cromwell était un de ces prodiges de scélératesse qui apparaissent de temps en temps dans l'univers comme d'effrayants phénomènes, etc. » Il aurait bien dit, mais comme tout le monde peut bien dire. Bossuet dit tout cela d'un seul mot : *Un homme s'est rencontré;* et de plus il dit mieux, parce qu'il fait entendre avec ce seul mot ce qu'il y a de plus extraordinaire, et qu'il y monte l'imagination. Voilà ce que j'appelle la langue de Bossuet. (LA HARPE.)

L'ÉGOÏSTE.

Gnathon ne vit que pour soi, et tous les autres hommes ensemble sont à son égard comme s'ils n'étaient point. Non content de remplir à une table la première place, il occupe lui seul celle de deux autres; il oublie que le repas est pour lui et pour toute la compagnie; il se rend maître du plat, et fait son propre de chaque service : il ne s'attache à aucun des mets qu'il n'ait achevé d'essayer de tous, il voudrait pouvoir les savourer tous tout à la fois. Il se fait, quelque part où il se trouve[1], une manière[2] d'établissement, et ne souffre pas d'être plus pressé au sermon ou au théâtre que dans sa chambre. Il n'y a dans un carrosse que les places du fond qui lui conviennent; dans toute autre, si on veut l'en croire, il pâlit et tombe en faiblesse. S'il fait un voyage avec plusieurs, il les prévient dans les hôtelleries, et il sait toujours se conserver dans la meilleure chambre, le meilleur lit : il tourne tout à son usage; ses valets, ceux d'autrui, courent dans le même temps pour son service : tout ce qu'il trouve sous sa main lui est propre, hardes, équipages : il embarrasse tout le monde, ne se contraint pour personne, ne plaint personne, ne connaît de maux que les siens, que sa réplétion et sa bile; ne pleure point la mort des autres, n'appréhende que la sienne, qu'il rachèterait[3] volontiers de l'extinction du genre humain. (LABRUYÈRE.)

LE CHEVAL.

La plus noble conquête que l'homme ait jamais faite est celle de ce fier et fougueux animal, qui partage avec lui les fatigues de la guerre et la gloire des combats; aussi intrépide que son maître, le cheval voit le péril et l'affronte; il se fait au bruit des armes, il l'aime, il le cher-

---

1. En quelque lieu qu'il se trouve.
2. Une sorte.
3. Pour racheter laquelle il sacrifierait volontiers le, etc.

che, et s'anime de la même ardeur. Il partage aussi ses plaisirs : à la chasse, aux tournois, à la course, il brille, il étincelle. Mais, docile autant que courageux, il ne se laisse pas emporter à son feu; il sait réprimer ses mouvements. Non-seulement il fléchit sous la main de celui qui le guide, mais il semble consulter ses désirs; et, obéissant toujours aux impressions qu'il en reçoit, il se précipite, se modère ou s'arrête, et n'agit que pour y satisfaire. C'est une créature qui renonce à son être pour n'exister que par la volonté d'un autre; qui sait même la prévenir; qui, par la promptitude et la précision de ses mouvements, l'exprime et l'exécute; qui sent autant qu'on le désire, et ne rend qu'autant qu'on veut; qui, se livrant sans réserve, ne se refuse à rien, sert de toutes ses forces, s'excède, et même meurt pour mieux obéir. (BUFFON.)

L'OISEAU-MOUCHE.

De tous les êtres animés, voici le plus élégant pour la forme et le plus brillant pour les couleurs. Les pierres et les métaux polis par notre art ne sont pas comparables à ce bijou de la nature : elle l'a placé dans l'ordre des oiseaux au dernier degré de l'échelle de grandeur. Son chef-d'œuvre est le petit oiseau-mouche; elle l'a comblé de tous les dons qu'elle n'a fait que partager aux autres oiseaux : légèreté, rapidité, prestesse, grâce et riche parure, tout appartient à ce petit favori. L'émeraude, le rubis, la topaze, brillent sur ses habits; il ne les souille jamais de la poussière de la terre; et dans sa vie, tout aérienne, on le voit à peine toucher le gazon par instants : il est toujours en l'air, volant de fleurs en fleurs; il a leur fraîcheur, comme il a leur éclat, il vit de leur nectar, et n'habite que les climats où sans cesse elles se renouvellent.

C'est dans les contrées les plus chaudes du nouveau monde que se trouvent toutes les espèces d'oiseaux-mouches; elles sont assez nombreuses, et paraissent confinées entre les deux tropiques : car ceux qui s'avancent en été dans les zones tempérées n'y font qu'un court séjour ; ils semblent suivre le soleil, s'avancer, se retirer avec lui, et voler sur l'aile des zéphyrs à la suite d'un printemps éternel.

Les Indiens, frappés de l'éclat et du feu que rendent les couleurs de ces brillants oiseaux, leur avaient donné les noms de rayons ou cheveux du soleil. Pour le volume, les petites espèces de ces oiseaux sont au-dessous de la grande mouche asile (taon) pour la grandeur, et du bourdon pour la grosseur. Leur bec est une aiguille fine, et leur langue un fil délié ; leurs petits yeux noirs ne paraissent que deux points brillants; les plumes de leurs ailes sont si délicates qu'elles en paraissent transparentes. A peine aperçoit-on leurs pieds, tant ils sont courts et menus ; ils en font peu d'usage, et ils ne se posent que pour passer la nuit, et se laissent, pendant le jour, emporter dans les airs ; leur vol est continu, bourdonnant et rapide ; on compare le bruit de leurs ailes à celui d'un rouet. Leur battement est si vif, que l'oiseau, s'arrêtant dans les airs, paraît non-seulement immobile, mais tout à fait sans action. On le voit s'arrêter ainsi quelques instants devant une fleur, et partir comme un trait pour aller à une autre ; il les visite toutes, plongeant sa petite langue dans leur sein, les flattant de ses ailes sans jamais s'y fixer, mais aussi sans les quitter jamais. Il ne presse ses inconstances que pour mieux suivre ses amours et multiplier ses jouissances innocentes, car cet amant léger des fleurs vit à leurs dépens sans les flétrir ; il ne fait que pomper leur miel, et c'est à cet usage que sa langue paraît uniquement destinée : elle est composée de deux fibres creuses, formant un petit canal divisé au bout par deux filets; elle a la forme d'une trompe, dont elle fait les fonctions : l'oiseau la darde hors de son bec, et la plonge jusqu'au fond du calice des fleurs pour en tirer les sucs.

II.

Rien n'égale la vivacité de ces petits oiseaux, si ce n'est leur courage, ou plutôt leur audace. On les voit poursuivre avec furie des oiseaux vingt fois plus gros qu'eux, s'attacher à leur corps, et, se laissant emporter par leur vol, les becqueter à coups redoublés jusqu'à ce qu'ils aient assouvi leur petite colère. Quelquefois même ils se livrent entre eux de très-vifs combats; l'impatience paraît être leur âme; s'ils s'approchent d'une fleur et qu'ils la trouvent fanée, ils lui arrachent les pétales avec une précipitation qui marque leur dépit. Ils n'ont d'autre voix qu'un petit cri fréquent et répété; ils le font entendre dans les bois dès l'aurore, jusqu'à ce qu'aux premiers rayons du soleil tous prennent l'essor et se dispersent dans les campagnes. (BUFFON.)

L'ÉCUREUIL.

L'écureuil est un joli petit animal qui n'est qu'à demi sauvage, et qui, par sa gentillesse, par sa docilité, par l'innocence de ses mœurs, mériterait d'être épargné; il n'est ni carnassier, ni nuisible, quoiqu'il saisisse quelquefois des oiseaux; sa nourriture ordinaire sont des fruits, des amandes, des noisettes, de la faîne et du gland; il est propre, leste, vif, très-alerte, très-éveillé, très-industrieux; il a les yeux pleins de feu, la physionomie fine, le corps nerveux, les membres très-dispos; sa jolie figure est encore rehaussée par une belle queue en forme de panache, qu'il relève jusque par-dessus sa tête, et sous laquelle il se met à l'ombre. Il est, pour ainsi dire, moins quadrupède que les autres; il se tient ordinairement assis presque debout, et se sert de ses pieds de devant comme d'une main pour porter à sa bouche; au lieu de se cacher sous terre, il est toujours en l'air; il approche des oiseaux par sa légèreté; il demeure comme eux sur la cime des arbres, parcourt les forêts en sautant de l'un à l'autre, y fait son nid, cueille les graines, boit la rosée, et ne descend à terre que quand les arbres sont agités par la violence des vents. On ne le trouve point dans les champs, dans les lieux découverts, dans les pays de plaine; il n'approche jamais des habitations, il ne reste point dans les taillis, mais dans les bois de hauteur, sur les vieux arbres des plus belles futaies. Il craint l'eau plus que la terre, et l'on assure que, lorsqu'il faut la passer, il se sert d'une écorce pour vaisseau et de sa queue pour voile et pour gouvernail. Il ne s'engourdit pas comme le loir pendant l'hiver; il est en tout temps très-éveillé; et pour peu qu'on touche au pied de l'arbre sur lequel il repose, il sort de sa petite bauge, fuit sur un autre, ou se cache à l'abri d'une branche. Il ramasse des noisettes pendant l'été, en remplit les trous, les fentes d'un vieux arbre, et a recours en hiver à sa provision; il les cherche aussi sous la neige, qu'il détourne en grattant; il a la voix éclatante et plus perçante encore que celle de la fouine; il a de plus un murmure à bouche fermée, un petit grognement de mécontentement qu'il fait entendre toutes les fois qu'on l'irrite. Il est trop léger pour marcher, il va ordinairement par petits sauts, et quelquefois par bonds; il a les ongles si pointus et les mouvements si prompts, qu'il grimpe en un instant sur un hêtre dont l'écorce est fort lisse. (BUFFON.)

Parallèle.

(Voir pages 26 et 110.)

LE SERIN ET LE ROSSIGNOL.

Si le rossignol est le chantre des bois, le serin est le musicien de la chambre; le premier tient tout de la nature; le second participe à nos arts. Avec moins de force d'organe, moins d'étendue dans la voix, moins de variété dans les sons, le serin a plus d'oreille, plus de facilité d'imitation, plus de mémoire; et comme la différence du caractère, surtout dans ces animaux, tient de très-près à celle qui se trouve entre leurs sens, le serin, dont l'ouïe est plus attentive, plus susceptible de recevoir et de conserver les impressions étrangères, devient aussi plus sociable; plus doux, plus familier, il est capable de reconnaissance et même d'attachement; ses caresses sont aimables, ses petits dépits innocents, et sa colère ne blesse ni n'offense. Ses habitudes naturelles le rapprochent encore de nous; il se nourrit de graines comme nos autres oiseaux domestiques; on l'élève plus aisément que le rossignol, qui ne vit que de chair ou d'insectes, et qu'on ne peut nourrir que de mets préparés. Son éducation plus facile est aussi plus heureuse : on l'élève avec plaisir, parce qu'on l'instruit avec succès; il quitte la mélodie de son chant naturel pour se prêter à l'harmonie de nos voix et de nos instruments : il applaudit, il accompagne, et nous rend au delà de ce qu'on peut lui donner.

Le rossignol, plus fier de son talent, semble vouloir le conserver dans toute sa pureté; au moins paraît-il faire assez peu de cas des nôtres : ce n'est qu'avec peine qu'on lui apprend à répéter quelques-unes de nos chansons. Le serin peut parler et siffler; le rossignol méprise la parole autant que le sifflet, et revient sans cesse à son brillant ramage. Son gosier, toujours nouveau, est un chef-d'œuvre de la nature, auquel l'art humain ne peut rien changer ni ajouter; celui du serin est un modèle de grâces, d'une trempe moins ferme, que nous pouvons modifier. L'un a donc bien plus de part que l'autre aux agréments de la société; le serin chante en tout temps, il nous récrée dans les jours les plus sombres; il contribue même à notre bonheur, car il fait l'amusement de toutes les jeunes personnes, les délices des recluses. (BUFFON.)

Tableau.

(Voir pages 109 et suivantes.)

LEVER DU SOLEIL.

On le voit s'annoncer de loin par les traits de feu qu'il

lance devant lui. L'incendie augmente, l'orient paraît tout en flammes : à leur éclat, on attend l'astre longtemps avant qu'il se montre ; à chaque instant on croit le voir paraître : on le voit enfin. Un point brillant part comme un éclair et remplit aussitôt tout l'espace ; le voile des ténèbres s'efface et tombe ; l'homme reconnaît son séjour, et le trouve embelli. La verdure a pris, durant la nuit, une vigueur nouvelle ; le jour naissant qui l'éclaire, les premiers rayons qui la dorent, la montrent couverte d'un brillant réseau de rosée, qui réfléchit à l'œil la lumière et les couleurs. Les oiseaux en chœur se réunissent et saluent de concert le père de la vie : en ce moment pas un seul ne se tait. Leur gazouillement, faible encore, est plus lent et plus doux que dans le reste de la journée : il se sent de la langueur d'un paisible réveil. Le concours de tous ces objets porte aux sens une impression de fraîcheur qui semble pénétrer jusqu'à l'âme. Il y a là une demi-heure d'enchantement auquel nul homme ne résiste : un spectacle si grand, si beau, si délicieux, n'en laisse aucun de sang-froid. (J.-J. Rousseau.)

LES BOIS AU DÉCLIN DE L'AUTOMNE.

Remarquez-les[1], surtout lorsque le pâle automne[2],
Près de la voir flétrie, embellit sa couronne :
Que de variété! que de pompe et d'éclat !
Le pourpre, l'orangé, l'opale, l'incarnat,
De leurs riches couleurs étalent l'abondance.
Hélas ! tout cet éclat marque leur décadence.
Tel est le sort commun : bientôt les aquilons
Des dépouilles des bois vont joncher les vallons ;
De moment en moment la feuille sur la terre,
En tombant, interrompt le rêveur solitaire.
Mais ces ruines même ont pour moi des attraits.
Là, si mon cœur nourrit quelques profonds regrets,

1. Les bois.   2. Personnification.

Si quelque souvenir vient rouvrir ma blessure,
J'aime à mêler mon deuil au deuil de la nature.
De ces bois desséchés, de ces rameaux flétris,
Seul, errant, je me plais à fouler les débris.
Ils sont passés les jours d'ivresse et de folie :
Viens, je me livre à toi, tendre mélancolie [1];
Viens, non le front chargé des nuages affreux
Dont marche enveloppé le chagrin ténébreux,
Mais l'œil demi-voilé, mais telle qu'en automne
A travers des vapeurs un jour plus doux rayonne;
Viens, le regard pensif, le front calme, et les yeux
Tout prêts à s'humecter de pleurs délicieux.

(DELILLE, les Jardins.)

JÉRUSALEM.

Au centre d'une chaîne de montagnes se trouve un bassin aride, fermé de toutes parts par des sommets jaunes et rocailleux ; ces sommets ne s'entr'ouvrent qu'au levant, pour laisser voir le gouffre de la mer Morte et les montagnes lointaines de l'Arabie. Au milieu de ce paysage de pierres, sur un terrain inégal et penchant, dans l'enceinte d'un mur jadis ébranlé par les coups du bélier, et fortifié par des tours qui tombent, on aperçoit de vastes débris ; des cyprès épars, des buissons d'aloès et de nopals, quelques masures arabes, pareilles à des sépulcres blanchis, recouvrent cet amas de ruines : c'est la triste Jérusalem.

Au premier aspect de cette région désolée, un grand ennui saisit le cœur; mais lorsque, passant de solitude en solitude, l'espace s'étend sans bornes devant nous, peu à peu l'ennui se dissipe; le voyageur éprouve une terreur secrète qui, loin d'abaisser l'âme, donne du courage et élève le génie. Des aspects extraordinaires décèlent de toutes parts une terre travaillée par des miracles. Le so-

---

1. Personnification. Voir relativement à la personnification la page 38.

leil brûlant, l'aigle impétueux, l'humble hysope, le cèdre superbe, le figuier stérile, toute la poésie, tous les tableaux de l'Écriture sont là ; chaque nom renferme un mystère, chaque grotte déclare l'avenir, chaque sommet retentit des accents d'un prophète. Dieu même a parlé sur ces bords : les torrents desséchés, les rochers fendus, les tombeaux entr'ouverts attestent le prodige ; le désert paraît encore muet de terreur, et l'on dirait qu'il n'a osé rompre le silence depuis qu'il a entendu la voix de l'Éternel. (CHATEAUBRIAND, *Itinéraire*.)

Description.

L'OURAGAN DES ANTILLES.

L'ouragan est un vent furieux, le plus souvent accompagné de pluies, d'éclairs, de tonnerre, quelquefois de tremblements de terre, et toujours des circonstances les plus terribles, les plus destructives que les vents puissent rassembler. Tout à coup, au jour vif et brillant de la zone torride, succède une nuit universelle et profonde ; à la parure d'un printemps éternel, la nudité des plus tristes hivers. Des arbres aussi anciens que le monde sont déracinés, ou leurs débris dispersés ; les plus solides édifices n'offrent en un moment que des décombres. Où l'œil se plaisait à regarder des coteaux riches et verdoyants, on ne voit plus que des plantations bouleversées et des cavernes hideuses. Des malheureux, dépouillés de tout, pleurent sur des cadavres, ou cherchent leurs parents sous des ruines. Le bruit des eaux, des bois, de la foudre et des vents, qui tombent et se brisent contre les rochers ébranlés et fracassés, les cris et les hurlements des hommes et des animaux, pêle-mêle emportés dans un tourbillon de sable, de pierres et de débris, tout semble annoncer les dernières convulsions et l'agonie de la nature. (RAYNAL.)

LA GROTTE DE CALYPSO ET SES ALENTOURS.

Cette grotte était taillée dans le roc, en voûte pleine de rocailles et de coquilles ; elle était tapissée d'une jeune vigne qui étendait ses branches souples également de tous côtés. Les doux zéphyrs conservaient en ce lieu, malgré les ardeurs du soleil, une délicieuse fraîcheur : des fontaines, coulant avec un doux murmure sur des prés semés d'amarantes et de violettes, formaient en divers lieux des bains aussi purs et aussi clairs que le cristal ; mille fleurs naissantes émaillaient les tapis verts dont la grotte était environnée. Là on trouvait un bois de ces arbres touffus qui portent des pommes d'or, et dont la fleur, qui se renouvelle dans toutes les saisons, répand le plus doux de tous les parfums. Ce bois semblait couronner ces belles prairies, et formait une nuit que les rayons du soleil ne pouvaient percer. Là on n'entendait jamais que le chant des oiseaux, ou le bruit d'un ruisseau qui, se précipitant du haut d'un rocher, tombait à gros bouillons pleins d'écume, et s'enfuyait au travers de la prairie.

La grotte était sur le penchant d'une colline. De là on découvrait la mer, quelquefois claire et unie comme une glace, quelqufois follement irritée contre les rochers, où elle se brisait en gémissant, et élevant ses vagues comme des montagnes. D'un autre côté, on voyait une rivière où se formaient des îles bordées de tilleuls fleuris et de hauts peupliers, qui portaient leurs têtes superbes jusque dans les nues. Les divers canaux qui formaient ces îles semblaient se jouer dans la campagne : les uns roulaient leurs eaux claires avec rapidité ; d'autres avaient une eau paisible et dormante ; d'autres, par de longs détours, revenaient sur leurs pas, comme pour remonter vers leur source, et semblaient ne pouvoir quitter ces bords enchantés. On apercevait de loin des collines et des montagnes qui se perdaient dans les nues, et dont la figure [bizarre formait un horizon à souhait pour le plaisir des yeux. Les montagnes voisines étaient couvertes de pampre vert qui pendait en festons : le raisin, plus éclatant que la pourpre, ne pouvait se cacher sous les feuilles, et la vigne était accablée sous son fruit. Le figuier, l'olivier, le grenadier et tous les autres arbres couvraient la campagne, et en faisaient un grand jardin. (FÉNELON, *Télémaque*, liv. i.)

UNE TEMPÊTE DANS LES MERS DE L'INDE.

On verra par cet exemple que la description se confond quelquefois avec la narration.

Quand nous eûmes doublé le cap de Bonne-Espérance, et que nous vîmes l'entrée du canal de Mozambique, le 23 de juin, vers le solstice d'été, nous fûmes assaillis par un vent épouvantable du sud. Le ciel était serein ; on n'y voyait que quelques petits nuages cuivrés, semblables à des vapeurs rousses, qui le traversaient avec plus de vitesse que celle des oiseaux. Mais la mer était sillonnée par cinq ou six vagues longues et élevées semblables à des chaînes de collines espacées entre elles par de larges et profondes vallées. Chacune de ces collines aquatiques était à deux ou trois étages. Le vent détachait de leurs sommets anguleux une espèce de crinière d'écume, où se peignaient çà et là les couleurs de l'arc-en-ciel. Il en emportait aussi des tourbillons d'une poussière blanche qui se répandait au loin dans leurs vallons, comme celle qu'il élève sur les grands chemins en été. Ce qu'il y avait de plus redoutable, c'est que quelques sommets de ces collines, poussés en avant de leurs bases par la violence du vent, se déferlaient en énormes voûtes, qui se roulaient sur elles-mêmes en mugissant et en écumant, et eussent englouti le plus grand vaisseau s'il se fût trouvé sous leurs ruines. L'état de notre vaisseau concourait avec celui de la mer à rendre notre situation affreuse.

Notre grand mât avait été brisé la nuit par la foudre, et le mât de misaine, notre unique voile, avait été emporté le matin par le vent. Le vaisseau, incapable de gouverner, voguait en travers, jouet du vent et des lames. J'étais sur le gaillard d'arrière, me tenant accroché aux haubans du mât d'artimon, tâchant de me familiariser avec ce terrible spectacle. Quand une de ces montagnes approchait de nous, j'en voyais le sommet à la hauteur de nos huniers, c'est-à-dire à plus de cinquante pieds au-dessus de ma tête. Mais la base de cette effroyable digue venant à passer sous notre vaisseau, elle le faisait tellement pencher, que ses grandes vergues trempaient à moitié dans la mer, qui mouillait le pied de ses mâts, de sorte qu'il était au moment de chavirer. Quand il se trouvait sur sa crête, il se redressait et se renversait tout à coup en sens contraire sur sa pente opposée avec non moins de danger, tandis qu'elle s'écoulait de dessous lui avec la rapidité d'une écluse, en large nappe d'écume.

Il était alors impossible de recevoir quelque consolation d'un ami, ou de lui en donner ; le vent était si violent qu'on ne pouvait entendre les paroles même qu'on se disait en criant à l'oreille à tue-tête. L'air emportait la voix, et ne permettait d'ouïr que le sifflement aigu des vergues et des cordages, et les bruits rauques des flots, semblables aux hurlements des bêtes féroces. Nous restâmes ainsi entre la vie et la mort depuis le lever du soleil jusqu'à trois heures après midi. (BERNARDIN DE SAINT-PIERRE.)

LES DÉSERTS DE L'ARABIE PÉTRÉE.

On verra par cet exemple comment on anime la description des lieux en y plaçant l'homme.

Qu'on se figure un pays sans verdure et sans eau, un soleil brûlant, un ciel toujours sec, des plaines sablonneuses, des montagnes encore plus arides, sur lesquelles l'œil s'étend et le regard se perd, sans pouvoir s'arrêter sur aucun objet vivant, une terre morte et, pour ainsi dire, écorchée par les vents, laquelle ne présente que des ossements, des cailloux jonchés, des rochers debout ou renversés, un désert entièrement découvert où le voyageur n'a jamais respiré sous l'ombrage, où rien ne l'accompagne, rien ne lui rappelle la nature vivante : solitude absolue, mille fois plus affreuse que celle des forêts ; car les arbres sont encore des êtres pour l'homme qui se voit seul ; plus isolé, plus dénué, plus perdu dans ces lieux vides et sans bornes, il voit partout l'espace comme son tombeau ; la lumière du jour, plus triste que l'ombre de la nuit, ne renaît que pour éclairer sa nudité, son impuissance, et pour lui présenter l'horreur de sa situation, en reculant à ses yeux les barrières du vide, en étendant autour de lui l'abîme de l'immensité qui le sépare de la terre habitée ; immensité qu'il tenterait en vain de parcourir : car la faim, la soif et la chaleur brûlante pressent tous les instants qui lui restent entre le désespoir et la mort. (BUFFON.)

---

§ II.

DIVERS GENRES DE NARRATION ; NARRATION HISTORIQUE ; NARRATION ORATOIRE ; RÉCIT MIXTE OU NARRATION POÉTIQUE. — TON ET STYLE CONVENABLES A LA NARRATION. — QUALITÉS DE LA NARRATION. — FORME DE LA NARRATION.

Divers genres de narration ; narration historique ; narration oratoire ; récit mixte ou narration poétique.

(Voir pages 113 et suivantes.)

BATAILLE DE ROCROY.

Les deux morceaux que nous allons citer feront sentir la différence qui doit exister entre la narration historique et la narration oratoire. Tous deux offrent le récit de la bataille de Rocroy : dans le premier, cette bataille est racontée par un historien ; dans le second, par un orateur. Le premier est extrait de l'*Histoire du siècle de Louis XIV* par Voltaire ; le second, de l'*Oraison funèbre du grand Condé* par Bossuet.

Récit historique.

19 mai 1643.

Les troupes espagnoles, au nombre de vingt-six mille hommes, sous la conduite d'un vieux général expérimenté, nommé don Francisco de Mello, vinrent ravager les frontières de la Champagne. Ils attaquèrent Rocroy [1], et ils crurent pénétrer bientôt jusqu'aux portes de Paris, comme ils avaient fait huit ans auparavant. La mort de Louis XIII, la faiblesse d'une minorité, relevaient leurs espérances ; et quand ils virent qu'on ne leur opposait qu'une armée inférieure en nombre, commandée par un jeune homme de vingt et un ans, leur espérance se changea en sécurité.

Ce jeune homme sans expérience, qu'ils méprisaient, était Louis de Bourbon, alors duc d'Enghien, connu depuis sous le nom du grand Condé. La plupart des grands capitaines sont devenus tels par degrés. Ce prince était né général ; l'art de la guerre semblait en lui un instinct naturel : il n'y avait en Europe que lui et le Suédois Torstenson qui eussent à vingt ans ce génie qui peut se passer de l'expérience.

Le duc d'Enghien avait reçu, avec la nouvelle de la mort de Louis XIII, l'ordre de ne point hasarder de bataille. Le maréchal de l'Hôpital, qui lui avait été donné pour le conseiller et pour le conduire, secondait par sa circonspection ces ordres timides. Le prince ne crut ni le maréchal ni la cour ; il ne confia son secret qu'à Gassion, maréchal de camp, digne d'être consulté par lui ; ils forcèrent le maréchal à trouver la bataille nécessaire.

On remarque que le prince, ayant tout réglé le soir, veille de la bataille, s'endormit si profondément, qu'il fal-

---

1. Aujourd'hui chef-lieu d'arrondissement du département des Ardennes.

lut le réveiller pour combattre. On conte la même chose d'Alexandre. Il est naturel qu'un jeune homme, épuisé des fatigues que demande l'arrangement d'un si grand jour, tombe ensuite dans un sommeil plein; il l'est aussi qu'un génie fait pour la guerre, agissant sans inquiétude, laisse au corps assez de calme pour dormir. Le prince gagna la bataille par lui-même, par un coup d'œil qui voyait à la fois le danger et la ressource, par son activité exempte de trouble, qui le portait à propos à tous les endroits. Ce fut lui qui, avec de la cavalerie, attaqua cette infanterie espagnole jusque-là invincible, aussi forte, aussi serrée que la phalange [1] ancienne si estimée, et qui s'ouvrait avec une agilité que la phalange n'avait pas, pour laisser partir la décharge de dix-huit canons qu'elle renfermait au milieu d'elle. Le prince l'entoura et l'attaqua trois fois. A peine victorieux, il arrêta le carnage. Les officiers espagnols se jetaient à ses genoux pour trouver auprès de lui un asile contre la fureur du soldat vainqueur. Le duc d'Enghien eut autant de soin de les épargner qu'il en avait pris pour les vaincre.

Le vieux comte de Fuentes, qui commandait cette infanterie espagnole, mourut percé de coups. Condé, en l'apprenant, dit « qu'il voudrait être mort comme lui, s'il n'avait pas vaincu. »

Le respect qu'on avait en Europe pour les armées espagnoles se tourna du côté des armées françaises, qui n'avaient point, depuis cent ans, gagné de bataille si célèbre. (VOLTAIRE.)

Récit oratoire.

A l'âge de vingt-deux ans, le duc conçut un dessein où les vieillards expérimentés ne purent atteindre [2]; mais

---

1. Corps d'infanterie macédonienne de 4,096 hommes, puis de 16,384.

2. C'est-à-dire dont les vieillards expérimentés ne comprenaient pas le mérite. Allusion au vieux maréchal de l'Hôpital, qui s'opposait à ce qu'on livrât la bataille. Voir, dans le récit de Voltaire, l'explication de ce fait.

la victoire le justifia devant Rocroy. L'armée ennemie est
plus forte, il est vrai ; elle est composée de ces vieilles
bandes wallones [1], italiennes et espagnoles qu'on n'avait
pu rompre jusqu'alors. Mais pour combien fallait-il compter le courage qu'inspiraient à nos troupes le besoin pressant de l'État, les avantages passés, et un jeune prince
du sang qui portait la victoire dans ses yeux? Don Francisco de Mello l'attend de pied ferme ; et, sans pouvoir
reculer, les deux généraux et les deux armées semblent
avoir voulu se renfermer dans des bois et dans des marais, pour décider leur querelle, comme deux braves, en
champ clos. Alors que ne vit-on pas ? Le jeune prince
parut un autre homme. Touchée d'un si digne objet, sa
grande âme se déclara tout entière ; son courage croissait
avec les périls, et ses lumières avec son ardeur. A la nuit
qu'il fallut passer en présence de l'ennemi, comme un
vigilant capitaine, il reposa le dernier ; mais jamais il ne
reposa plus paisiblement : à la veille d'un si grand jour,
et dès la première bataille, il est tranquille, tant il se
trouve dans son naturel ; et l'on sait que le lendemain, à
l'heure marquée, il fallut réveiller d'un profond sommeil
cet autre Alexandre. Le voyez-vous comme il vole ou à
la victoire ou à la mort ? Aussitôt qu'il eut porté de rang
en rang l'ardeur dont il était animé, on le vit presque en
même temps pousser l'aile droite des ennemis, soutenir
la nôtre ébranlée, rallier le Français à demi vaincu,
mettre en fuite l'Espagnol victorieux, porter partout la
terreur, et étonner de ses regards étincelants ceux qui
échappaient à ses coups. Restait cette redoutable infanterie de l'armée d'Espagne, dont les gros bataillons ser-
rés, semblables à autant de tours, mais à des tours qui
sauraient réparer leurs brèches, demeuraient inébran-
lables au milieu de tout le reste en déroute, et lançaient
des feux de toutes parts. Trois fois le jeune vainqueur

____

1. De la Flandre et du Brabant, qui appartenaient à l'Espagne.

s'efforça de rompre ces intrépides combattants ; trois fois il fut repoussé par le valeureux comte de Fontaines [1], qu'on voyait porté dans sa chaise, et, malgré ses infirmités, montrer qu'une âme guerrière est maîtresse du corps qu'elle anime. Mais enfin il faut céder. C'est en vain qu'à travers des bois, avec sa cavalerie toute fraîche, Beck précipite sa marche pour tomber sur nos soldats épuisés : le prince l'a prévenu ; les bataillons enfoncés demandent quartier. Mais la victoire va devenir plus terrible pour le duc d'Enghien que le combat. Pendant qu'avec un air assuré il s'avance pour recevoir la parole de ces braves gens, ceux-ci, toujours en garde, craignent la surprise de quelque nouvelle attaque : leur effroyable décharge met les nôtres en furie : on ne voit plus que carnage ; le sang enivre le soldat ; jusqu'à ce que ce grand prince, qui ne put voir égorger ces lions comme de timides brebis, calma les courages émus, et joignit au plaisir de vaincre celui de pardonner. Quel fut alors l'étonnement de ces vieilles troupes et de leurs braves officiers, lorsqu'ils virent qu'il n'y avait plus de salut pour eux qu'entre les bras du vainqueur ! De quels yeux regardèrent-ils le jeune prince, dont la victoire avait relevé la haute contenance, à qui la clémence ajoutait de nouvelles grâces ! Qu'il eût encore volontiers sauvé la vie au brave comte de Fontaines ! mais il se trouva par terre, parmi ces milliers de morts dont l'Espagne sent encore la perte. Elle ne savait pas que le prince qui lui fit perdre tant de ses vieux régiments à la journée de Rocroy, en devait achever les restes dans les plaines de Lens. Ainsi la première victoire fut le gage de beaucoup d'autres. Le prince fléchit le genou et, dans le champ de bataille, il rend au Dieu des armées la gloire qu'il lui envoyait. Là, on célébra Rocroy délivré, les menaces d'un redoutable ennemi tournées à sa honte, la régence affermie, la France en

---

1. Le comte de Fuentes, dont le père s'était rendu célèbre par sa haine pour Henri IV.

repos, et un règne qui devait être si beau, commencé par un si heureux présage. (BOSSUET.)

ABDOLONYME.

Nous allons maintenant faire comprendre à nos lecteurs quelle différence existe entre la narration historique et la narration mixte. Le même fait va être raconté, d'abord par un historien, obligé de se conformer à la vérité dans tous les détails, ensuite par un poëte, libre de s'abandonner à son inspiration, pourvu qu'il conserve la vérité du fait principal et qu'il soit fidèle dans la peinture des caractères.

Récit historique.

An 333 avant J.-C.

Alexandre, après avoir vaincu Darius à la bataille d'Issus, s'empara de la Syrie et de la Phénicie, et détrôna le roi de Sidon, Straton, qui était dévoué aux Perses ; il chargea en même temps son lieutenant et son ami Héphestion de donner un nouveau roi aux Sidoniens.

Héphestion offrit la couronne à deux frères chez qui il logeait, et dont les nobles qualités avaient gagné son estime et son affection.

Ces deux jeunes gens répondirent à ses offres par un refus respectueux, mais ferme : « Ils n'appartenaient pas, dirent-ils, à la famille royale, et, d'après les lois et les antiques usages des Sidoniens, la couronne ne pouvait être possédée que par un homme issu du sang de leurs anciens rois. »

Héphestion vit par ce généreux refus qu'il ne s'était pas trompé dans son choix, et que ceux à qui il avait offert la couronne en étaient dignes : il redoubla ses instances, mais vainement. Alors il les pria de désigner, parmi les hommes issus des anciens princes de Sidon, celui qui leur paraissait le plus digne de régner.

Ils répondirent que le plus digne, sans contredit, était un homme déjà âgé, nommé Abdolonyme, qui était réduit à une grande pauvreté, et qui cultivait de ses mains un jardin dans les faubourgs de la ville. Héphestion les chargea de porter à Abdolonyme, de la part d'Alexandre, les insignes de la royauté. Ils partirent accompagnés d'une foule nombreuse qui remplissait l'air de ses acclamations, et, étant entrés dans le jardin, ils y trouvèrent Abdolonyme, qui était occupé à bêcher, ils lui présentèrent le sceptre et la couronne, et le saluèrent roi.

D'abord Abdolonyme croyait rêver. Ensuite, il se figura qu'on voulait se jouer de sa misère, et répondit aux hommages qu'on lui adressait par de sévères reproches. Enfin, voyant que c'était sérieusement qu'on lui offrait le diadème, il l'accepta sans en paraître ébloui. Il se rendit au palais, et, dès les premiers moments de son administration, montra autant de fermeté que de sagesse.

Alexandre voulut voir ce jardinier devenu roi. Quand Abdolonyme se présenta devant lui, le conquérant, frappé de la noblesse et en même temps de la simplicité de son extérieur, le regarda quelque temps en silence. « Comment avez-vous fait, lui dit-il, vous né du sang des rois, pour supporter l'indigence? — Veuille le ciel, répondit Abdolonyme, que je supporte aussi bien le fardeau de la grandeur! Jusqu'ici le travail de mes mains a suffi à l'accomplissement de tous mes désirs. Tant que je n'ai rien eu, rien ne m'a manqué. »

Alexandre, enchanté de cette réponse, combla Abdolonyme de présents, et annexa à son petit royaume plusieurs cantons limitrophes.

Voilà le fait tel qu'il s'est passé, tel, par conséquent, que l'historien a dû le raconter.

Pour faire une narration intéressante, le poëte suit une autre marche. Il ne conserve que le fait principal; quant aux détails, il les supprime ou les modifie.

Ainsi, il ne met en présence que le jardinier et le conquérant : Straton, Héphestion et ses deux jeunes hôtes sont laissés de côté, parce que la multiplicité des personnages nuit à la rapidité et à la netteté du récit, et que l'intérêt excité par eux s'affaiblit en se divisant.

L'offre de la royauté à Abdolonyme et son entrevue avec Alexandre ne forment qu'une seule scène; et, afin qu'elle frappe davantage le lecteur, ce n'est pas dans la tente ou dans le palais du héros qu'elle a lieu, c'est dans le modeste jardin.

Ce jardin, qui ne doit rien à l'art, est cependant pittoresque et digne de servir de cadre à cette grande scène. La pauvreté d'Abdolonyme n'est pas de la misère; elle est allégée par le travail, ennoblie par l'étude, charmée par la contemplation habituelle des plus beaux spectacles que puisse offrir la nature.

Abdolonyme n'est pas seul; il a un fils : l'affection mutuelle du père et de l'enfant anime les tableaux du poëte, et répand sur tout le récit un intérêt plus doux et plus tendre. C'est par une belle et calme soirée, au moment où le père et le fils adressaient leurs vœux au ciel, qu'éclate tout à coup cette grande révolution dans leur destinée.

Cette circonstance et toutes les autres sont heureusement choisies pour intéresser le lecteur; le langage des deux personnages principaux est parfaitement approprié à leur caractère connu, et la couleur locale est partout observée, particulièrement dans la description du jardin.

Récit poétique.

Ces doux soins qui du sage occupent les loisirs,
Quelquefois les rois même ont goûté leurs plaisirs.
C'est toi que j'en atteste, ô vieillard magnanime !
Toi, né du sang royal, modeste Abdolonyme.
Obscur et retiré dans son paisible enclos,
Entre son doux travail et son heureux repos,
Ce vieillard oubliait le sang qui le fit naître.
Nul séjour n'égalait sa demeure champêtre :
D'un côté, c'est Sidon, et son port et ses mers;
De l'autre, du Liban les cèdres toujours verts,
Dont les sommets pompeux, disposés en étage,
Levaient cime sur cime, ombrage sur ombrage.
Au flanc de la montagne, un fertile coteau,
Vêtu d'un vert tapis, s'étendait en plateau,
Et de là deux filets d'une onde cristalline
Tombaient en murmurant au pied de la colline.

Au centre du jardin, vers le soleil naissant,
Un vallon fortuné se courbait en croissant,
Zone délicieuse, en tout temps ignorée
Et du midi brûlant et du fougueux Borée.
Dans le fond les sapins, les cyprès fastueux,
En cercle dessinaient leurs troncs majestueux ;
Mille arbustes divers y versaient sans blessure
Le nard le plus parfait, la myrrhe la plus pure.
Au devant on voyait, déployant son trésor,
Le citron orgueilleux de son écorce d'or,
Et la rouge grenade, et la figue mielleuse,
Et du riche palmier la datte savoureuse.
Autour, quelques rochers du marbre le plus pur,
Veinés d'or et d'argent, et de pourpre et d'azur,
Charmaient plus ses regards dans leurs formes rustiques
Que ceux dont l'art jadis décorait ses portiques.
Sur leurs flancs ondoyaient des arbrisseaux en fleurs,
Différents de parfums, de formes, de couleurs ;
La rose les parait, et sur une onde pure
De vieux saules penchaient leur longue chevelure.
Plus loin, c'est un troupeau qui, content sous ses lois,
Lui peignait l'origine et les devoirs des rois.
« Les premiers souverains furent pasteurs des hommes,
Se disait-il souvent ; mais, dans l'âge où nous sommes,
Quels sages envîraient ces illustres dangers ? »
Il disait ; et, content du sceptre des bergers,
Il soignait tour à tour ses troupeaux et ses plantes.
    Son fils le secondait de ses mains innocentes.
L'un est majestueux encore en son déclin,
Sa barbe en flots d'argent se répand sur son sein ;
Sur son teint vigoureux une mâle vieillesse
N'a point décoloré les fleurs de la jeunesse ;
Sa marche est assurée ; et son auguste front
Du temps et du malheur semble braver l'affront.
Son fils est dans sa fleur ; mais de l'adolescence
Les traits déjà plus mûrs s'éloignent de l'enfance ;

La rose est sur sa joue, et d'un léger coton
Le duvet de la pêche ombrage son menton :
Son air est doux, mais fier; et de sa noble race
Je ne sais quoi de grand conserve encor la trace.
Tous deux, lorsque le soir tempérait les chaleurs,
Au repos de la nuit abandonnant les fleurs,
Quelquefois de l'empire ils lisaient les annales,
Et du peuple et des grands les discordes fatales;
Comment, au bruit confus de mille affreuses voix,
Le crime ensanglanta la demeure des rois,
Et du trône brisé fit tomber leurs ancêtres.
Le vieillard les pleurait; mais sous ses toits champêtres,
Tranquille, il était loin d'envier leur splendeur.
Tel n'était point son fils : un instinct de grandeur
Quelquefois dans son âme éveillait son courage,
Au-dessus de son sort, au-dessus de son âge;
Mais l'exemple d'un père arrêtant son essor,
A son labeur rustique il se plaisait encor.
    Au centre du jardin est un autel champêtre;
Là tous deux des saisons ils adoraient le maître.
Un soir, après avoir fini leurs doux travaux,
Désaltéré leurs fleurs, taillé leurs arbrisseaux,
Au pied de cet autel, couronné de guirlandes,
Tous deux agenouillés présentaient leurs offrandes.
L'air était en repos : les rayons du soleil,
Glissant obliquement de l'occident vermeil,
Peignaient au loin les mers de leur pourpre flottante ;
Les vaisseaux de Sidon dans leur voile ondoyante
A peine recueillaient quelques souffles des vents;
La vague avec lenteur roulait ses plis mouvants;
Enfin tout était calme, et la nature entière
Semblait avec respect écouter leur prière.
Chaque vœu vers le ciel s'élève en liberté;
Par les voûtes d'un temple il n'est point arrêté;
Et les fruits parfumés, les fleurs et la verdure
Formaien de mille odeurs l'encens de la nature.

Le vieillard le premier, au maître des humains
Levait, en suppliant, ses vénérables mains :
Il priait pour ses fruits, pour son fils, pour l'empire ;
Sur ses lèvres errait un auguste sourire :
Son fils l'accompagnait de ses timides vœux ;
Leurs voix en s'unissant s'élevaient vers les cieux :
Soixante ans de vertus recommandent le père ;
L'innocence du fils protége sa prière.
  Voilà que tout à coup résonne aux environs
L'éclatante trompette et le bruit des clairons ;
Une troupe guerrière entoure cette enceinte ;
Le jeune Abdolonyme a tressailli de crainte :
« Mon fils, dit le vieillard, ne t'épouvante pas !
Lorsque l'orgueil armé rassemble ses soldats,
Le riche peut trembler ; mais le pauvre est tranquille. »
Il dit, reste à l'autel, et demeure immobile.
Mais la trompette sonne une seconde fois,
Et l'écho roule au loin prolongé dans les bois :
C'est le vainqueur de Tyr, c'est lui, c'est Alexandre.
Fatigué de marcher sur des palais en cendre,
Effroi du trône, il veut en devenir l'appui,
Et ce caprice auguste est digne encor de lui.
Des portes du jardin les pilastres rustiques
N'offraient point des palais les marbres magnifiques ;
D'un simple bois de chêne ils étaient façonnés ;
Ces lieux d'un vert rempart étaient environnés ;
Les mûriers, les buissons, les blanches aubépines,
Ensemble composaient ces murs tissus d'épines.
Alexandre s'arrête ; et ce triomphateur,
Qui des plus fiers remparts abaissa la hauteur,
Contemple avec respect cette faible barrière ;
Il laisse hors des murs sa cohorte guerrière ;
Il porte dans l'enceinte un pas religieux,
Et craint de profaner le calme de ces lieux.
A peine il les a vus, ses passions s'apaisent,
Son orgueil s'attendrit, ses victoires se taisent ;

Et, sur ce cœur fougueux, sur ce tyran des rois,
La nature un instant a repris tous ses droits.
Il cherche le vieillard, il le voit, il s'approche :
    « Ce lieu me fait, dit-il, un trop juste reproche;
Il me dit que j'ai trop méconnu le bonheur.
A terrasser les rois je mettais mon honneur;
Je vais jouir enfin d'un charme que j'ignore.
Ton sang régna jadis, il doit régner encore.
Viens donc, tout te rappelle au rang de tes aïeux,
Tes vertus et ton peuple, Alexandre et les dieux.
— Ainsi ta main toujours dispose des couronnes;
Aux uns tu les ravis, aux autres tu les donnes,
Répondit le vieillard, et de tes fières lois
Le plus obscur réduit ne peut sauver les rois!
Hé bien! à mes destins je suis prêt à souscrire;
Pour le rendre à mon fils, je reprends mon empire.
Toi, si tu peux des champs goûter encor la paix,
Contemple cet asile, et conçois mes regrets :
Permets donc qu'en ces lieux le sommeil des chaumières,
Pour cette nuit du moins ferme encor mes paupières,
Et qu'en ce doux abri prolongeant mon séjour,
Je dérobe aux grandeurs le reste d'un beau jour;
Demain à mes devoirs je consens à me rendre. »
    Cette noble fierté plaît au cœur d'Alexandre;
Mais, durant leurs adieux, le fils, dans le jardin
Ayant cueilli des fleurs qu'entrelace sa main,
A ces lauriers cruels qu'ensanglanta Bellone[1],
Demande à marier sa modeste couronne.
Le héros lui sourit, et ce front triomphant
Se courbe avec plaisir sous la main d'un enfant;
Il le prend, il l'embrasse, et, fixant[2] son visage,
Dans ses destins futurs aime à voir son ouvrage.
Il part enfin, s'éloigne, et s'arrache à regret
A ce couple innocent qu'il envie en secret;

---

1. *Bellone,* nom de la guerre personnifiée.   2. Regardant fixement.

Il s'éloigne, indigné de sa grandeur cruelle
Qui traîne le ravage et le deuil après elle,
Prend pitié de sa gloire, et sent avec douleur
Qu'il a conquis le monde, et perdu le bonheur.
Mais ce jour le console : il éprouve en lui-même
Ce plaisir pur qui fuit l'orgueil du diadème,
Qu'ignore la victoire; et quitte ces beaux lieux,
Fier d'un plus beau triomphe, et plus grand à ses yeux.
    Le vieillard tout le soir suit sa tâche innocente;
Il va de fleur en fleur, erre de plante en plante,
Se hâte de jouir, et dans le fond du cœur
Recueille avidement un reste de bonheur.
A peine l'horizon avait rougi l'aurore,
Que, pressant dans ses bras cet enfant qu'il adore :
« Je vais régner, dit-il, et ce terrible emploi,
Mon fils, après ma mort, retombera sur toi :
Que je te plains! Ces bois, ces fleurs, sujets fidèles,
Ne m'étaient point ingrats, ne m'étaient point rebelles;
Qu'un sort bien différent nous attend aujourd'hui !
Viens donc, ô mon cher fils! viens, ô mon doux appui!
Du malheur de régner viens consoler ton père.
Et vous, objets charmants, toi, cabane si chère,
Vous que je cultivais, vergers délicieux,
Arbres que j'ai plantés, recevez mes adieux.
Hélas ! coulant ici mes heures fortunées,
Heureux, par vos printemps je comptais mes années;
Ces fastes[1] valaient bien les annales des rois.
Puisse du moins l'empire être heureux sous mes lois,
Et, me dédommageant de vos pures délices,
Par le bonheur commun payer mes sacrifices ! »
    Il dit, promène encor ses regards attendris
Sur ses bois, sur ses fleurs, ses élèves chéris,
Et part environné d'une brillante escorte.
Mais du palais à peine il a touché la porte,

1. Ces époques, cette manière de compter le temps.

Mille ressouvenirs se pressent sur son cœur ;
Dans un confus transport de joie et de douleur,
En silence il parcourt le séjour de ses pères ,
Témoin de leur grandeur, témoin de leurs misères.
 Il règne , et l'équité préside à ses projets :
Son sceptre est moins pesant, chéri par ses sujets.
Cependant quelquefois, loin d'un monde profane ,
Il revient en secret visiter sa sabane ,
Revient s'asseoir encore au pied de ses ormeaux ,
De ses augustes mains émonde leurs rameaux ,
Et, s'occupant en roi, se délassant en sage ,
D'un bonheur qu'il n'a plus adore encor l'image.

(DELILLE.)

Ton et style convenables à la narration.

(Voir page 117.)

On verra, par la comparaison des deux narrations suivantes, quelle immense différence de ton et de style résulte nécessairement de la différence des sujets que l'on traite ; l'une a pour objet les sottises d'un orgueilleux, l'autre les exploits d'un héros. Nulle part on ne trouverait plus de simplicité que dans la première, plus d'élévation que dans la seconde ; toutes deux sont excellentes.

Entre ces deux point extrêmes, il est une infinité de nuances qui doivent caractériser le ton et le style d'un récit, selon la nature du sujet que l'on traite et de l'effet qu'on veut produire.

LEÇON DONNÉE A L'ORGUEIL ET A LA MOLLESSE.

Un souverain de l'Orient , célèbre par sa sagesse, recevait tous les jours des plaintes contre un de ses parents, gouverneur d'une province importante de son empire, nommé Irax. C'était un homme de haute naissance, dont le fond n'était pas mauvais, mais qui était corrompu par la vanité et par la mollesse. Il souffrait rarement qu'on lui parlât, et jamais qu'on osât le contredire. Les paons ne sont pas plus vains ; les tortues ont moins de paresse.

Il ne respirait que la gloire et les faux plaisirs. Voici comment le monarque entreprit de le corriger.

Il lui envoya un chef de musique avec douze chanteurs et vingt-quatre instrumentistes, un maître d'hôtel avec six cuisiniers, et quatre chambellans qui ne devaient pas le quitter. L'ordre du roi portait que l'étiquette suivante serait inviolablement observée; et voici comment les choses se passèrent.

Le premier jour, dès qu'Irax fut éveillé, le maître de musique entra, suivi des chanteurs et des instrumentistes : on chanta une cantate qui dura deux heures, et, de trois minutes en trois minutes, le refrain était :

Que son mérite est extrême !
Que de grâces ! que de grandeur !
Ah ! combien monseigneur
Doit être content de lui-même !

Après l'exécution de la cantate, un chambellan lui fit une harangue de trois quarts d'heure, dans laquelle on le louait expressément de toutes les bonnes qualités qui lui manquaient. La harangue finie, on le conduisit à table au son des instruments. Le dîner dura trois heures. Dès qu'il ouvrait la bouche pour parler, le premier chambellan disait : « Il aura raison. » A peine avait-il prononcé quatre paroles, que le second chambellan s'écriait : « Il a raison. » Les deux autres chambellans faisaient de grands éclats de rire des bons mots qu'Irax avait dits, ou qu'il avait dû dire. Après dîner on lui répéta la cantate.

Cette première journée lui parut délicieuse : il trouva que le roi l'honorait selon ses mérites; la seconde lui parut moins agréable; la troisième fut gênante; la quatrième fut insupportable; la cinquième fut un supplice. Enfin, outré d'entendre toujours chanter : « Ah ! combien monseigneur doit être content de lui-même, » d'entendre toujours dire qu'il avait raison, et d'être harangué tous les jours à la même heure, il écrivit à la cour pour supplier le roi qu'il daignât rappeler ses chambellans, ses

12.

musiciens, son maître d'hôtel : il promit d'être désormais moins vain et plus appliqué : il se fit moins encenser, eut moins de fêtes, et fut plus heureux : car, comme dit un auteur oriental, toujours du plaisir, n'est pas du plaisir. (VOLTAIRE.)

BATAILLE DE FRIBOURG [1].

Arrêtez ici vos regards. Il se prépare contre le prince quelque chose de plus formidable qu'à Rocroy, et, pour éprouver sa vertu, la guerre va épuiser toutes ses inventions et tous ses efforts. Quel objet se présente à mes yeux? Ce n'est pas seulement des hommes à combattre ; c'est des montagnes inaccessibles, c'est des ravins et des précipices, d'un côté; c'est de l'autre, un bois impénétrable, dont le fond est un marais ; et, derrière des rivières, de prodigieux retranchements; c'est, partout des forts élevés et des forêts abattues que traversent des chemins affreux; et, au dedans, c'est Mercy avec ses braves Bavarois, enflés de tant de succès et de la prise de Fribourg; Mercy qu'on ne vit jamais reculer dans les combats; Mercy que le prince de Condé et le vigilant Turenne n'ont jamais surpris dans un mouvement irrégulier, et à qui ils ont rendu ce grand témoignage, que jamais il n'avait perdu un seul moment favorable, ni manqué de prévenir leurs desseins, comme s'il eût assisté à leurs conseils. Ici donc, durant huit jours, et à quatre attaques différentes, on vit tout ce qu'on peut soutenir et entreprendre à la guerre. Nos troupes semblent rebutées, autant par la résistance des ennemis que par l'effroyable disposition des lieux, et le prince se vit quelque temps comme abandonné. Mais, comme un autre Macchabée, « son bras ne l'abandonna pas [2], et son courage, irrité par tant de périls, vint à son secours [3]. » On ne l'eut pas plutôt vu pied à terre forcer le

---

1. Fribourg ou Freybourg est une ville du Brisgaw, dans le duché de Bade; cette bataille fut livrée en 1644. Il y a en Suisse une autre ville de Fribourg, chef-lieu d'un des cantons confédérés.

2. Il jeta son bâton de commandement au milieu des ennemis.

3. *Isaïe*, ch. LXIII, ỳ 5.

premier ces inaccessibles hauteurs, que son ardeur entraîna tout après elle. Mercy voit sa perte assurée; ses meilleurs régiments sont défaits; la nuit sauve les restes de son armée. Mais que des pluies excessives s'y joignent encore, afin que nous ayons à la fois, avec tout le courage et tout l'art, toute la nature à combattre. Quelque avantage que prenne un ennemi habile autant que hardi, et dans quelque affreuse montagne qu'il se retranche de nouveau, poussé de tous côtés, il faut qu'il laisse en proie au duc d'Enghien non-seulement son canon et son bagage, mais encore tous les environs du Rhin. Voyez comme tout s'ébranle : Philipsbourg est aux abois en dix jours, malgré l'hiver qui s'approche; Philipsbourg qui tint si longtemps le Rhin captif sous nos lois, et dont le plus grand des rois a si glorieusement réparé la perte; Worms, Spire, Mayence, Landau, vingt autres places de nom ouvrent leurs portes. Mercy ne les peut défendre, et ne paraît plus devant son vainqueur. Ce n'est pas assez : il faut qu'il tombe à ses pieds, digne victime de sa valeur; Nordlingue[1] en verra la chute. Il y sera décidé qu'on ne tient non plus devant les Français en Allemagne qu'en Flandre, et l'on devra tous ces avantages au même prince. Dieu, protecteur de la France, et d'un roi[2] qu'il a destiné à ses grands ouvrages, l'ordonne ainsi. (BOSSUET.)

Qualités de la narration.

(Voir page 118.)

Les trois narrations suivantes offrent un modèle des qualités que nous avons reconnues comme nécessaires à tout récit.

Toutes trois sont également remarquables par la *clarté;* ce qui, en outre, domine dans la première, c'est la *brièveté;* dans la seconde, c'est l'*intérêt;* dans la troisième, c'est la *vraisemblance.*

En effet, le récit de Soumet est éminemment concis et rapide : *chaque vers, chaque mot,* comme dit Boileau, *court à l'événement.*

---

1. Bataille de Nordlingue, gagnée par le prince de Condé en 1645. Mercy y fut blessé et mourut le lendemain.

2. Louis XIV.

Le récit de Delille offre l'application la plus heureuse des règles exposées dans ces deux *alinéa:* « Il est un art [1], etc. » Et « L'habile narrateur [2], etc. »

Enfin, le récit d'Andrieux est d'une si parfaite vraisemblance, et ses personnages agissent et parlent si naturellement, qu'il ne semble pas possible au lecteur qu'ils aient tenu une autre conduite, un autre langage.

On doit aussi louer dans ce dernier récit l'observation des trois lois fondamentales de toute composition, la *liaison*, la *convenance* et l'*unité* [3] : c'est surtout sous ce dernier rapport que la narration est remarquable.

Pour mieux faire sentir ce mérite, supposons que l'auteur eût représenté la douleur et l'inquiétude du meunier craignant d'être expulsé de sa maison avec sa famille, ou de se voir contraint d'invoquer les tribunaux contre un roi absolu ; ces détails sérieux et tristes auraient excité l'attendrissement.

Supposons que l'auteur eût donné au meunier une femme peureuse et avide, voulant l'obliger de recevoir les mille ducats et d'en demander même davantage ; ces détails grotesques auraient fait rire.

Mais, dans l'un et dans l'autre cas, l'unité de ton et de couleur aurait disparu.

LA VACCINE.

C'était l'heure où, lassé des longs travaux du jour,
Le laboureur revoit son rustique séjour.
Je visitais des morts la couche triste et sainte.
Une femme apparut vers la funèbre enceinte,
Et d'un enfant suivie, avec l'ombre du soir,
Sous un jeune cyprès lentement vint s'asseoir.
Parmi les hauts gazons s'élevaient sans culture
Quelques sombres pavots, fleurs de la sépulture ;
Son fils, pour les cueillir, un moment s'éloigna :
A toute sa douleur elle s'abandonna ;
Mes pleurs interrogeaient sa tristesse mortelle.
« Mon époux n'était plus, j'avais deux fils, dit-elle ;
L'un d'eux, mon jeune Edgar, était le plus chéri ;

1. Page 121.
2. Même page.
3. Voir, pour l'étendue du sens que nous attachons ici au mot *unité*, les seize dernières lignes de la page 92, et les cinq premières de la page 93.

C'était mon premier-né ; mon lait l'avait nourri ;
Plus souvent que son frère il cherchait mes caresses.
Mais Dieu punit toujours d'inégales tendresses.
Le fléau destructeur [1] aux mères si fatal
S'étendit par degrés sur le hameau natal ;
Chaque mère implora le secours salutaire
D'un art encor nouveau [2], présent de l'Angleterre ;
Le second de mes fils lui-même y fut soumis.
Prête à livrer Edgar, j'hésitai, je frémis ;
Contre un fer douloureux, sa frayeur indocile
Dans les bras de sa mère implorait un asile :
J'osai l'y recevoir ; j'oubliai ma raison ;
Je l'offris sans défense au funeste poison.
Edgar en respira la vapeur meurtrière.
Chaque élan de mon cœur était une prière ;
Je le voyais souffrir, languir sur mes genoux,
Et mon plus jeune fils jouait auprès de nous.
Chaque jour, chaque instant redoublait mes alarmes ;
Je pleurais.... Mais Edgar ne voyait point mes larmes ;
Déjà le mal impur, sur ses yeux arrêté,
Cachait à ses regards sa mère et la clarté.
Il mourut.... et voilà sa pierre funéraire ;
Ce cyprès est le sien, cet enfant est son frère.
Nous venons tous les soirs lui porter nos douleurs ;
Nous regardons le ciel et nous versons des pleurs.
Toi, mon dernier enfant, souffre ma plainte amère ;
Le ciel n'enferme pas tout l'amour de ta mère :
A vivre loin d'Edgar je puis m'accoutumer ;
Près du cercueil d'Edgar je puis encore aimer. »
Elle se tait.... L'enfant la suit dans les ténèbres ;
Mais on dit que bientôt sur les gazons funèbres
Il revint pleurer seul, hélas ! et que ses pas
Vers le tombeau d'Edgar ne se dirigeaient pas.

(A. SOUMET.)

---

1. La petite vérole.   2. La vaccine.

LE JEUNE PEINTRE ÉGARÉ DANS LES CATACOMBES.

Sous les remparts de Rome, et sous ses vastes plaines,
Sont des antres profonds, des voûtes souterraines,
Qui, pendant deux mille ans, creusés par les humains,
Donnèrent leurs rochers aux palais des Romains.
Avec ses monuments et sa magnificence,
Rome entière sortit de cet abîme immense.
Depuis, loin des regards et du fer des tyrans,
L'Eglise encor naissante y cacha ses enfants,
Jusqu'au jour où, du sein de cette nuit profonde,
Triomphante, elle vint donner des lois au monde,
Et marqua de sa croix les drapeaux des Césars.
   Jaloux de tout connaître, un jeune amant des arts[1],
L'amour de ses parents, l'espoir de la peinture,
Brûlait de visiter cette demeure obscure,
De notre antique foi vénérable berceau.
Un fil dans une main, et dans l'autre un flambeau,
Il entre ; il se confie à ces voûtes nombreuses
Qui croisent en tous sens leurs routes ténébreuses.
Il aime à voir ce lieu, sa triste majesté,
Ce palais de la nuit, cette sombre cité,
Ces temples où le Christ vit ses premiers fidèles,
Et de ces grands tombeaux les ombres éternelles.
Dans un coin écarté se présente un réduit,
Mystérieux asile où l'espoir le conduit ;
Il voit des vases saints et des urnes pieuses,
Des vierges, des martyrs dépouilles précieuses.
Il saisit ce trésor ; il veut poursuivre.... hélas !
Il a perdu le fil qui conduisait ses pas.
Il cherche, mais en vain : il s'égare, il se trouble,
Il s'éloigne, il revient, et sa crainte redouble ;
Il prend tous les chemins que lui montre la peur.
Enfin, de route en route et d'erreur en erreur,
Dans les enfoncements de cette obscure enceinte,

1. Il se nommait Robert ; né en 1755, mort en 1808.

Il trouve un vaste espace, effrayant labyrinthe,
D'où vingt chemins divers conduisent à l'entour.
Lequel choisir? lequel doit le conduire au jour?
Il les consulte tous : il les prend, il les quitte ;
L'effroi suspend ses pas ; l'effroi les précipite ;
Il appelle : l'écho redouble sa frayeur.
De sinistres pensers viennent glacer son cœur.
L'astre heureux qu'il regrette a mesuré dix heures
Depuis qu'il est errant dans ces noires demeures.
Ce lieu d'effroi, ce lieu d'un silence éternel,
En trois lustres [1] entiers voit à peine un mortel ;
Et pour comble d'effroi, dans cette nuit funeste,
Du flambeau qui le guide il voit périr le reste.
Craignant que chaque pas, que chaque mouvement,
En agitant la flamme en use l'aliment,
Quelquefois il s'arrête et demeure immobile.
Vaines précautions! tout soin est inutile ;
L'heure approche, et déjà son cœur épouvanté
Croit de l'affreuse nuit sentir l'obscurité.
Il marche ; il erre encor sous cette voûte sombre ;
Et le flambeau mourant fume et s'éteint dans l'ombre.
Il gémit ; toutefois d'un souffle haletant,
La flambeau ranimé se rallume à l'instant.
Vain espoir! par le feu la cire consumée,
Par degrés s'abaissant sur la mèche enflammée,
Atteint sa main souffrante, et de ses doigts vaincus
Les nerfs découragés ne la soutiennent plus :
De son bras défaillant enfin la torche tombe,
Et ses derniers rayons ont éclairé sa tombe.
    L'infortuné déjà voit cent spectres hideux,
Le délire brûlant, le désespoir affreux,
La mort!... non cette mort qui plaît à la victoire,
Qui vole avec la foudre, et que pare la gloire ;
Mais lente, mais horrible, et traînant par la main
La faim qui se déchire et se ronge le sein.

1. *Lustre ;* on appelle ainsi une période de cinq ans.

Son sang, à ces pensers, s'arrête dans ses veines :
Et quels regrets touchants viennent aigrir ses peines !
Ses parents, ses amis, qu'il ne reverra plus,
Et ces nobles travaux qu'il laissa suspendus,
Ces travaux qui devaient illustrer sa mémoire,
Qui donnaient le bonheur et promettaient la gloire !...
    Cependant il espère, il pense quelquefois
Entrevoir des clartés, distinguer une voix.
Il regarde, il écoute.... Hélas! dans l'ombre immense
Il ne voit que la nuit, n'entend que le silence,
Et le silence encore ajoute à sa terreur.
Alors, de son destin sentant toute l'horreur,
Son cœur tumultueux roule de rêve en rêve ;
Il se lève, il retombe, et soudain se relève ;
Se traîne quelquefois sur de vieux ossements,
De la mort qu'il veut fuir horribles monuments,
Quand tout à coup son pied trouve un léger obstacle ;
Il y porte la main.... O surprise ! ô miracle !
Il sent, il reconnaît le fil qu'il a perdu,
Et de joie et d'espoir il tressaille éperdu.
Ce fil libérateur, il le baise, il l'adore,
Il s'en assure, il craint qu'il ne s'échappe encore ;
Il veut le suivre, il veut revoir l'éclat du jour.
Je ne sais quel instinct l'arrête en ce séjour :
A l'abri du danger, son âme encor tremblante
Veut jouir de ces lieux et de son épouvante.
A leur aspect lugubre, il éprouve en son cœur
Un plaisir agité d'un reste de terreur.
Enfin, tenant en main son conducteur fidèle,
Il part, il vole aux lieux où la clarté l'appelle.
Dieu ! quel ravissement quand il revoit les cieux,
Qu'il croyait pour jamais éclipsés à ses yeux !
Avec quel doux transport il promène sa vue
Sur leur majestueuse et brillante étendue !
La cité, le hameau, la verdure, les bois,
Semblent s'offrir à lui pour la première fois ;

Et, rempli d'une joie inconnue et profonde,
Son cœur croit assister au premier jour du monde.
(DELILLE.)

LE MEUNIER SANS-SOUCI.

Frédéric[1] construisait un agréable asile.
Sûr le riant coteau par le prince choisi,
S'élevait le moulin du meunier Sans-Souci.
Le vendeur de farine avait pour habitude
D'y vivre au jour le jour, exempt d'inquiétude,
Et, de quelque côté que vînt souffler le vent,
Il y tournait son aile, et s'endormait content.
Fort bien achalandé, grâce à son caractère,
Le moulin prit le nom de son propriétaire;
Et des hameaux voisins, les filles, les garçons
Allaient à Sans-Souci pour danser aux chansons.
    Hélas! est-ce une loi sur notre pauvre terre,
Que toujours deux voisins auront entre eux la guerre;
Que la soif d'envahir et d'étendre ses droits
Tourmentera toujours les meuniers et les rois?
En cette occasion le roi fut le moins sage;
Il lorgna du voisin le modeste héritage.
On avait fait des plans fort beaux sur le papier,
Où le chétif enclos se perdait tout entier.
Il fallait sans cela renoncer à la vue,
Rétrécir les jardins, et masquer l'avenue.
    Des bâtiments royaux l'ordinaire intendant
Fit venir le meunier, et, d'un ton important:
« Il nous faut ton moulin, que veux-tu qu'on t'en donne?
— Rien du tout; car j'entends ne le vendre à personne.
Il vous faut, est fort bon.... mon moulin est à moi,
Tout aussi bien au moins que la Prusse est au roi.
—Allons, ton dernier mot, bonhomme, et prends-y garde.
—Faut-il vous parler clair?—Oui.—C'est que je le garde:

___

1. Frédéric II, surnommé le Grand, roi de Prusse, de 1740 à 1786.

Voilà mon dernier mot. » Ce refus effronté
Avec un grand scandale au prince est raconté.
Il mande auprès de lui le meunier indocile,
Presse, flatte, promet; ce fut peine inutile;
Sans-Souci s'obstinait. « Entendez la raison,
Sire, je ne peux pas vous vendre ma maison :
Mon vieux père y mourut, mon fils y vient de naître;
C'est mon Potsdam, à moi. Je suis tranchant peut-être :
Ne l'êtes-vous jamais[1]? Tenez, mille ducats,
Au bout de vos discours, ne me tenteraient pas.
Il faut vous en passer, je l'ai dit, j'y persiste. »
    Les rois malaisément souffrent qu'on leur résiste;
Frédéric, un moment par l'humeur emporté :
« Parbleu! de ton moulin c'est bien être entêté;
Je suis bon de vouloir t'engager à le vendre;
Sais-tu que sans payer je pourrais bien le prendre?
Je suis le maître.—Vous?... de prendre mon moulin?
Oui, si nous n'avions pas des juges à Berlin. »
Le monarque, à ce mot, revint de son caprice,
Charmé que sous son règne on crût à la justice;
Il rit, et se tournant vers quelques courtisans :
« Ma foi, messieurs, je crois qu'il faut changer nos plans.
Voisin, garde ton bien, j'aime fort ta réplique. »
    Qu'aurait-on fait de mieux dans une république?
Le plus sûr est pourtant de ne pas s'y fier :
Ce même Frédéric, juste envers un meunier,
Se permit maintes fois telle autre fantaisie;
Témoin ce certain jour[2] qu'il prit la Silésie,
Qu'à peine sur le trône, avide de lauriers,
Épris du vain renom qui séduit les guerriers,
Il mit l'Europe en feu. Ce sont là jeux de prince :
On respecte un moulin; on vole une province.

(Andrieux.)

1. Il nous semble que ces mots : *je suis tranchant peut-être : ne l'êtes-vous jamais?* font tache dans cet excellent morceau. Cet argument *ad hominem* (voir page 86) n'est pas convenable dans la bouche du meunier; d'ailleurs, le meunier n'a pas été *tranchant;* il a donné de bonnes raisons et les a exprimées sans inconvenance.

2. En 1740.

Forme de la narration.

(Voir page 14.)

Dans tous les exemples cités ci-dessus, le récit est fait directement par l'auteur.

Nous citons comme modèle d'un récit mis dans la bouche du principal personnage, la narration de Lysimaque, par Montesquieu, indiquée dans le texte : nous croyons cependant devoir l'abréger.

LYSIMAQUE [1].

Lorsque Alexandre eut détruit l'empire des Perses, il voulut être adoré [2] comme les souverains de l'Orient. Les Macédoniens étaient indignés ; mais on murmurait dans l'armée, et l'on ne parlait pas.

Un philosophe nommé Callisthène [3] avait suivi le roi dans son expédition. Un jour qu'il le salua à la manière des Grecs : « D'où vient, lui dit Alexandre, que tu ne m'adores pas? — Seigneur, lui dit Callisthène, vous êtes chef de deux nations : l'une, esclave avant que vous l'eussiez soumise, ne l'est pas moins depuis que vous l'avez vaincue ; l'autre, libre avant qu'elle servît à remporter tant de victoires, l'est encore depuis que vous les avez remportées. Je suis Grec, seigneur ; et ce nom, vous l'avez élevé si haut, que, sans vous faire tort, il ne nous est plus permis de l'avilir. »

Les vices d'Alexandre étaient extrêmes comme ses vertus : il était terrible dans sa colère ; elle le rendait cruel. Il fit saisir Callisthène, ordonna qu'on le mît dans une cage de fer, et le fit porter ainsi à la suite de l'armée.

J'aimais Callisthène, et de tout temps, lorsque mes occupations me laissaient quelques heures de loisir, je les avais employées à l'écouter : et, si j'ai de l'amour pour la vertu, je le dois aux impressions que ses dis-

---

1. Ce fait a eu lieu l'an 328 avant J.-C. Après la mort d'Alexandre, Lysimaque devint roi de Thrace.

2. C'est-à-dire qu'on se prosternât devant lui.

3. Disciple et petit-neveu d'Aristote.

cours faisaient sur moi. Je ne voulus pas l'abandonner dans le malheur, j'allai le voir. « Je vous salue, lui dis-je, illustre malheureux, que je vois dans une cage de fer comme on enferme une bête sauvage, pour avoir été le seul homme de l'armée.

— Lysimaque, me dit-il, quand je suis dans une situation qui demande de la force et du courage, il me semble que je me trouve presque à ma place. Ce n'est pas que je sois insensible : vous ne me faites que trop voir que je ne le suis pas. Quand vous êtes venu à moi, j'ai trouvé d'abord quelque plaisir à vous voir faire une action de courage. Mais, au nom du ciel, que ce soit pour la dernière fois ! Laissez-moi soutenir mes malheurs, et n'ayez point la cruauté d'y joindre encore les vôtres.

— Callisthène, lui dis-je, je vous verrai tous les jours. Si le roi vous voyait abandonné des gens vertueux, il n'aurait plus de remords, il commencerait à croire que vous êtes coupable. Non, la crainte de sa colère ne me fera pas abandonner un ami. »

Cependant Alexandre, ayant appris que je respectais la misère de Callisthène, que j'allais le voir, et que j'osais le plaindre, entra dans une nouvelle fureur : « Va, me dit-il, combattre contre les lions, malheureux qui te plais tant à vivre avec les bêtes féroces ! » On différa mon supplice, pour le faire servir de spectacle à plus de gens.

On me mena dans la carrière. Il y avait autour de moi un peuple immense, qui venait être témoin de mon courage ou de ma frayeur. On lâcha contre moi un lion. J'avais plié mon manteau autour de mon bras : je lui présentai ce bras, il voulut le dévorer ; je lui saisis la langue, la lui arrachai, et la jetai à mes pieds.

Alexandre aimait naturellement les actions courageuses : il admira ma résolution, et ce moment fut celui du retour de sa grande âme. Il me fit appeler, et, me tendant la main : « Lysimaque, me dit-il, je te rends mon

amitié, rends-moi la tienne. Ma colère n'a servi qu'à te
faire faire une action qui manque à la vie d'Alexandre. »
(MONTESQUIEU.)

---

§ III.

DIALOGUE. — MONOLOGUE.

Dialogue.

(Voir page 123.)

Le morceau suivant est un modèle de *dialogue*.

Dortigny est un homme en place, riche et égoïste. On vient de lui annoncer qu'un homme, pauvrement vêtu, lui apporte des nouvelles d'un de ses proches parents, nommé Vanglenne, établi à la Guadeloupe, dont il n'avait pas entendu parler depuis longtemps.

Premier dialogue.

DORTIGNY, VANGLENNE.

DORTIGNY (*à part*). Ah! mon Dieu! quel messager! qu'il est sec! (*Haut.*) Parlez, monsieur, qu'avez-vous à me dire?

VANGLENNE. Dieu soit loué! mon cher cousin! Que j'ai de plaisir à vous revoir! M'auriez-vous entièrement oublié?

DORTIGNY. Quoi! monsieur, vous seriez?... Je ne vous remets pas.

VANGLENNE. Je m'appelle Vanglenne; je suis votre proche parent.

DORTIGNY. Je me souviens, monsieur, d'avoir eu un parent de ce nom; mais nous l'avons cru mort.

VANGLENNE. Il vit, hélas! et c'est moi.

DORTIGNY. Il y a si longtemps, monsieur, que vous me pardonnerez de ne point me rappeler vos traits.

VANGLENNE. Oh! je vous reconnais bien, moi; mais je suis bien plus changé que vous, et cela n'est pas étonnant!

Les fatigues, les peines, les chagrins, le long séjour dans un climat étranger.... Mon son de voix du moins....

Dortigny. Je ne dispute point, monsieur, de l'identité.

Vanglenne. Je vous ai souvent pressé dans mes bras ; qu'il vous en souvienne, nous fûmes amis.

Dortigny. Amitié de collége, d'enfance ; mais à quoi cela revient-il, s'il vous plaît ? Quels ordres, monsieur, avez-vous à me donner ?

Vanglenne. Je n'en ai point, mon cher cousin : le pauvre, hélas ! les reçoit, et n'en donne pas.

Dortigny (*à part*). Oh ! il va me demander de l'argent.

Vanglenne. J'étais établi à la Guadeloupe.

Dortigny. A la Guadeloupe, soit, monsieur. (*A part.*) Va, retourne aux antipodes.

Vanglenne. J'avais amassé quelque chose avec beaucoup de peine.... Daignez prêter l'oreille à ma triste infortune. Ayant eu le malheur de perdre ma femme et mon fils, et n'ayant plus rien qui m'attachât à un pays étranger, je résolus de revenir en France. L'amour de la patrie parlait vivement à mon cœur. C'est le dernier sentiment qui s'éteigne ; il faut être séparé de sa patrie pour sentir combien elle acquiert de charmes dans l'éloignement.

Dortigny (*à part*). Quel insupportable début !

Vanglenne. Mon vaisseau, chargé de ma petite fortune, a fait naufrage sur les côtes d'Espagne ; j'ai tout perdu ; mon malheur est constaté par les journaux : le brick *la Licorne....* Dix de mes compagnons de voyage se sont noyés, en voulant sauver les malheureux débris de leur fortune.

Dortigny. Ils sont après tout fort heureux : puisqu'ils n'avaient plus rien au monde, autant vaut....

Vanglenne. Vous avez bien raison, ce ne sont pas les plus à plaindre ; j'ai envié plus d'une fois leur sort. Je n'ai gagné Paris qu'avec des peines infinies. Si vous saviez ce que j'ai souffert en route ! Que l'infortune traîne après soi d'humiliations ! Mais je me suis armé de constance et de courage. J'arrive, et je m'informe de vous : avec quel plaisir j'apprends que vous possédez une heureuse aisance !...

DORTIGNY. Qui vous a dit cela, monsieur ?

VANGLENNE. Pardon... mais cet ameublement, cet hôtel, le luxe qui vous environne....

DORTIGNY. Hé bien, monsieur, on est comme tout le monde. Vous avez l'admiration emphatique d'un nouveau débarqué.

VANGLENNE. Celui qui manque du nécessaire fait malgré lui des remarques sur tout ce qui le frappe. Il voit, il sent la distance extrême qui le sépare de ceux qui sont heureux.

DORTIGNY. Mais, monsieur, permettez-moi de vous le dire, votre conduite est fort étrange. Vous vous introduisez ici par supercherie, vous prenez un faux nom, sous prétexte de nous apporter des nouvelles d'un parent; mais ce subterfuge est un mensonge malhonnête.

VANGLENNE. J'ai cru sous cet habit, qui ne révèle que trop mon indigence, ne devoir point me faire connaître à vos domestiques. C'est par discrétion, mon cher cousin, par discrétion, je vous l'assure, que j'ai usé de ce moyen qui cachait ma détresse.

DORTIGNY. Vous pouviez m'écrire.

VANGLENNE. Une lettre n'aurait jamais parlé comme ma présence. J'ai conçu plus d'espoir en venant vous supplier moi-même et vous exposer de vive voix ma douloureuse situation.

DORTIGNY. J'entends, vous m'avez choisi de préférence pour réparer les torts des éléments. Parce que le sort vous a fait mon cousin, vous ferez naufrage sur les côtes d'Espagne, et moi j'en serai responsable à Paris. Vous viendrez au bout de vingt ans me dire : Me voici, secourez-moi.

VANGLENNE. Oui, j'ai cette prière à vous faire, je ne vous le déguise point.

Dortigny. Vous aviez donc tout mis sur le même vaisseau ?

Vanglenne. Hélas ! oui.

Dortigny. Cela est fort imprudent ; mais vous le fûtes toujours.... Au reste, ce qui est au fond de la mer ne peut pas revenir sur l'eau à mon commandement, et, malgré tout le désir que j'en aurais, je ne puis vous le restituer.

Vanglenne. Je le sais ; mais je ne prétends point vous être à charge, j'implore seulement de l'emploi ; pourvu qu'il ne soit pas avilissant, quel qu'il soit, je le prendrai. J'entends un peu les affaires ; mon écriture est convenable ; on sera content de mon exactitude. J'aspire à un modique emploi dans vos bureaux ; ou bien, daignez me recommander, et je serai bientôt placé.

Dortigny. Bientôt placé ! mais vous ignorez donc qu'il y a des surnuméraires qui attendent depuis plusieurs années, qui sont recommandés de toutes parts et même par les puissances ! On ne peut pas, non plus, les tuer pour vous faire place.... D'un coup de pied sur le pavé de Paris, on fait naître un régiment de commis, de secrétaires.... Les gens du nouveau monde ne doivent point ôter le pain à ceux de celui-ci.

Vanglenne. Oh ! mon cousin, je demande un emploi qui ne nuise à personne : il y en a de tant de sortes ! Mais, si le service se mesure au besoin, personne, en ce moment, n'est plus pressé que moi.... Non, je ne rougirai point d'en faire l'aveu.... Demain je manque de pain, si ce soir votre générosité ne me met à portée d'en gagner. Je n'ai que vous de parent dans cette immense ville, que je ne connais plus. Je consens à tout faire ; mais, au nom de Dieu, soulagez-moi dans ce moment.

Dortigny (à part). Me débarrasserai-je de lui en lui donnant une pièce de cinq francs ?... Non. Joli parent, par ma foi ! (Haut.) Allons, monsieur, on verra ; je parlerai, je vous le promets ; repassez, repassez.

VANGLENNE. Vous parlerez pour moi? Vous me permettez de repasser?

DORTIGNY. Je remuerai ciel et terre, et, s'il se présente quelque chose, on vous le fera dire.

VANGLENNE. Vous remuerez ciel et terre?... Mais il faut pour cela, monsieur, que vous sachiez mon adresse.

DORTIGNY. Ah! oui, oui; eh bien, votre adresse!

VANGLENNE. Rue de la Huchette, au Cadran bleu.

DORTIGNY (*à part*). Quelle horreur! Peut-on demeurer rue de la Huchette! Il ne s'en ira pas?

VANGLENNE. Voulez-vous que je vous l'écrive?

DORTIGNY. Non, je la retiendrai bien.

VANGLENNE. Allons, je cesse de vous importuner. (*Il salue comme pour s'en aller.*)

DORTIGNY (*à part*). Enfin, m'en voilà quittte.... Il revient : ah! quel supplice!

VANGLENNE (*revenant sur ses pas*). Mais, monsieur, avant de sortir, j'ai une chose à vous demander, et que vous pouvez m'accorder sur-le-champ.

DORTIGNY (*avec humeur*). Point de préambule, monsieur; voyons, de grâce, finissons.

VANGLENNE. Donnez-moi, je vous en supplie, l'adresse de ma cousine, de votre chère sœur.

DORTIGNY. Il y a longtemps qu'on ne l'a vue ici, monsieur, elle me néglige; d'ailleurs que pouvez-vous attendre d'elle? Elle mène une vie obscure, elle est pauvre....

VANGLENNE. Je vous demande son adresse avec la plus vive instance.

DORTIGNY. Mon portier vous la donnera; je ne la sais point exactement. Mais j'ai quelques affaires pressantes en ce moment, vous voudrez bien....

VANGLENNE (*marche à reculons*). Pardonnez à mes importunités. Je suis plongé dans le besoin le plus extrême.... Si vous pouviez faire en ma faveur un léger effort.... je souffre.... (*Dortigny secoue la tête.*) Rien.... allons.... le vrai courage consiste à souffrir avec résignation ; je suis homme et je conserverai la dignité d'homme.... Je souhaite, monsieur, que vous ne connaissiez jamais combien il est douloureux de tomber tout à coup dans l'indigence. Je vous ai décelé ma misère; mais, si vous m'êtes secourable, du moins par vos recommandations; si vous ne me trompez pas dans la promesse que vous m'avez faite, vous n'aurez pas abusé du respect qu'on doit aux malheureux. Je me retire. (*Dortigny pousse, pour ainsi dire, Vanglenne hors de chez lui, tandis que Mulson entre; de sorte que les deux personnages se rencontrent face à face. Mulson est un riche agent de change.*)

Deuxième dialogue.

DORTIGNY, MULSON.

Mulson (*à part*). En croirai-je mes yeux? Dourville à Paris?

Dortigny (*à part*). Mes recommandations seraient, ma foi, bien placées! Je donnerai ordre qu'on lui ferme la porte.

Mulson (*regardant sortir Vanglenne*). C'est vraiment lui.

Dortigny. Vous venez me délivrer à propos. Que n'êtes-vous arrivé il y a une demi-heure!

Mulson (*à part*). On le congédie froidement; on le salue à peine. Me serais-je trompé? (*A Dortigny en s'approchant:*) Connaissez-vous cet homme qui sort de chez vous?

Dortigny. Faiblement.

Mulson. Oh! je le vois bien.

Dortigny. A combien le trois pour cent?

Mulson. A 77. Dites-moi : vous ne saviez donc pas à qui vous parliez tout à l'heure?

Dortigny. Pardonnez-moi. Et le cinq?...

Mulson. A 104 fr. 95.... Et vous ne reconduisez pas respectueusement un tel personnage?

Dortigny. Vous voulez rire.

Mulson. Non, parbleu, je ne ris pas; mais votre conduite envers lui a droit de m'étonner. Je mettrais ma main au feu que vous ne le connaissez pas.

DORTIGNY. Je vous dis que je le connais.

MULSON. Et vous le traitez ainsi! Un des plus riches particuliers du royaume!

DORTIGNY. Vous avez des visions, mon cher Mulson; un agent de change devrait mieux se connaître en hommes. N'avez-vous pas remarqué son habit?

MULSON. Oui, son habit m'a un peu surpris; mais je sais que le personnage est original dans sa conduite, et cela n'empêche point que, sous cet habit, ce ne soit le fameux Dourville, de la Guadeloupe.

DORTIGNY (*riant*). Ah! ah! ah! Comme vous vous méprenez, mon cher! Cet homme se nomme Vanglenne, et sa fortune est des plus minces.

MULSON. Vanglenne ou Dourville, le nom n'importe : je connais l'homme, et cet homme est opulent.

DORTIGNY. Et moi, je vous dis que cet homme est dans l'indigence la plus extrême.

MULSON. Je soutiens, moi, le contraire. Il a été marié deux fois; il est veuf depuis dix-huit mois, n'a point d'enfants, et jouit d'une fortune immense.

DORTIGNY. Que dites-vous? une fortune immense et point d'enfants!

MULSON. Oui, mon cher, point d'enfants et une fortune immense. Je l'ai vu, il y a trois ans, pendant quatre mois à la Guadeloupe, et je vous réponds qu'il m'a reconnu. Mais il a baissé les yeux, je ne sais pourquoi, comme pour ne pas me reconnaître.

DORTIGNY. Vous ne savez pas pourquoi? Eh bien, je vais vous le dire : c'est que cet homme, riche de vos libéralités, venait de me demander du secours.

MULSON. Il a pu vous demander du secours pour se divertir; mais il est plus riche à lui seul que vous et tous vos voisins.

DORTIGNY. Faut-il vous dissuader entièrement? car cela m'impatiente à la fin. Apprenez que cet homme est un mien cousin, que Dieu confonde, et qui me tombe sur les bras, arrivant en effet d'Amérique après vingt ans d'absence.

MULSON. C'est votre cousin ! Eh bien, il venait pour vous éprouver.

DORTIGNY. M'éprouver ?

MULSON. C'est dans son caractère. Dans sa vie, il a fait vingt tours de cette espèce, et tous plus plaisants les uns que les autres.

DORTIGNY. En vérité, mon cher Mulson, vous m'effrayez.

MULSON. Je vous assure, sur mon honneur, que votre cousin est le négociant de la Guadeloupe qui jouit du plus grand crédit. J'ai négocié de son papier, papier doré, ma foi.

DORTIGNY. Je frissonne. Il avait donc changé de nom ?

MULSON. Il se nommait Dourville. Mais que fait le nom quand la personne est la même ?

DORTIGNY. Je le croyais mort depuis vingt ans; et revenir dans cet état !

MULSON. Il est d'un caractère enjoué, vif, aimant à causer des surprises, généreux, même magnifique.

DORTIGNY. Généreux, magnifique !

MULSON. S'il a joué le tour plaisant de venir vous emprunter de l'argent sous un habit usé, vous lui en aurez donné, et cela se sera terminé de part et d'autre par de grands éclats de rire ?

DORTIGNY. Mais je l'ai reçu un peu froidement.

MULSON. J'en suis fâché : il est infiniment sensible aux bons procédés comme aux mauvais. C'est un homme excellent pour ceux qu'il aime, mais terrible pour ceux qu'il n'aime pas.

DORTIGNY. Mon cher Mulson, il faut ne vous rien déguiser : je ne lui ai pas fait l'accueil qu'il méritait.

MULSON. Mais à votre âge, est-ce qu'on ne devine pas un homme riche ? Mais quelque chose parle....

DORTIGNY. De grâce, hâtez-vous de me réconcilier avec lui.

Mulson. Je le verrai ; je reviendrai ce soir ; je ferai ce qui dépendra de moi. Adieu.

Monologue.

(Voir page 124.)

Dortigny (*seul*). Juste ciel ! un parent si riche et sans enfants ! Ai-je perdu sans retour mon héritage ? Comment réparer ?... Il faut de la présence d'esprit, de la souplesse. Ah ! si j'avais pu soupçonner l'opulence de cet homme ! Assis à ma table, logé dans mon hôtel, choyé, fêté, caressé, je le tiendrais présentement dans mes filets.... Ah ! Fortune ! tu as pris plaisir à m'aveugler ce matin ; mais je ne me tiens pas pour vaincu : non, tu ne m'échapperas pas. (**Mercier.**)

Voyez, en outre, le dialogue d'Horace et de Curiace, page 225.

---

§ IV.

Lettres.

(Voir page 125.)

Exemples.

MARIE STUART PRÈS DE MOURIR, A ÉLISABETH.

Quoique je doive mourir par un arrêt signé de votre main, ne pensez pas que je meure votre ennemie. Je suis d'une religion qui m'apprend à supporter tous les maux du monde, comme la vôtre vous permet de les faire impunément. Bien que je sois condamnée comme criminelle, je n'en suis pas moins innocente. Je ne serai point décapitée pour avoir voulu vous ravir la vie, mais pour avoir porté une couronne après laquelle vous soupiriez. La foi, qui fit prier saint Paul pour Néron, me fait aussi prier

pour vous. Mon supplice, que vous regardez comme igno-
minieux, mettra le comble à ma gloire. Ne croyez pas
m'avoir immolée impunément ; souvenez-vous qu'un jour
vous serez jugée ainsi que moi. Loin de souhaiter de me
voir vengée, quoique cette vengeance fût juste, je m'es-
timerais, au contraire, infiniment heureuse, si la mort
temporelle que je vais souffrir vous conduisait au chemin
de cette autre vie qui doit durer autant que l'éternité.

Adieu, madame ; songez qu'une couronne est un bien
fort dangereux, puisqu'elle a fait perdre la vie à votre
cousine.

MADAME DE SÉVIGNÉ A MADAME DE COULANGES.

Louis XIV permit à sa nièce, connue à la cour sous le nom de
Mademoiselle, d'épouser un homme qui n'appartenait pas à une famille souveraine, le duc de Lauzun. Cette nouvelle surprit tout le
monde, et madame de Sévigné s'empressa de la mander à ses amies
de Lyon.

A peine la lettre de madame de Sévigné était-elle partie, que déjà
Louis XIV avait révoqué la permission qu'il avait accordée.

Je m'en vais vous mander la chose la plus étonnante,
la plus surprenante, la plus merveilleuse, la plus miracu-
leuse, la plus triomphante, la plus étourdissante, la plus
inouïe, la plus singulière, la plus extraordinaire, la plus
incroyable, la plus imprévue, la plus grande, la plus petite, la plus rare, la plus commune, la plus éclatante,
la plus secrète jusqu'aujourd'hui, la plus digne d'envie;
enfin une chose dont on ne trouve qu'un exemple dans les
siècles passés, encore cet exemple n'est-il pas juste [1];
une chose que nous ne saurions croire à Paris, comment la
pourrait-on croire à Lyon? une chose qui fait crier miséricorde à tout le monde; une chose qui comble de joie
madame de Rohan et madame de Hauteville [2]; une chose

---

1. Au douzième siècle, la veuve du roi Louis le Gros épousa un seigneur de l'illustre maison de Montmorency.

2 Parentes du duc de Lauzun.

enfin qui se fera dimanche, où ceux qui la verront croiront avoir la berlue; une chose qui se fera dimanche, et qui ne sera peut-être pas faite lundi. Je ne puis me résoudre à vous la dire, devinez-la : je vous le donne en trois. Jetez-vous votre langue aux chiens?... Eh bien! il faut donc vous la dire : M. de Lauzun épouse dimanche, au Louvre, devinez qui? Je vous le donne en quatre, je vous le donne en dix, je vous le donne en cent. Madame de Coulanges dit : Voilà qui est bien difficile à deviner! c'est madame de La Vallière. — Point du tout, madame. — C'est donc mademoiselle de Retz? — Point du tout : vous êtes bien provinciale!—Ah! vraiment, nous sommes bien bêtes! dites-vous : c'est mademoiselle Colbert. — Encore moins. — C'est assurément mademoiselle de Créqui. — Vous n'y êtes pas. Il faut donc vous le dire. Il épouse dimanche, au Louvre, avec la permission du roi, mademoiselle.... mademoiselle.... devinez le nom; il épouse Mademoiselle, fille du feu Monsieur[1], Mademoiselle, petite-fille de Henri IV; mademoiselle d'Eu, mademoiselle de Dombes, mademoiselle de Montpensier, mademoiselle d'Orléans; Mademoiselle, cousine germaine du roi, Mademoiselle, destinée au trône; Mademoiselle, le seul parti de France qui fût digne de Monsieur[2].

Voilà un beau sujet de discourir : si vous criez, si vous êtes hors de vous-même, si vous dites que nous avons menti, que cela est faux, qu'on se moque de vous, que voilà une belle raillerie, que cela est bien fade à imaginer; si enfin vous nous dites des injures, nous trouverons que vous avez raison : nous en avons fait autant que vous. Adieu. Les lettres qui seront portées par cet ordinaire[3] vous feront voir si nous disons vrai ou non.

---

1. Gaston, duc d'Orléans, frère de Louis XIII.

2. Philippe, duc d'Orléans, frère de Louis XIV. On désignait par le nom de *Monsieur* le frère du roi.

3. Par ce courrier.

THOMAS A DUCIS [1], DONT LA FILLE ÉTAIT DANGEREUSEMENT MALADE.

J'ai été consterné, mon cher ami, en apprenant la funeste nouvelle que vous me mandez. Je vous croyais heureux, et jouissant de vos succès, au sein de votre famille ; et, dans ce moment même, vous êtes menacé d'un affreux malheur ! Hélas, quelle triste chose que le cours de la vie humaine ! et comme tout y est empoisonné ! Je conçois toute l'étendue de votre douleur, car je connais la tendre sensibilité de votre âme. Vous qui peignez si bien les sentiments de la nature, et qui faites verser aux autres des larmes si douces, faut-il que vous en répandiez vous-même de si cruelles ! Ah ! vous êtes malheureux par vos vertus comme les autres le sont par leurs vices. J'aurais bien désiré, mon cher ami, dans des moments si tristes, être auprès de vous, pour vous donner au moins les faibles consolations de l'amitié : je sais combien elles sont insuffisantes ; mais il m'eût été doux du moins de pleurer avec vous et de partager vos douleurs. Ah ! vous étiez du moins placé entre deux âmes tendres et sensibles comme la vôtre ; la meilleure et la plus respectable des mères, qui vous aime comme un fils, et vous chérit encore comme l'ornement et l'honneur de sa vieillesse, doit, sinon vous distraire de vos chagrins, au moins en adoucir le poids. Le ciel vous réserve encore une fille digne de tout votre amour, et dont la santé vous promet un sort plus heureux. Oui, mon cher ami, vous vivrez, vous vieillirez dans ses bras, et vous retrouverez en elle toute la tendresse de celle que vous êtes menacé de perdre. On n'est point tout à fait infortuné sur la terre quand on peut être aimé, quand il nous reste de quoi aimer nous-mêmes. Je voudrais que mon amitié pût être de quelque prix pour vous, pût contribuer du moins à soulager vos peines : s'il suffit pour cela de

---

1. Ducis était un poëte tragique ; Thomas était orateur et poëte.

les sentir bien vivement, croyez que personne n'en est plus pénétré que moi, ne vous est et ne vous sera jamais plus attaché. C'est votre heureux et excellent caractère, plus encore que vos grands talents, qui a formé cette union, et qui la conservera, j'espère, jusqu'au dernier moment de notre vie. Ne vous abandonnez pas trop à la douleur, je vous prie; et surtout défendez, s'il est possible, votre imagination de ces idées mélancoliques qui poursuivent trop aisément les âmes sensibles et fortes : c'est un nouveau poison, plus cruel que la douleur même, et qui ajoute encore à l'infortune, en la nourrissant sans cesse d'images lugubres et tristes. N'allez pas vous enfoncer dans la solitude, que vous devez désirer, mais qui vous serait funeste. Vous y seriez livré tout entier à vos chagrins et à vous-même. C'est de vous surtout, mon cher ami, que vous devez vous défendre en ce moment. Vivez, restez auprès de ceux que vous aimez et qui vous aiment; ils entendront le langage de votre cœur, et sauront y répondre; mais la solitude est muette, ou ne parle que des maux de la vie à ceux qui les éprouvent. J'espère être bientôt en état d'aller vous joindre, et nous pourrons passer notre été ensemble. Nous retrouverons ces entretiens paisibles où nos heures coulaient si doucement. Nous apprendrons l'un avec l'autre à supporter le fardeau de la vie, et à nous tromper au moins quelques instants sur cette foule de maux qui la désolent. Ah! je serai heureux, si, quelquefois du moins, je puis, au fond de votre âme, suspendre le sentiment de vos douleurs. Je compte partir de Nice à la fin du mois, et me trouver à Paris vers le 20 ou 24 mai. Vous jugez, mon cher ami, combien je serai impatient de vous embrasser; ce sera pour moi un plaisir bien doux après dix-huit mois d'absence. Ma sœur me charge pour vous de mille choses tendres, qu'elle pourra bientôt vous redire à vous-même. Elle a lu votre lettre avec les mêmes sentiments que moi, et nous nous sommes souvent affligés ensemble. Adieu, mon cher et meilleur

13.

ami; je vous embrasse bien tendrement et de tout mon cœur, comme je vous aime. Ménagez votre santé; la mienne est moins mauvaise qu'elle n'a été pendant deux mois; mais il s'en faut bien qu'elle soit rétablie.

A UNE MÈRE QUI GATE SON FILS.

Je vais m'exposer à vous déplaire, madame, je le sens bien : vous allez peut-être voir en moi un censeur importun, un contradicteur morose; mais mon sincère attachement pour vous et pour votre enfant ne me permet pas de garder plus longtemps le silence. Je dois vous parler avec franchise, tandis qu'il en est temps encore. J'aime mieux être aujourd'hui indiscret, que de me faire accuser plus tard d'avoir été indifférent.

C'est de votre tendresse pour Alphonse que je veux vous parler. Certes, quelque vive qu'elle soit, je suis loin de la blâmer. Il y a tant de douceur à aimer son enfant! Rien d'ailleurs n'est plus légitime. Mais aimez-vous votre fils en mère prudente, éclairée, et attentive aux intérêts de son avenir? Je crains que non, madame : je crains que votre extrême tendresse ne vous ait engagée dans une fausse route; en un mot, permettez-moi de vous le dire, je crois que vous *gâtez votre enfant....* Ce terme vous paraît dur; je n'ai pu m'empêcher de l'employer : c'est le seul qui rende bien ma pensée.

Je reconnais avec vous les bonnes qualités d'Alphonse, et quelque éloge que vous fassiez de lui, j'y souscris avec plaisir. Mais le plus heureux naturel se corrompt quand on lui témoigne une indulgence excessive. Un âge si tendre a continuellement besoin d'être averti, redressé, réprimé; votre enfant ne l'est jamais : vous n'avez pas la force de le contrarier. Cela suffirait pour le gâter. Mais il y a plus : par une faiblesse dont vous seule ne vous apercevez pas, vous encouragez en lui des défauts naissants, qui peuvent, avec le temps, avoir des résultats déplorables.

Par exemple, lorsqu'il s'est emporté à quelque excès d'impatience, ou même de colère, ou lorsqu'il s'est abandonné à quelque caprice extravagant, vous l'excusez, vous riez même, sous prétexte que, dans un enfant si jeune, tout cela est sans conséquence; ou, si vous lui faites voir votre mécontentement, il pleure, et sur-le-champ vous êtes désarmée par ses larmes : il vous tarde de voir la joie renaître sur son front et le sourire sur ses lèvres; vous lui prodiguez vos embrassements, vous lui demandez presque pardon de l'avoir affligé : il suit de là que plus il fait mal, plus il est comblé d'encouragements et de caresses.

Voilà pour l'éducation; pour l'instruction, il en est de même. Alphonse ne travaille qu'autant qu'il le veut, et comme il le veut. Toutes les excuses que sa paresse peut inventer pour se dispenser d'aller en classe, sont bien accueillies de vous. Aussi, malgré son intelligence naturelle, ses progrès sont à peu près nuls. Quand il se plaint de ses maîtres, vous lui donnez raison, ou, si vous les défendez contre lui, c'est si faiblement qu'il devine aisément qu'au fond de votre pensée ils ont tort. Quand ils se plaignent de lui, vous les soupçonnez intérieurement d'être injustes envers cet enfant, de méconnaître ses bonnes qualités, d'attacher de l'importance à des riens, d'avoir pour d'autres élèves une préférence secrète.

Et cependant, le plus ardent de vos vœux, c'est le bonheur de votre fils. Mais, madame, Alphonse grandit. Quand, accoutumé par vous à voir dans la maison toutes les volontés fléchir devant la sienne, il se trouvera obligé de vivre dans le monde avec des égaux ou des supérieurs qui ne lui passeront rien, sera-t-il heureux? Quand, ayant contracté la fatale habitude de ne rien faire ou de ne faire que ce qui lui plaît, il sera contraint de travailler, non selon son goût, mais selon la nécessité, et que son incapacité lui rendra toute profession ou pénible, ou même impossible, sera-t-il heureux? Et la mère qui, en flattant et en encourageant des défauts dont il eût été si facile de le corriger, lui aura préparé un tel avenir, sera-t-elle heureuse elle-même?

Ah! craignez qu'alors Alphonse ne vous adresse, intérieurement du moins, de justes reproches. Sans doute, il aura toujours pour vous le même respect, la même tendresse : j'aime à croire qu'il ne ressemblera pas aux autres enfants gâtés, qui, pour la plupart, deviennent insensibles et profondément égoïstes. Mais, tout en vous aimant, il croira avoir à se plaindre de vous, et ce sentiment, dont le respect contiendra l'expression, n'en sera que plus amer.

Remarquez que je n'admets pas comme possibles des résultats qui, dans les enfants d'un naturel moins généreux qu'Alphonse, ne sont malheureusement pas rares. Jamais il ne ressemblera à ces jeunes gens dont les défauts, n'ayant pas été réprimés de bonne heure, prennent avec l'âge un développement effrayant; qui, habitués à ne pas craindre leurs parents, s'abandonnent sans scrupule au désordre, et qui, lorsqu'enfin on veut les faire rentrer dans le devoir, répondent aux exhortations par l'indifférence la plus complète, et quelquefois même aux reproches par l'insolence. Non, Alphonse ne peut inspirer de telles craintes : il a un trop heureux naturel, il a continuellement sous les yeux de trop bons exemples, pour devenir jamais ce qu'on appelle *un mauvais sujet*. Mais, songez-y bien, sur dix mauvais sujets, il y en a neuf qui ne le sont devenus que par suite de l'indulgence excessive de leurs parents.

Faites donc sur vous-même un effort généreux, madame, soyez sévère avec Alphonse quand il faut l'être; exigez qu'il soit studieux et soumis à ses maîtres; ne souffrez en lui ni emportements ni caprices. Sachez le priver de vos caresses quand il ne les a pas méritées. Quand votre cœur souffre par suite des peines salutaires que dans son intérêt on doit lui infliger, cachez-lui vos larmes, et ne paraissez sensible aux siennes que quand le repentir ou quelque autre sentiment louable les fait couler.

Suivez avec persévérance ce plan de conduite : Alphonse deviendra le meilleur de nos jeunes gens, et sa mère sera la plus heureuse des mères. (B.)

Formalités usitées dans les lettres.
(Voir pages 125 et 129.)

La politesse veut qu'on laisse du blanc au haut de la première page, et qu'en avant de la première ligne, on place le mot *monsieur* (ou tout autre titre, comme *mon cher bienfaiteur, mon meilleur ami, madame,* etc.).

La manière la plus respectueuse est de commencer la première ligne de la lettre seulement au milieu de la première page ; de placer le mot *monsieur* (ou tout autre titre dû à la personne) à distance à peu près égale entre le haut de la page et la première ligne, un peu plus près cependant de ce dernier côté, et de ne commencer les pages suivantes qu'à la hauteur où se trouve le mot *monsieur* dans la première.

C'est ainsi qu'on doit commencer la lettre ; quant à la manière de la finir, l'usage exige qu'on la termine par une formule d'amitié, de politesse ou de respect.

1°. D'amitié, comme : *Je vous embrasse,* ou *je t'embrasse, tout à vous, mille amitiés, votre fils dévoué to n ami pour la vie, ton frère qui t'aime toujours.*

2°. De politesse, comme : *Agréez l'assurance* (ou *l'expression,* ou *l'hommage) de mes sentiments dévoués, de ma haute considéra-tion* [1], ou

J'ai l'honneur d'être, avec la plus haute considération [2],
Monsieur,
Votre très-humble et très-obéissant serviteur [3].

Quelque étrange qu'il soit, dans nos mœurs, de dire à quelqu'un qu'on est son *serviteur,* quand on ne l'est pas réellement ; quelque absurde que devienne cette expression, lorsque c'est une dame qui

---

1. On n'emploie le mot de *parfaite considération* et la formule *j'ai l'honneur de vous saluer* qu'avec un inférieur ou un égal, à moins qu'on n'ajoute à cette dernière formule quelques paroles polies ou respectueuses.

2. Ou *avec le plus sincère dévouement,* ou *avec les sentiments les plus distingués,* etc.

3. Ou votre *dévoué serviteur,* etc. Si c'est une femme qui écrit, elle substitue au mot de *serviteur* celui de *servante.*

écrit et qui se déclare ainsi la *servante* des gens à qui elle s'adresse, il y a des cas où l'on doit se servir de cette formule : c'est lorsqu'on écrit à des personnes envers lesquelles on est obligé au cérémonial le plus strict.

3°. De respect, comme : *Agréez l'assurance* (ou *l'hommage* ou *l'expression*) *de mes sentiments respectueux, de mon respect inaltérable, de ma reconnaissance respectueuse,* etc.

La formule la plus respectueuse est celle-ci :

Je suis avec respect (ou avec un profond respect, ou avec le plus profond respect),

Monsieur,

Votre très-humble et très-obéissant serviteur.

Il ne faut pas dire *j'ai l'honneur d'être avec respect;* cette formule est contraire au bon usage.

Quelquefois, après avoir fini et signé la lettre, on ajoute quelques lignes en *post-scriptum.* L'usage ne permet les *post-scriptum* que dans les lettres d'amitié ou d'affaires.

Le papier dont on se sert pour écrire une lettre doit être très-propre; rogné, c'est-à-dire sans barbe; la feuille doit être double; pour les lettres de commerce, on peut se contenter d'une feuille simple; mais la feuille simple a cet inconvénient que, lorsqu'on la plie, le cachet peut recouvrir une partie de l'écriture. On doit laisser une marge en écrivant; mais il ne faut ni tracer cette marge au crayon, ni surtout plier le papier pour la marquer. Quand on écrit aux ministres et aux directeurs généraux, à Paris, on emploie du papier de grande dimension, qui se vend dans tous les magasins sous le nom de *papier ministre.*

La lettre doit être pliée de manière à former ce qu'on appelle vulgairement un *carré long;* on peut aussi mettre la lettre sous enveloppe, ce qui est plus poli; on peut faire cette enveloppe soi-même ou en acheter de toutes faites chez les marchands. Il est quelquefois prudent de ne point se servir d'enveloppe : c'est quand on craint que, plus tard, la date de la lettre ne soit contestée. Le timbre de la poste apposé sur la lettre même peut servir de preuve.

On cachette les lettres soit avec de la colle, soit avec de petits fragments de pâte qu'on appelle *pains à cacheter,* soit avec une composition qu'on appelle *cire d'Espagne;* cette troisième manière de les cacheter est la plus polie. Quand on est en deuil, on se sert de cire noire ou de pains à cacheter noirs.

Lorsqu'on craint que celui à qui l'on adresse une lettre, ne sachant pas de qui elle vient, ne la refuse, on peut ajouter sur l'adresse le nom ou la qualité de la personne qui l'écrit, c'est ce qui s'appelle *contre-signer*.

Lorsque, par ses fonctions, on a le droit de correspondre sans frais avec une administration quelconque, on ne met pas la lettre sous enveloppe; on la plie en quatre, et on la ferme à l'aide de deux bandes que l'on cachette, et sur l'une desquelles on met l'adresse et le contre-seing. Dans ces sortes de lettres, il ne doit être question que d'affaires de service; il est interdit d'y parler de toute autre chose, même en *post-scriptum*.

Quand on écrit à un fonctionnaire public pour une affaire relative à ses fonctions et qu'on n'a pas avec lui droit de *franchise*, on doit *affranchir* la lettre.

On écrit, sans être obligé d'affranchir, aux ministres et au directeur général des postes. Toutes les lettres qu'on leur adresse sous enveloppe leur parviennent sans frais.

On peut affranchir les lettres *de faire part* [1] (pourvu qu'elles soient imprimées ou gravées), moyennant un droit de dix centimes, pour quelque destination que ce soit.

Dans tout autre cas que dans ceux qui sont spécifiés ci-dessus, l'usage ne permet guère d'affranchir.

On doit indiquer avec soin, soit en tête de la lettre (tout à fait au haut de la première page), soit au bas de la lettre et un peu au-dessous de la signature, *le lieu et le jour* où l'on écrit; le nom du lieu doit être très-lisible, ainsi que la signature.

L'adresse doit être parfaitement lisible : on lui donne ordinairement cette forme :

A Monsieur

Monsieur (le nom et la qualité)

à (nom de la commune)

département de.... ou *par* (nom du bureau de poste, s'il n'y en a pas dans la commune).

Si la lettre est adressée dans une ville considérable, il faut indiquer la rue et même le numéro de la maison.

---

1. C'est-à-dire les lettres par lesquelles on communique la nouvelle d'un mariage, d'une naissance ou d'un décès : on les plie de manière qu'on puisse voir le contenu.

VII.

DISCOURS.

---

§ I.

EXORDE. — PROPOSITION ET DIVISION. — CONFIRMATION ET RÉFUTATION. — PÉRORAISON.

Exorde.

(Voir page 133.)

EXORDE DU DISCOURS DE SAINT PAUL AUX ATHÉNIENS.

Athéniens, il me semble qu'en toutes choses vous êtes religieux jusqu'à l'excès ;

Car, ayant regardé en passant les statues de vos dieux, j'ai trouvé même un autel sur lequel il est écrit : AU DIEU INCONNU.

C'est ce Dieu, que vous adorez sans le connaître, que je viens vous annoncer.

Dieu qui a fait le monde, etc. (*Actes des Apôtres.*)

Voir, plus loin, page 328, à l'article de l'*éloquence politique*, l'exorde du discours du maréchal de Biron. Cet exorde forme le premier alinéa du discours.

EXORDE DE L'ORAISON FUNÈBRE DE HENRIETTE, REINE D'ANGLETERRE [1].

Et nunc, reges, intelligite; erudimini, qui judicatis terram [2].
(Ps. II, ⅴ 10.)

Celui qui règne dans les cieux, et de qui relèvent tous les empires, à qui seul appartient la gloire, la majesté et

---

1. Fille de Henri IV, veuve de Charles Ier, roi d'Angleterre.

2. Entendez, ô rois; instruisez-vous, ô vous, qui gouvernez le monde.

l'indépendance, est aussi le seul qui se glorifie de faire la
loi aux rois, et de leur donner, quand il lui plaît, de grandes
et terribles leçons. Soit qu'il élève les trônes, soit qu'il
les abaisse, soit qu'il communique sa puissance aux
princes, soit qu'il la retire à lui-même et ne leur laisse
que leur propre faiblesse, il leur apprend leurs devoirs
d'une manière souveraine et digne de lui : car, en leur
donnant sa puissance, il leur commande d'en user, comme
il fait lui-même, pour le bien du monde; et il leur fait
voir, en la retirant, que toute leur majesté est empruntée,
et que, pour être assis sur le trône, ils n'en sont pas
moins sous sa main et sous son autorité suprême. C'est
ainsi qu'il instruit les princes, non-seulement par des discours et par des paroles, mais encore par des effets et par
des exemples.

Chrétiens, que la mémoire d'une grande reine, fille,
femme, mère de rois si puissants, et souveraine de trois
royaumes, appelle de tous côtés à cette triste cérémonie,
ce discours vous fera paraître un de ces exemples redou-
tables qui étalent aux yeux du monde sa vanité tout entière. Vous verrez dans une seule vie toutes les extrémités
des choses humaines : la félicité sans bornes, aussi bien
que les misères; une longue et paisible jouissance d'une
des plus nobles couronnes de l'univers; tout ce que peuvent donner de plus glorieux la naissance et la grandeur,
accumulé sur une tête qui ensuite est exposée à tous les
outrages de la fortune; la bonne cause d'abord suivie de
bons succès, et, depuis, des retours soudains, des changements inouïs; la rébellion longtemps retenue, à la fin
tout à fait maîtresse : nul frein à la licence; les lois abo-
lies; la majesté violée par des attentats jusqu'alors inconnus; l'usurpation et la tyrannie sous le nom de liberté;
une reine fugitive, qui ne trouve aucune retraite dans trois
royaumes, et à qui sa propre patrie n'est plus qu'un triste
lieu d'exil; neuf voyages sur mer entrepris par une prin-
cesse, malgré les tempêtes; l'Océan étonné de se voir

traversé tant de fois en des appareils si divers, et pour des causes si différentes; un trône indignement renversé, et miraculeusement rétabli : voilà les enseignements que Dieu donne aux rois; ainsi fait-il voir au monde le néant de ses pompes et de ses grandeurs.

Si les paroles nous manquent, si les expressions ne répondent pas à un sujet si vaste et si relevé, les choses parleront assez d'elles-mêmes : le cœur[1] d'une grande reine autrefois élevé par une si longue suite de prospérités, et puis plongé tout à coup dans un abîme d'amertumes, parlera assez haut; et, s'il n'est pas permis aux particuliers de faire des leçons aux princes sur des événements si étranges, un roi[2] me prête ses paroles pour leur dire : *Et nunc, reges, intelligite; erudimini, qui judicatis terram :* « Entendez, ô grands de la terre; instruisez-vous, arbitres du monde. » (BOSSUET.)

De quel ton il débute dans l'oraison funèbre de la reine d'Angleterre! A la vérité, quel sujet! mais comme il est exposé dans cet exorde, qui le contient tout entier!... Est-ce là entrer, dès les premières paroles, au milieu de son sujet et y transporter tout de suite l'auditeur? Que cet exorde est mystérieux, sombre et religieux! Notre âme n'est-elle pas déjà troublée de ce fracas d'événements sinistres, de révolutions désastreuses, remplie d'une grande scène d'infortunes! Pourquoi? C'est qu'en effet il a fait parler les choses mêmes. Pas un mot qui ne porte, pas un qui ne soit une image ou une idée, un tableau ou une leçon, et, au milieu de cet assemblage si imposant, la grande idée de Dieu qui domine tout! (LA HARPE.)

EXORDE DE BRIDAINE[3].

Un célèbre missionnaire, nommé Bridaine, accoutumé à parcourir les campagnes, fut invité à prêcher dans une église d'un faubourg à Paris. En arrivant dans l'église, il croyait la trouver remplie d'ouvriers et de pauvres gens. Quelle fut sa surprise, en voyant que la société la plus élégante de Paris s'y était rassemblée pour l'entendre! A la vue de ce brillant auditoire, il improvisa cet exorde :

A la vue d'un auditoire si nouveau pour moi, il semble, mes frères, que je ne devrais ouvrir la bouche que pour vous demander grâce en faveur d'un pauvre mis-

---

1. Bossuet a prononcé ce discours, le 21 août 1670, dans l'église de Sainte-Marie de Chaillot, où était enseveli le cœur de la reine d'Angleterre.
2. David, auteur des *Psaumes.*
3. Cité de mémoire par l'abbé Maury.

sionnaire, dépourvu de tous les talents que vous exigez
quand on vient vous parler de votre salut. J'éprouve cependant aujourd'hui un sentiment bien différent, et, si
je suis humilié, gardez-vous de croire que je m'abaisse
aux misérables inquiétudes de la vanité. A Dieu ne plaise
qu'un ministre du ciel pense jamais avoir besoin d'excuse
auprès de vous! Car, qui que vous soyez, vous n'êtes,
comme moi, que des pécheurs. C'est devant votre Dieu
et le mien que je me sens pressé en ce moment de frapper ma poitrine.

Jusqu'à présent, j'ai publié les justices du Très-Haut
dans des temples couverts de chaume; j'ai prêché les
rigueurs de la pénitence à des infortunés qui manquaient
de pain; j'ai annoncé aux bons habitants des campagnes
les vérités les plus effrayantes de ma religion. Qu'ai-je
fait, malheureux! j'ai contristé les pauvres, les meilleurs
amis de mon Dieu; j'ai porté l'épouvante et la douleur
dans ces âmes simples et fidèles, que j'aurais dû plaindre
et consoler.

C'est ici, où mes regards ne tombent que sur des
grands, sur des riches, sur des oppresseurs de l'humanité
souffrante; ou des pécheurs audacieux et endurcis; ah!
c'est ici seulement qu'il fallait faire retentir la parole
sainte dans toute la force de son tonnerre, et placer avec
moi dans cette chaire, d'un côté la mort qui vous menace,
et de l'autre, mon grand Dieu qui vient vous juger. Je
tiens aujourd'hui votre sentence à la main : tremblez donc
devant moi, hommes superbes et dédaigneux qui m'écoutez! La nécessité du salut, la certitude de la mort, l'incertitude de cette heure si effroyable pour tous, l'impéni-
tence finale, le jugement dernier, le petit nombre des
élus, l'enfer, et par-dessus tout l'éternité; l'éternité!
voilà les sujets dont je viens vous entretenir et que j'aurais dû, sans doute, réserver pour vous seuls.

Et qu'ai-je besoin de vos suffrages, qui me damneraient
peut-être sans vous sauver? Dieu va vous émouvoir,

tandis que son indigne ministre vous parlera : car j'ai acquis une expérience de ses miséricordes. Alors, pénétrés d'horreur pour vos iniquités passées, vous viendrez vous jeter entre mes bras en versant des larmes de componction et de repentir, et, à force de remords, vous me trouverez assez éloquent. (BRIDAINE.)

EXORDE DU PLAIDOYER POUR LOUIS XVI.

Représentants de la nation, il est donc enfin arrivé ce moment où Louis, accusé au nom du peuple français, peut se faire entendre au milieu de ce peuple lui-même ! Il est arrivé ce moment où, entouré des conseils que l'humanité et la loi lui ont donnés, il peut présenter à la nation une défense que son cœur avoue, et développer devant elle les intentions qui l'ont toujours animé ! Déjà le calme même qui m'environne m'avertit que le jour de la justice a succédé aux jours de colère et de prévention ; que cet acte solennel n'est point une forme, que le temps de la liberté est aussi celui de l'impartialité que la loi commande, et que l'homme, quel qu'il soit, qui se trouve réduit à la condition humiliante d'accusé, est toujours sûr d'appeler sur lui et l'attention et l'intérêt de ceux même qui le poursuivent. Je dis l'homme quel qu'il soit : car Louis n'est plus en effet qu'un homme. Il n'exerce plus de prestiges ; il ne peut plus rien ; il ne peut plus imprimer de crainte, il ne peut plus offrir d'espérance : c'est donc le moment où vous lui devez non-seulement le plus de justice, mais, j'oserai le dire, le plus de faveur.

Je voudrais pouvoir être entendu, dans ce moment, de la France entière ; je voudrais que cette enceinte pût s'agrandir tout à coup pour la recevoir ! Je sais qu'en parlant aux représentants de la nation, je parle à la nation elle-même ; mais il est permis sans doute à Louis de regretter qu'une multitude immense de citoyens aient reçu l'impression des inculpations dont il est l'objet, et qu'ils me soient pas aujourd'hui à portée d'apprécier les réponses qui les détruisent. Ce qui lui importe le plus, c'est de prouver qu'il n'est point coupable ; c'est là son seul vœu, sa seule pensée. Louis sait bien que l'Europe attend avec inquiétude le jugement que vous allez rendre, mais il ne s'occupe que de la France. Il sait bien que la postérité recueillera un jour toutes les pièces de cette grande discussion qui s'est élevée entre une nation et un homme ; mais Louis ne songe qu'à ses contemporains ; il n'aspire qu'à les détromper. Nous n'aspirons non plus nous-mêmes qu'à le défendre ; nous ne voulons que le justifier. Nous oublions, comme lui, l'Europe qui nous écoute ; nous oublions la postérité dont l'opinion déjà se prépare. Nous ne voulons voir que le moment actuel, nous ne sommes occupés que de Louis, et nous croirons avoir rempli toute notre tâche quand nous aurons démontré qu'il est innocent. (DE SÈZE.)

Voir plus loin, page 321, l'exorde du discours de Lally-Tolendal.

Proposition et division.

(Voir page 134.)

PLAN D'UN DISCOURS SUR LA JUSTICE.

La justice doit être attachée aux règles, autrement elle est inégale dans sa conduite ;

Elle doit connaître le vrai et le faux dans les faits qu'on lui expose, autrement elle est aveugle dans ses applications ;

Enfin elle doit se relâcher quelquefois et donner quelque lieu à l'indulgence ; autrement elle est excessive et insupportable dans ses rigueurs :

La constance l'affermit dans les règles ; la prudence l'éclaire dans les faits ; la bonté lui fait supporter les misères et les faiblesses :

Ainsi, la première la soutient, la seconde l'applique,

la troisième la tempère : toutes trois la rendent parfaite, et accomplie par leur concours.

Ce plan très-remarquable se trouve ainsi exposé dans les œuvres de Bossuet, qui l'avait emprunté à Gerson. Le discours que Bossuet avait composé sur ce plan s'est perdu.

PLAN DU DISCOURS DE MASSILLON SUR LA GLOIRE HUMAINE.

Après un exorde convenablement tiré de l'évangile du jour où ce sermon a été prononcé, et un court préambule sur l'instabilité du jugement des hommes relativement à la gloire, l'orateur établit ainsi la proposition qu'il veut prouver :

« Il n'y a point de véritable gloire sans la crainte de Dieu. »

Voici comment il divise ensuite le sujet :

« On a toujours fait consister la gloire ou dans les hautes vertus, ou dans les grands talents, ou dans les succès éclatants.

« Or, sans la crainte de Dieu, 1° la vertu humaine est fausse ou du moins n'est pas sûre ; 2° les plus grands talents deviennent dangereux ou à celui qui s'en glorifie, ou à ses concitoyens et à l'humanité ; 3° les succès les plus éclatants ou prennent leur source dans le crime, ou ne sont que des crimes éclatants eux-mêmes. »

Le développement de ces trois points, dont chacun est, comme on voit, subdivisé en deux, forme les trois parties du discours.

L'orateur termine par une péroraison touchante, en priant Dieu d'accorder au jeune roi devant qui le discours a été prononcé, une gloire pure, fondée sur la véritable vertu.

Nous conseillons à nos lecteurs de bien méditer ce plan, et de lire avec une extrême attention le discours entier de l'orateur ; ce sera pour eux une excellente étude sur l'art de prouver et de développer,

Voir, plus loin, le plan du discours de Lally-Tolendal pour la mémoire de son père, page 327 ; et, ci-dessus, celui d'un discours de d'Aguesseau, page 244.

Confirmation et réfutation.

(Voir pages 137 et suivantes.)

Nous avons dit qu'on doit insister sur les preuves fortes, les développer et les faire valoir par le raisonnement. Nous indiquons dans le texte un exemple de Bossuet.

Voici cet exemple.

MORALE DU CHRISTIANISME.

Proposition simple :

La morale du christianisme est si parfaite, que Dieu seul a pu l'établir : il n'est pas de mal qu'elle ne prévienne, de vertu qu'elle n'impose. L'excellence de la morale du christianisme prouve la divinité de ses dogmes.

Ceux qui disputent tous les jours témérairement de la vérité de la foi, ne contestent pas au christianisme la règle des mœurs, et ils demeurent d'accord de la pureté et de la perfection de notre morale. Mais, certes, ces deux grâces sont inséparables. Il ne faut point deux soleils, non plus dans la religion que dans la nature ; et quiconque nous est envoyé de Dieu pour éclairer dans les mœurs, le même nous donnera la connaissance certaine des choses divines, qui sont le fondement nécessaire de la bonne vie. Celui-là doit être plus qu'un homme, qui, au travers de tant de coutumes et de tant d'erreurs, de tant de passions compliquées et de tant de fantaisies bizarres, a su démêler au juste et fixer précisément la règle des mœurs. Réformer ainsi le genre humain, c'est donner la vie raisonnable ; c'est une seconde création, plus noble en quelque façon que la première. Quiconque sera le chef de cette réformation salutaire au genre humain, doit avoir à son secours la même sagesse qui a formé l'homme la première fois. Enfin c'est un ouvrage si grand, que si Dieu ne l'avait pas fait, lui-même l'envierait à son auteur.

Aussi la philosophie l'a-t-elle tenté vainement. Je sais qu'elle a conservé de belles règles, et qu'elle a sauvé de beaux restes du débris des connaissances humaines ; mais je perdrais un temps infini, si je voulais raconter toutes ses erreurs. Allons donc rendre nos hommages à cette équité infaillible qui nous règle dans l'Évangile ; et, afin que je vous puisse présenter l'objet d'une adoration si légitime, permettez que je vous trace une idée et comme un tableau raccourci de la morale chrétienne.

Elle commence par le principe. Elle rapporte à Dieu,

auquel elle nous lie par un amour chaste, l'homme tout entier, et dans sa racine, et dans ses branches, et daus ses fruits, c'est-à-dire dans sa nature, dans ses facultés, dans toutes ses opérations. Car, comme elle sait que le nom de Dieu est un nom de père, elle nous demande l'amour; mais, pour s'accommoder à notre faiblesse, elle nous y prépare par la crainte. Ayant donc ainsi résolu de nous attacher à Dieu par toutes les voies possibles, elle nous apprend que nous devons, en tout temps et en toutes choses, révérer son autorité, croire à sa parole, dépendre de sa puissance, nous confier en sa bonté, craindre sa justice, nous abandonner à sa sagesse.

Pour lui rendre le culte raisonnable que nous lui devons, elle nous oblige à dompter nos passions emportées, et à mortifier nos sens, trop subtils séducteurs de notre raison. Elle a sur ce sujet des précautions inouïes. Elle va éteindre jusqu'au fond du cœur l'étincelle qui peut causer un embrasement. Elle étouffe la colère, de peur qu'en s'aigrissant elle ne se tourne en haine implacable. Elle n'attend pas à ôter l'épée à l'enfant, après qu'il se sera[1] donné un coup mortel; elle la lui arrache des mains dès la première piqûre. Elle retient jusqu'aux yeux, par une extrême jalousie qu'elle a pour garder le cœur. Enfin, elle n'oublie rien pour soumettre le corps à l'esprit, et l'esprit à Dieu; et c'est là notre sacrifice.

Nous avons à considérer sous qui nous vivons et avec qui nous vivons. Nous vivons sous l'empire de Dieu; nous vivons en société avec les hommes. Après donc cette première obligation d'aimer Dieu comme notre souverain, plus que nous-mêmes, s'ensuit le second devoir d'aimer l'homme, notre prochain, en esprit de société, comme nous-mêmes. Là se voit très-saintement établie, sous la protection de Dieu, la charité fraternelle, toujours sacrée et inviolable, malgré les injures et les intérêts; là, l'au-

___

1. Pour ôter l'épée à l'enfant, elle n'attend pas qu'il se soit, etc.

mône, trésor de grâces; là, le pardon des injures, qui nous ménage celui de Dieu; là enfin, la miséricorde préférée au sacrifice, et la réconciliation avec son frère irrité, nécessaire préparation pour approcher de l'autel; là, dans une sainte distribution des offices de la charité, on apprend à qui l'on doit le respect, à qui l'obéissance, à qui le service, à qui la protection, à qui le secours, à qui la condescendance, à qui de charitables avertissements; et l'on voit qu'on doit la justice à tous, et qu'on ne doit faire injure à personne, non plus qu'à soi-même.

Que dirai-je des saintes lois qui rendent les enfants soumis et les parents charitables, puissants instigateurs à la vertu, aimables censeurs des vices, qui répriment la licence « sans abattre le courage[1]! » Que dirai-je de ces belles institutions par lesquelles, et les maîtres sont équitables, et les serviteurs affectionnés; Dieu même, tant il est bon et tant il est père, s'étant chargé de leur tenir compte de leurs services fidèles? « Maîtres, vous avez un maître au ciel; serviteurs, servez comme à Dieu, car votre récompense vous est assurée[2]. » Qui a mieux établi que Jésus-Christ l'autorité des princes, des magistrats et des puissances légitimes? Il fait un devoir de religion de l'obéissance qui leur est due. Ils règnent sur les corps par la force, et tout au plus sur les cœurs par l'inclination. Il leur érige un trône dans les consciences, et il met sous sa protection leur autorité et leur personne sacrée. C'est pourquoi Tertullien disait autrefois aux ministres des empereurs : « Votre fonction vous expose à beaucoup de haine et beaucoup d'envie; maintenant vous avez moins d'ennemis à cause de la multitude des chrétiens. » Réciproquement, il enseigne aux princes que le glaive leur est donné contre les méchants, que leur main doit être pesante seulement pour eux, et que leur autorité doit être le soulagement du fardeau des autres.

---

1. *Ep. aux Coloss.*, III, ŷ 21.   2. *Ep. aux Coloss.*, IV, ŷ 1; III, ŷ 24.

Le voilà, ce tableau que je vous ai promis; la voilà représentée au naturel et comme en raccourci, cette immortelle beauté de la morale chrétienne. C'est une beauté sévère, je l'avoue, je ne m'en étonne pas : c'est qu'elle est chaste. Elle est exacte : il le faut, car elle est religieuse. Mais, au fond, quelle plus sainte morale? quelle plus belle économique[1]? quelle politique plus juste? Celui-là est ennemi du genre humain, qui contredit de si saintes lois. Aussi qui les contredit, si ce n'est des hommes passionnés, qui aiment mieux corrompre la loi que de rectifier leur conscience, et, comme dit Salvien, « qui aiment mieux déclamer contre le précepte que de faire la guerre au vice? »

Pour moi, je me donne de tout mon cœur à ces saintes institutions. Les mœurs seules me feraient recevoir la foi. Je crois en tout à celui qui m'a si bien enseigné à vivre. La foi me prouve les mœurs; les mœurs me prouvent la foi. Les vérités de la foi et la doctrine des mœurs sont choses tellement connexes et si saintement alliées, qu'il n'y a pas moyen de les séparer. Jésus-Christ a fondé les mœurs sur la foi; et, après qu'il a si noblement élevé cet admirable édifice, serai-je assez téméraire pour dire à un si sage architecte qu'il a mal posé les fondements? Au contraire, ne jugerai-je pas, par la beauté manifeste de ce qu'il me montre, que la même sagesse a disposé ce qu'il me cache? (BOSSUET.)

Péroraison.

(Voir page 139.)

PÉRORAISON DE L'ORAISON FUNÈBRE DU PRINCE DE CONDÉ.

Jetez les yeux de toutes parts; voilà tout ce qu'a pu la magnificence et la piété pour honorer un héros : des titres, des inscriptions, vaines marques de ce qui n'est plus; des figures qui semblent pleurer autour d'un tom-

---

1. *Économique* ici est substantif, et signifie un *ensemble de règles.*

beau, et de fragiles images d'une douleur que le temps
emporte avec tout le reste; des colonnes qui semblent
vouloir porter jusqu'au ciel le magnifique témoignage de
notre néant; et rien enfin ne manque dans tous ces honneurs que celui à qui on les rend. Pleurez donc sur ces
faibles restes de la vie humaine, pleurez sur cette triste
immortalité que nous donnons aux héros.

Mais approchez en particulier, ô vous qui courez avec
tant d'ardeur dans la carrière de la gloire, âmes guerrières et intrépides! Quel autre fut plus digne de vous
commander? Mais dans quel autre avez-vous trouvé le
commandement plus honnête [1]?

Pleurez donc ce grand capitaine, et dites en gémissant:
« Voilà celui qui nous menait dans les hasards! Sous lui
se sont formés tant de renommés capitaines, que ses
exemples ont élevés aux premiers honneurs de la guerre!
Son ombre eût pu encore gagner des batailles : et voilà
que dans son silence son nom même nous anime, et ensemble il nous avertit que, pour trouver à la mort quelque reste de nos travaux, et n'arriver pas sans ressource
à notre éternelle demeure, « avec le roi de la terre, il faut
encore servir le roi du ciel. »

Servez donc ce roi immortel et si plein de miséricorde,
qui vous comptera un soupir et un verre d'eau donné en
son nom, plus que tous les autres ne feront jamais [2] tout
votre sang répandu; et commencez à compter le temps
de vos utiles services du jour que vous vous serez donnés
à un maître si bienfaisant.

Et vous, ne viendrez-vous pas à ce triste monument,
vous, dis-je, qu'il a bien voulu mettre au rang de ses
amis? Tous ensemble, en quelque degré de sa confiance
qu'il vous ait reçus, environnez ce tombeau, versez des
larmes avec des prières; et, admirant dans un si grand
prince une amitié si commode et un commerce si doux,

---

1. Plus affable.   2. Ne compteront jamais.

conservez le souvenir d'un héros dont la bonté avait égalé le courage. Ainsi, puisse-t-il toujours vous être un cher entretien ! Ainsi, puissiez-vous profiter de ses vertus, et que sa mort, que vous déplorez, vous serve à la fois de consolation et d'exemple !

Pour moi, s'il m'est permis, après tous les autres, de venir rendre les derniers devoirs à ce tombeau, ô prince, le digne sujet de nos louanges et de nos regrets ! vous vivrez éternellement dans ma mémoire : votre image y sera tracée, non point avec cette audace qui promettait la victoire ; non, je ne veux rien voir en vous de ce que la mort y efface ; vous aurez dans cette image des traits immortels : je vous y verrai tel que vous étiez à ce dernier jour, sous la main de Dieu, lorsque sa gloire sembla commencer à vous apparaître. C'est là que je vous verrai plus triomphant qu'à Fribourg et à Rocroy ; et, ravi d'un si beau triomphe, je dirai en actions de grâces ces belles paroles du bien-aimé disciple : « La véritable victoire, celle qui met sous nos pieds le monde entier, c'est notre foi. »

Jouissez, prince, de cette victoire ; jouissez-en éternellement par l'immortelle vertu de ce sacrifice. Agréez ces derniers efforts d'une voix qui vous fut connue. Vous mettrez fin à tous ces discours. Au lieu de déplorer la mort des autres, grand prince, dorénavant je veux apprendre de vous à rendre la mienne sainte : heureux si, averti par ces cheveux blancs du compte que je dois rendre de mon administration, je réserve au troupeau que je dois nourrir de la parole de vie, les restes d'une voix qui tombe, et d'une ardeur qui s'éteint ! (Bossuet.)

PÉRORAISON DU SERMON DE MASSILLON SUR LA VÉRITÉ D'UN AVENIR.

Que conclure de ce discours ? Que l'impie est à plaindre de chercher dans une affreuse incertitude sur les vérités de la foi la plus douce espérance de sa destinée ; qu'il est à plaindre de ne pouvoir vivre tranquille qu'en vivant sans foi, sans culte, sans Dieu, sans confiance; qu'il est à plaindre, s'il faut que l'Évangile ne soit qu'une fable; la foi de tous les siècles, une crédulité; le sentiment de tous les hommes, une erreur populaire; les premiers principes de la nature et de la raison, des préjugés de l'enfance; le sang des martyrs que l'espérance d'un avenir soutenait dans les tourments, un jeu concerté pour tromper les hommes; la conversion de l'univers, une entreprise humaine; l'accomplissement des prophéties, un coup du hasard; en un mot, s'il faut que ce qu'il y a de mieux établi dans l'univers se trouve faux, afin qu'il ne soit pas éternellement malheureux !

O hommes ! je vous montrerai une voie plus sûre de vous calmer; craignez cet avenir que vous vous efforcez de ne pas croire; ne vous demandez pas ce qui se passe dans cette autre vie dont on vous parle; mais demandez-vous sans cesse à vous-mêmes ce que vous faites dans celle-ci; calmez votre conscience par l'innocence de vos mœurs, et non par l'impiété de vos sentiments; mettez votre cœur en repos en y appelant Dieu, et non pas en doutant s'il vous regarde. La paix d'un impie n'est qu'un affreux désespoir. Cherchez votre bonheur non en secouant le joug de la foi, mais en goûtant combien il est doux. Pratiquez les maximes qu'elle vous prescrit, et votre raison ne refusera plus de se soumettre aux grands mystères qu'elle vous ordonne de croire. L'avenir cessera de vous paraître incroyable, dès que vous cesserez de vivre comme ceux qui bornent toute leur félicité dans le court espace de cette vie. Alors, loin de craindre cet avenir, vous le hâterez par vos désirs; vous soupirerez après ce jour heureux où le fils de l'homme, le père du siècle futur, viendra conduire dans son royaume tous ceux qui auront vécu dans l'attente de la bienheureuse éternité. (MASSILLON.)

§ II.

MOEURS ET PASSIONS ORATOIRES. — PRÉCAUTIONS ORATOIRES.

Mœurs et passions oratoires.

(Voir pages 141 et 144.)

DISCOURS DE BURRHUS A NÉRON.

Nous avons indiqué dans le texte le discours de Burrhus à Néron, comme un modèle de ce qu'on appelle *mœurs oratoires*. C'est en même temps un modèle de pathétique.

Néron, pendant les trois premières années de son règne, avait paru bon et vertueux; tout à coup sa férocité, si longtemps contenue, éclate : il veut faire périr Britannicus, son frère d'adoption, dont les droits à l'empire lui portaient ombrage. Burrhus, ancien gouverneur de Néron, instruit par lui de ce projet, fait d'abord éclater son indignation et sa douleur :

> Non , quoi que vous disiez, cet horrible dessein
> Ne fut jamais, seigneur, conçu dans votre sein.
> .... De votre bouche , ô ciel ! puis-je l'apprendre !
> Vous-même sans frémir avez-vous pu l'entendre !
> Songez-vous dans quel sang vous allez vous baigner ?
> Néron dans tous les cœurs est-il las de régner ?
> Que dira-t-on de vous ? quelle est votre pensée?

Néron l'interrompt en disant :

> Quoi! toujours enchaîné par ma gloire passée,
> J'aurai devant les yeux je ne sais quel amour,
> Que le hasard nous donne et nous ôte en un jour !
> Soumis à tous leurs vœux , à mes désirs contraire ,
> Suis-je leur empereur seulement pour leur plaire?

BURRHUS.

> Eh ! ne suffit-il pas, seigneur, à vos souhaits
> Que le bonheur public soit un de vos bienfaits?
> C'est à vous de choisir : vous êtes encor maître.
> Vertueux jusqu'ici vous pouvez toujours l'être;
> Le chemin est tracé, rien ne vous retient plus ,

Vous n'avez qu'à marcher de vertus en vertus.
Mais, si de vos flatteurs vous suivez la maxime,
Il vous faudra, seigneur, courir de crime en crime,
Soutenir vos rigueurs par d'autres cruautés,
Et laver dans le sang vos bras ensanglantés.
Britannicus mourant excitera le zèle
De ses amis, tout prêts à prendre sa querelle.
Ses vengeurs trouveront de nouveaux défenseurs
Qui même, après leur mort, auront des successeurs.
Vous allumez un feu qui ne pourra s'éteindre.
Craint de tout l'univers, il vous faudra tout craindre,
Toujours punir, toujours trembler dans vos projets,
Et pour vos ennemis compter tous vos sujets.
    Ah! de vos premiers ans l'heureuse expérience
Vous fait-elle, seigneur, haïr votre innocence?
Songez-vous au bonheur qui les a signalés?
Dans quel repos, ô ciel! les avez-vous coulés!
Quel plaisir de penser et de dire en vous-même :
« Partout en ce moment on me bénit, on m'aime.
On ne voit point le peuple à mon nom s'alarmer :
Le ciel dans tous leurs pleurs ne m'entend point nom-
Leur sombre inimitié ne fuit point mon visage. [mer;
Je vois voler partout les cœurs à mon passage. »
    Tels étaient vos plaisirs : quel changement! ô dieux!
Le sang le plus abject vous était précieux.
Un jour, il m'en souvient, le sénat équitable
Vous pressait de souscrire à la mort d'un coupable.
Vous résistiez, seigneur, à leur sévérité :
Votre cœur s'accusait de trop de cruauté,
Et plaignant les malheurs attachés à l'empire,
« Je voudrais, disiez-vous, ne savoir pas écrire. »
    Non, ou vous me croirez, ou bien de ce malheur
La mort m'épargnera la vue et la douleur :
On ne me verra point survivre à votre gloire.
Si vous allez commettre une action si noire,
Me voilà prêt, seigneur : avant que de partir,

Faites percer ce cœur qui n'y peut consentir.
Appelez les cruels qui vous l'ont inspirée :
Qu'ils viennent essayer leur main mal assurée....
Mais je vois que mes pleurs touchent mon empereur :
Je vois que sa vertu frémit de leur fureur.
Ne perdez point de temps : nommez-moi les perfides
Qui vous osent donner ces conseils parricides.
Appelez votre frère, oubliez dans ses bras.....

NÉRON.

Ah ! que demandez-vous ?

BURRHUS.

Non, il ne vous hait pas,
Seigneur ; on le trahit, je sais son innocence ;
Je vous réponds pour lui de son obéissance.
J'y cours ; je vais presser un entretien si doux.

NÉRON.

Dans mon appartement qu'il m'attende avec vous.

(RACINE.)

L'exorde de Bridaine et la péroraison de l'oraison funèbre du prince de Condé nous ont déjà offert deux beaux modèles des passions oratoires.

Nous allons en voir d'autres dans les fragments de Lally-Tolendal et de Mirabeau qui vont être cités, pages 321 et 330.

Précautions oratoires.

(Voir page 143.)

Voyez dans la lettre à une mère, page 298, ces deux passages : *Sans doute il aura toujours*, et *Remarquez que je n'admets pas....* Voyez aussi le début de la lettre, formant le premier alinéa.

S'il m'appartenait de vous donner des conseils, le premier que je voudrais vous donner serait de ne pas vous livrer à ce goût que vous dites avoir pour la vie contemplative, et qui n'est qu'une paresse de l'âme, condamnable à tout âge et surtout au vôtre. (**J.-J. ROUSSEAU,** *lettre.*)

§ III.

ÉLOQUENCE JUDICIAIRE. — ÉLOQUENCE POÉTIQUE. — ÉLOQUENCE SACRÉE.
— ÉLOQUENCE ACADÉMIQUE.

Éloquence judiciaire.

(Voir page 147.)

DÉBUT DU PLAIDOYER DU COMTE DE LALLY-TOLENDAL POUR LA MÉMOIRE DE SON PÈRE.

Le comte de Lally-Tolendal, gouverneur des possessions françaises dans l'Inde, pendant la malheureuse guerre de Sept-Ans, fut obligé, n'ayant plus que sept cents hommes de troupes, de rendre Pondichéry à une armée de vingt-deux mille Anglais, qui détruisirent la colonie. De retour en France, il fut accusé de trahison et enfermé à la Bastille; au bout de dix-huit mois de détention, il fut condamné à mort (1766), quoique innocent, et sans avoir pu se défendre. Son fils n'était alors qu'un enfant, auquel les ennemis de son père contestaient même son nom et sa naissance. Devenu homme, il demanda et obtint (1778) la révision du procès et la réhabilitation de la mémoire de son père.

La cause de l'infortuné est celle de tous les hommes; la cause de l'innocence est celle de tous les siècles : je viens aujourd'hui présenter l'une et l'autre au tribunal de l'univers. J'adresse mes malheurs à l'humanité tout entière, mais surtout à l'Europe, qui les a plaints; à la France, qui les a produits; à son roi, qui peut les réparer; à la postérité, qui doit les juger.

Guerriers, magistrats, citoyens, hommes, qui que vous soyez, pourvu que vous soyez justes, vous plaiderez avec moi pour la fidélité noircie, pour la vertu calomniée, pour l'humanité outragée.

Vous, surtout, fils religieux et soumis, qui remplissez avec ardeur les devoirs d'un titre si sacré; vous, pères tendres et sensibles, qui goûtez avec transport les délices d'un nom si doux, vous plaiderez avec moi pour un père opprimé, sans avoir pu se défendre de l'oppression, pour un fils malheureux avant même d'avoir pu sentir le malheur.

Après avoir retracé les malheurs de son père, il ajoute :

Et moi (car il faut bien parler de mes maux personnels, puisque ces maux, puisque les seuls adoucissements qu'ils aient reçus font partie de mes droits et même de mes preuves), et moi, seconde victime, pas plus innocente que la première, il est vrai, mais peut-être plus à plaindre, parce qu'à tous mes autres supplices a été ajouté le supplice de vivre, quel tableau, grand Dieu! à offrir, que celui de ma destinée!

Condamné, pendant mes premières années, à m'ignorer moi-même[1], jusqu'à l'instant fixé par la prudence de mes parents, à peine sorti de la plus tendre enfance, je désirais, je cherchais, j'appelais les auteurs de mes jours, tandis que ma mère expirait dans une terre étrangère, et que mon père était jeté dans une prison cruelle; instruit de mon sort, lorsqu'il m'importait le plus de l'ignorer, je n'ai appris le nom de ma mère que plus de quatre ans après l'avoir perdue; je n'ai appris celui de mon père qu'un jour, un seul jour avant de le perdre. J'ai couru pour lui porter mon premier hommage et mon éternel adieu, pour lui faire entendre du moins la voix d'un fils parmi les cris de ses bourreaux, pour l'embrasser du moins sur l'échafaud où il allait périr; et peut-être aurais-je eu le bonheur d'y périr avec lui : j'ai couru vainement; on avait craint la clémence ou plutôt la justice du souverain; on avait hâté l'instant du supplice; je n'ai plus trouvé mon père; je n'ai vu que la trace de son sang.

Aussitôt, j'ai été atteint des éclats de la foudre, que l'erreur et le crime venaient de lancer sur cet infortuné. Mon existence a été impitoyablement attaquée, quoique irrévocablement scellée. Les titres les plus sacrés qui dé-

1. Le général Lally avait été forcé, par des raisons de famille, de tenir son mariage secret et de faire élever son fils loin de lui.

posent de l'état des citoyens ont été calomniés ou ense-
velis, parce qu'ils renfermaient un nom qu'on voulait
proscrire ou qu'on n'osait avouer ; et je me suis vu, pendant quelques instants, seul dans la nature, déjà haï par
le crime qui tremblait d'être dévoilé, méconnu par la politique qui craignait de déplaire, oublié même, abandonné
par l'amitié, qui ne songeait qu'à pleurer, ou qui, en
pensant à moi, ne faisait que répandre quelques larmes
de plus ; objet d'horreur, d'effroi, d'indifférence ou de
pitié!... Hommes justes, pères tendres et sensibles, que
j'ai encore invoqués, telle est l'ébauche imparfaite des
horreurs au milieu desquelles j'ai traîné ma déplorable
vie ; voilà ce fils malheureux qui ose croire que sa cause
deviendra la vôtre. Sans doute, à ce seul récit, votre cœur
s'est déjà ému ; toutes les puissances de votre âme se sont
soulevées en ma faveur ; vous haïssez, vous détestez déjà
mes bourreaux : connaissez, chérissez avec moi mes bien-
faiteurs.

Un roi[1] vint à mon secours. Un roi, dont la religion
pouvait être surprise, parce qu'il était homme, mais dont
rien n'a jamais pu étouffer la sensibilité, parce qu'il était
bon, daigna étendre vers moi sa main protectrice et me
tirer de l'abîme où tout conspirait à m'engloutir. Une voix
une seule voix, s'était élevée jusqu'à lui : une seule pa-
rente[2] avait réclamé pour les restes misérables de son
parent immolé ; fidèle dans tous les temps au sang, à
l'amitié, à la vertu ; choisie par mon père pour être après
sa mort la dépositaire de ses derniers sentiments et de ses
intentions dernières, elle avait porté les vœux de la nature jusqu'au cœur du souverain lui-même. Ce vœu fut
exaucé. « J'aurai soin de cet enfant, je m'en charge ; »
telle fut la promesse formelle qu'un roi gémissant, lors
même qu'il était encore trompé, traça de sa propre main.

Bientôt cet engagement qu'il avait d'abord cru n'ac-

1. Louis XV. 2. Mademoiselle de Dillon.

corder qu'à l'humanité, il sut qu'il le devait à la justice. Désabusé, mais trop tard, il baigna de ses larmes l'arrêt qui avait fait répandre sur un échafaud les dernières gouttes d'un sang qu'il avait vu couler aux champs de l'honneur[1]. Il s'écria qu'il avait été trompé, et que ce ne serait pas lui qui en répondrait. Il reprocha publiquement cette funeste erreur à un de ceux[2] qui en avaient été les principaux artisans. Il pleura enfin ce *pauvre Lally*, et dès lors ses bontés redoublèrent pour ce qui existait encore de ce malheureux sur la terre. Il voulut que toutes mes demandes lui fussent adressées directement; il marqua lui-même la personne qui devait lui présenter mes vœux et m'annoncer ses bienfaits; et les cris de l'infortune acquirent encore une nouvelle force en passant par l'organe de la vertu.

Sous son nom, on m'avait enchaîné, on m'avait enseveli dans une nuit profonde, éloigné de tout ce qui avait appartenu à mes parents, inconnu au monde entier : par son ordre, ces chaînes barbares furent brisées, ou du moins leur poids fut allégé; cette nuit cruelle fut dissipée, ou du moins son horreur fut adoucie. Et je pus enfin pleurer mon père en sûrete, en attendant qu'il me fût possible de le venger. En son nom, les premiers fondements de mon existence avaient été ébranlés; par son ordre, ils furent à jamais consolidés. Les lettres patentes, dressées sous ses yeux, annulèrent celles qui avaient voulu me proscrire, attestèrent mon extraction, qu'on avait cherché à obscurcir, me rendirent un nom dont on m'avait dépouillé. Lui-même se fit remettre une portion des biens de mon père, et la déposa pour m'être restituée un jour : lui-même voulut me placer au service sous ses yeux.

J'eusse oublié, j'eusse chéri mes malheurs, s'ils n'eussent frappé que sur moi; je goûtais du moins le seul adou-

---

1. A la bataille de Fontenoy.   2. Le duc de Choiseul, premier ministre.

cissement dont ils fussent susceptibles; je pouvais jouir,
je jouissais de tant de bontés, en calculant dès lors l'heureuse influence qu'elles devaient avoir tôt ou tard pour la
gloire de mon père. Je rapportais tout à ce père si injustement sacrifié; j'étais comblé des bienfaits de mon souverain; je ne méritais rien, je ne pouvais rien mériter
par moi-même, et l'on ne cultive pas avec tant de com-
plaisance le rejeton dangereux d'une souche infecte et
empoisonnée.

Je l'ai perdu, ce roi, *qui avait soin de moi;* je l'ai perdu,
lorsque déjà j'approchais de l'âge où, libre de mes actions,
et sûr de son aveu, j'allais entreprendre le grand ouvrage
de la réhabilitation de mon père; mais, en apprenant sa
perte, je n'ai eu que des larmes à répandre, et point de
crainte à concevoir. La même sensibilité, la même bienfaisance, sont assises sur le trône, et me promettent les
mêmes succès.

Mon souverain a approuvé mes projets; il a voulu qu'on
me le mandât de sa part; c'est de sa part que je suis autorisé à me pourvoir devant les tribunaux. Qui pourrait
prétendre à me les fermer, quand la bienfaisance, quand
l'équité royale elle-même me les a ouverts?

Voudrait-on m'en éloigner, parce que je n'y traîne pas
après moi le cortége imposant d'une nombreuse famille?
Et serait-on jaloux de donner au monde l'idée d'une lé-
gislation où les droits, dès qu'ils seraient seuls, ne seraient rien, où les considérations seraient tout, et où l'on
dirait : « Ce n'est qu'un malheureux de plus. »

Oui, sans doute, je suis seul dans l'univers, et je ne
connais d'égal à mes peines que mon courage. La mort
m'a enlevé successivement mère, père, et jusqu'au dernier parent de mon nom. S'il m'en reste encore quelques-
uns, ce sont de ceux auxquels je ne tiens plus que par
les faibles nœuds d'une alliance souvent importune quand
elle unit à des malheureux. Impuissants ou indifférents,
ils forment des vœux ou attendent des succès; et je n'ai

pour moi que moi; je n'ai pour ma cause que la sainteté de ma cause. Mais, parce que ma voix s'élève seule, doit-elle être étouffée? Parce qu'en moins de quatre-vingts ans, les huit derniers rejetons de ma famille sont tous morts au service de la France, ne puis-je obtenir justice pour l'un d'eux, assassiné au sein de cette même France? Parce que le sang des miens a été presque entièrement épuisé par le fer des ennemis, ne puis-je prétendre à venger celui qui a injustement coulé sous le fer du bourreau?

M'opposera-t-on les nuages qui ont été répandus sur mon état[1], le voile du mystère qui est resté longtemps étendu sur mon existence? Mais, si ces nuages, aujourd'hui dissipés; si ce mystère, aujourd'hui révélé, ont été l'effet inévitable de l'injustice contre laquelle je réclame; si je puis demander raison au bras qui a frappé mon père, du coup qui a pensé frapper mon état; si la liberté, qui était nécessaire à mon père pour consommer l'ouvrage de sa tendresse pour moi, lui a été ravie par la détention la plus injuste; si l'animosité avec laquelle on le traînait à sa perte, lui a fait craindre de dénoncer une victime en nommant un fils; si sa voix, enchaînée[2] dans les derniers moments, n'a pu que murmurer tout bas le cri de la nature; enfin, si j'ai été obligé de souffrir et presque d'épaissir moi-même, pendant quelque temps, la nuit qui couvrait une existence dévouée à l'anathème, et de préparer dans l'ombre les armes avec lesquelles je devais un jour combattre la calomnie, qui osera, de l'objet même de ma réclamation, faire un obstacle à ma réclamation? Et quel être aura l'absurde barbarie de me dire : « Vous n'avez pas le droit de réclamer contre l'oppression, car vous avez été opprimé? »

Et vous, machinateurs ténébreux, vous qui, sans paraître dans le procès de mon père, avez été les moteurs, les instigateurs, les artisans secrets d'une catastrophe à

---

1. Sur mon état civil.   2. On l'avait bâillonné sur l'échafaud.

jamais effrayante, goûtez en paix, s'il se peut, une impunité qui vous a coûté si cher. Je dévoue vos cœurs aux remords, et vos noms à l'oubli; mais songez que je mets mon silence au prix du vôtre. Je déclare que je ne veux rien voir du procès de mon père que ce qui est dans le procès; mais, après une déclaration aussi formelle, si vous osiez encore persécuter sa mémoire; si, trop peu assouvis par l'effusion de son sang, vous veniez encore troubler ses cendres, sachez que j'ai sondé l'abîme d'horreurs dont il a été la victime; que j'en ai pénétré toute la profondeur; qu'il n'en est pas un seul parmi vous dont je ne puisse dévoiler, et dont je ne dévoile les forfaits à la face de l'univers. Sachez que ni menaces, ni dangers, que la mort même ne pourra pas m'arrêter. Il est aisé de concevoir qu'un être qui croit n'exister que pour venger son père, tiendrait bien peu à cette existence, du moment où il ne pourrait la consacrer à l'accomplissement de ses devoirs. Mon dernier cri serait un cri en faveur de l'innocence; il s'adresserait au ciel, si les hommes ne voulaient pas l'entendre; tôt ou tard, nous serions vengés; et la postérité, rapprochant un jour le trépas du père de celui du fils, dirait : « L'un a péri pour n'avoir pas voulu trahir son pays, l'autre a péri pour n'avoir pas voulu trahir son père. »

Après ce début si touchant et si propre à intéresser en sa faveur, M. de Lally divise son discours en trois parties.

Première partie : Mon père était innocent.

Deuxième partie : Mon père, eût-il été le plus coupable des hommes, a été mal jugé.

Troisième partie : Mon père, d'après l'état du procès, ne pouvait pas être bien jugé.

La première partie consiste dans le récit et dans l'examen des faits imputés au général; l'orateur prouve invinciblement que, si son père a pu commettre quelques erreurs légères, l'ensemble de sa conduite est irréprochable; qu'il a toujours fait preuve de loyauté, d'habileté, de courage, et que les malheurs qui sont arrivés dans l'Inde doivent être imputés précisément aux hommes qui ont voulu le faire paraître coupable pour cacher leurs propres malversations et leurs propres crimes.

La seconde partie se subdivise en sept points :

1°. Ridicule odieux dans la base du procès, nullité radicale et absolue dans toute la procédure.

2°. Excès de pouvoir de la part des juges.

3°. Renversement de toutes les lois dans l'information.

4°. Injustice, infidélité, inhumanité dans le refus d'un conseil [1].

5°. Partialité outrée, emportements, fureurs dans l'instruction [2].

6°. Rapidité scandaleuse dans le jugement, dénis de justice multipliés.

7°. Faux dans l'arrêt, absurdité dans l'énoncé du jugement, non existence du délit.

Dans la troisième partie, l'orateur apporte deux raisons principales. 1° Le parlement n'avait été autorisé qu'à instruire sur trois chefs d'accusation, concussion, haute trahison, abus d'autorité ; et il s'est attribué le droit de juger la conduite militaire du général. 2° Le parlement, se transformant ainsi en cour martiale, n'avait pas les connaissances nécessaires pour juger les opérations d'un général d'armée.

Après s'être montré dans ces trois parties narrateur intéressant et fidèle, et rigoureux logicien, l'orateur transporte tous les cœurs d'indignation, en détaillant tout ce qu'il y a eu d'inique, de terrible, de douloureux dans les tourments infligés à son père.

Il termine par une péroraison pathétique.

Éloquence politique.

(Voir page 148.)

DISCOURS DU MARÉCHAL DE BIRON [3] A HENRI IV.

Dans les premiers jours de son règne, en 1589, Henri IV, n'ayant que 4,000 hommes auprès d'Arques, avait en tête 20,000 hommes commandés par le duc de Mayenne. On conseillait au roi de passer en Angleterre. Biron combat cette proposition.

Quoi ! sire, on vous conseille de monter sur mer, comme

---

1. On ne voulut pas permettre à l'accusé de se faire assister d'un avocat.

2. Le magistrat chargé de l'instruction était proche parent d'un des hommes qui duraient été reconnus comme coupables, si Lally avait été déclaré innocent.

3. Père de celui qui fut condamné à mort.

s'il n'y avait pas d'autre moyen de conserver votre royaume
que de le quitter ! Si vous n'étiez pas en France, il faudrait percer au travers de tous les hasards et de tous les
obstacles pour y venir ; et, maintenant que vous y êtes ,
on voudrait que vous en sortissiez ; et vos amis seraient
d'avis que vous fissiez de votre bon gré ce que les plus
grands efforts de vos ennemis ne sauraient vous contraindre de faire !

En l'état où vous êtes, sortir seulement de la France
pour vingt-quatre heures, c'est s'en bannir pour jamais.

Le péril, au reste, n'est pas si grand qu'on vous le dépeint : ceux qui nous pensent envelopper sont, ou ceux
mêmes que nous avons tenus enfermés si lâchement à
Paris, ou gens qui ne valent pas mieux, et qui auront
plus d'affaires entre eux-mêmes que contre nous. Enfin ,
sire, nous sommes en France ; il faut nous y enterrer : il
s'agit d'un royaume, il faut l'emporter, ou y perdre la vie ;
et, quand même il n'y aurait point d'autre sûreté pour
votre personne sacrée que la fuite, je sais bien que vous
aimeriez mieux mille fois mourir de pied ferme, que de
vous sauver par ce moyen. Votre Majesté ne souffrirait
jamais qu'on dise qu'un cadet de la maison de Lorraine [1]
lui aurait fait perdre terre, encore moins qu'on la vît men-
dier à la porte d'un prince étranger.

Non, sire, il n'y a ni couronne ni honneur pour vous
au delà de la mer. Si vous allez au devant du secours de
l'Angleterre, il reculera ; si vous vous présentez au port
de La Rochelle en homme qui se sauve, vous n'y trouverez que des reproches et du mépris.

Je ne puis croire que vous deviez plutôt fier votre personne à la merci des flots et de l'étranger, qu'à tant de
braves gentilshommes et tant de vieux soldats qui sont
prêts à lui servir de remparts et de bouclier ; et je suis
trop serviteur de Votre Majesté pour lui dissimuler que,

---

1. Le duc de Mayenne, arrière-petit-fils du duc de Lorraine, René II.

si elle cherchait sa sûreté ailleurs que dans leur vertu, ils seraient obligés de chercher la leur dans un autre parti que le sien. (MÉZERAY, *Histoire de France*.)

DISCOURS DE MIRABEAU SUR LA CONTRIBUTION DU QUART.

[1789.]

L'Assemblée constituante était réunie depuis cinq mois et n'avait encore rien fait, ni pour le payement de la dette publique, qui était énorme, ni pour les dépenses ordinaires de l'administration. Les caisses publiques étaient absolument vides. Le ministre des finances, Necker, proposa à l'Assemblée de voter immédiatement la contribution du quart du revenu de chaque citoyen. On discutait sur son projet, on en proposait d'autres ; rien n'avançait : la situation devenait de plus en plus dangereuse. Mirabeau parut à la tribune et entraîna le vote de l'assemblée par le discours dont nous allons transcrire les plus beaux passages.

Messieurs,

Au milieu de tant de débats tumultueux, ne pourrai-je donc pas ramener à la délibération du jour par un petit nombre de questions bien simples?

Daignez, messieurs, daignez me répondre.

Le ministre des finances ne vous a-t-il pas offert le tableau effrayant de notre situation actuelle? Ne vous a-t-il pas dit que tout délai aggravait le péril? qu'un jour, une heure, un instant, pouvait le rendre mortel?

Avons-nous un plan à substituer à celui qu'il nous propose? Oui, a crié quelqu'un dans l'Assemblée. Je conjure celui qui répond oui de considérer que son plan n'est pas connu, qu'il faut du temps pour le développer, l'examiner, le démontrer; que, fût-il immédiatement soumis à notre délibération, son auteur a pu se tromper; que, quand tout le monde a tort, tout le monde a raison; qu'il se pourrait donc que l'auteur de cet autre projet, même en ayant raison, eût tort contre tout le monde, puisque sans l'assentiment de l'opinion publique le plus grand talent

ne saurait triompher des circonstances.... Et moi aussi je
ne crois pas les moyens de M. Necker les meilleurs possibles; mais le ciel me préserve dans une situation si critique d'opposer les miens aux siens!...

Il faut donc en revenir au plan de M. Necker. Mais
avons-nous le temps de l'examiner, d'en sonder les bases,
de vérifier ses calculs? Non, non, mille fois non. D'insignifiantes questions, des conjectures hasardées, des tâ-
tonnements infidèles, voilà tout ce qui dans ce moment
est en notre pouvoir. Manquer le moment décisif, achar-
ner notre amour-propre à changer quelque chose à un
ensemble que nous n'avons pas même conçu, et diminuer
par notre intervention indiscrète l'influence d'un ministre dont le crédit financier est et doit être plus grand
que le nôtre.... messieurs, certainement il n'y a là ni sagesse ni prévoyance.... Mais du moins y a-t-il de la bonne
foi ?...

Oh! si des déclarations moins solennelles ne garan-
tissaient pas notre respect pour la foi publique, notre
horreur pour l'infâme mot de banqueroute[1], j'oserais
scruter les motifs secrets, et peut-être, hélas! ignorés
de nous-mêmes, qui nous font si imprudemment reculer
au moment de proclamer l'acte d'un grand dévouement,
certainement inefficace s'il n'est pas rapide et vraiment
abandonné[2]. Je dirais à ceux qui se familiarisent peut-
être avec l'idée de manquer aux engagements publics,
par la crainte de l'excès des sacrifices, par la terreur
de l'impôt : « Qu'est-ce donc que la banqueroute, si ce
n'est le plus cruel, le plus inique, le plus inégal, le plus
désastreux des impôts?...» Mes amis, écoutez un mot, un
seul mot.

Deux siècles de déprédation et de brigandages ont
creusé le gouffre où le royaume est près de s'engloutir. Il
faut le combler, ce gouffre effroyable. Eh bien! voici la

____

1. Précaution oratoire. Voir page 143.   2. Spontané et sans réserve.

liste des propriétaires français. Choisissez parmi les plus riches, afin de sacrifier moins de citoyens. Mais choisissez : car ne faut-il pas qu'un petit nombre périsse pour sauver la masse du peuple? Allons, ces deux mille notables possèdent de quoi combler le déficit. Ramenez l'ordre dans vos finances, la paix et la prospérité dans le royaume. Frappez, immolez sans pitié ces tristes victimes, précipitez-les dans l'abîme; il va se refermer.... Vous reculez d'horreur.... Hommes inconséquents, hommes pusillanimes! eh! ne voyez-vous donc pas qu'en décrétant la banqueroute, ou, ce qui est plus odieux encore, en la rendant inévitable sans la décréter, vous vous souillez d'un acte mille fois plus criminel, et, chose inconcevable! gratuitement criminel : car enfin, cet horrible sacrifice ferait du moins disparaître le déficit. Mais croyez-vous, parce que vous n'aurez pas payé, que vous ne devrez plus rien? Croyez-vous que les milliers, les millions d'hommes qui perdront en un instant par l'explosion terrible ou par des contre-coups tout ce qui faisait la consolation de leur vie, et peut-être leur unique moyen de la sustenter, vous laisseront paisiblement jouir de votre crime? Contemplateurs stoïques des maux incalculables que cette catastrophe vomira sur la France, impassibles égoïstes qui pensez que ces convulsions du désespoir ou de la misère passeront comme tant d'autres, et d'autant plus rapidement qu'elles seront plus violentes, êtes-vous bien sûrs que tant d'hommes sans pain vous laisseront tranquillement savourer les mets dont vous n'aurez voulu diminuer ni le nombre ni la délicatesse?... Non, vous périrez; et, dans la conflagration universelle que vous ne frémissez pas d'allumer, la perte de votre honneur ne sauvera pas une seule de vos détestables jouissances.

Voilà où nous marchons.... J'entends parler de patriotisme, d'invocations au patriotisme. Ah! ne prostituez pas ces mots de patrie et de patriotisme. Il est donc bien magnanime l'effort de donner une portion de son revenu pour sauver tout ce qu'on possède ! Eh ! messieurs, ce n'est là que [de la simple arithmétique, et celui qui hésitera ne peut désarmer l'indignation que par le mépris que doit inspirer sa stupidité. Oui, messieurs, c'est la prudence la plus ordinaire, la sagesse la plus triviale, c'est votre intérêt le plus grossier que j'invoque. Je ne vous dis plus comme autrefois : Donnerez-vous les premiers aux nations le spectacle d'un peuple assemblé pour manquer à la foi publique? Je ne vous dis plus : Eh! quel titre avez-vous à la liberté, quels moyens vous resteront pour la maintenir, si, dès votre premier pas, vous surpassez les turpitudes des gouvernements les plus corrompus ?... Je vous dis : Vous serez tous entraînés dans la ruine universelle; et les premiers intéressés au sacrifice que le gouvernement vous demande, c'est vous-mêmes.

Votez donc ce subside extraordinaire, et puisse-t-il être suffisant! Votez-le, parce que si vous avez des doutes sur les moyens (doutes vagues et non éclaircis), vous n'en avez pas sur sa nécessité et sur votre impuissance à le remplacer, immédiatement du moins. Votez-le, parce que les circonstances publiques ne souffrent aucun retard, et que nous serions comptables de tout délai. Gardez-vous de demander du temps; le malheur n'en accorde jamais.... Eh! messieurs, à propos d'une ridicule motion du Palais-Royal, d'une risible insurrection qui n'eut jamais d'importance que dans les imaginations faibles, ou dans les desseins pervers de quelques hommes de mauvaise foi, vous avez entendu naguère ces mots forcenés : *Catilina est aux portes de Rome, et l'on délibère* [1] ! Et certes, il n'y avait autour de nous ni Catilina, ni périls, ni factions, ni Rome.... Mais aujourd'hui la banqueroute, la hideuse banqueroute est là; elle menace de consumer vous, vos

1. Quelques jours auparavant, au milieu d'une foule rassemblée au Palais-Royal, quelqu'un avait fait la proposition de marcher contre l'Assemblée constituante, qui siégeait alors à Versailles. C'est à cette occasion qu'un membre de l'Assemblée avait prononcé les paroles que cite Mirabeau.

propriétés, votre honneur, et vous délibérez!... (Mirabeau.)

On ne saurait trop admirer cette accumulation graduée de moyens, de preuves
et d'effets ; cet art de s'insinuer d'abord dans l'esprit des auditeurs en captivant
l'attention, de la redoubler par des suspensions ménagées, de la frapper par de
violentes secousses. L'orateur fait briller d'abord la lumière du raisonnement, il
subjugue la pensée ; il fouille ensuite plus avant, et va remuer les passions se-
crètes jusqu'au fond de l'âme : l'intérêt, la crainte, l'espérance, l'amour-propre,
il frappe partout ; et, quand il se sent enfin le plus fort, voyez alors comme il
parle de haut, comme il domine, comme il mêle l'ironie à l'indignation, comme,
en récapitulant tous les motifs, il porte les derniers coups ! C'est ainsi que l'on
commande aux hommes par la parole. (La Harpe.)

DISCOURS DE TÉLÉMAQUE AUX CHEFS ALLIÉS.

Fénelon suppose que les chefs et les peuples de l'Italie méridio-
nale (ou Hespérie), divisée alors en plusieurs Etats indépendants,
s'étaient ligués pour combattre un conquérant ambitieux et perfide,
Adraste, roi des Dauniens.

Cet Adraste avait usurpé sur ses voisins, les Apuliens, la ville
de Venuse. Les Apuliens, irrités, entrèrent dans la ligue formée
contre lui. Adraste, pour les apaiser, mit cette ville en dépôt entre
les mains des Lucaniens ; mais il corrompit par argent et la garnison lucanienne, et celui qui la commandait ; de manière que la nation des Lucaniens avait moins d'autorité effective que lui dans
Venuse ; et les Apuliens qui avaient consenti que la garnison lucanienne occupât Venuse, avaient été trompés dans cette négociation.

Un homme de Venuse vient offrir aux chefs alliés, réunis en conseil, de leur livrer la nuit une des portes de la ville. Cet avantage
était d'autant plus grand qu'Adraste avait mis toutes ses provisions
de guerre et de bouche dans un château voisin de Venuse, qui ne
pouvait se défendre si la ville était prise. Les chefs étaient d'avis
qu'il fallait profiter d'une si heureuse occasion. Télémaque tâche de
les en détourner.

Je n'ignore pas que si jamais un homme a mérité d'être
surpris et trompé, c'est Adraste, lui qui a si souvent
trompé tout le monde. Je vois bien qu'en surprenant Venuse, vous ne feriez que vous mettre en possession d'une
ville qui vous appartient, puisqu'elle est aux Apuliens,
qui sont un des peuples de votre ligue. J'avoue que vous

le pourriez faire avec d'autant plus d'apparence de raison, qu'Adraste, qui a mis cette ville en dépôt, a corrompu le commandant et la garnison, pour y entrer
quand il le jugera à propos. Enfin je comprends comme
vous que, si vous preniez Venuse, vous seriez maîtres,
dès le lendemain, du château où sont tous les préparatifs
de guerre qu'Adraste y a assemblés, et qu'ainsi vous
finiriez en deux jours cette guerre si formidable. Mais ne
vaut-il pas mieux périr que vaincre par de tels moyens?
Faut-il repousser la fraude par la fraude? Sera-t-il dit
que tant de rois, ligués pour punir l'impie Adraste de ses
tromperies, seront trompeurs comme lui? S'il nous est
permis de faire comme Adraste, il n'est point coupable,
et nous avons tort de vouloir le punir. Quoi! l'Hespérie
entière, soutenue de tant de colonies grecques et de héros
revenus du siége de Troie, n'a-t-elle point d'autres armes
contre la perfidie et les parjures d'Adraste, que la perfidie
et le parjure? Vous avez juré, par les choses les plus
sacrées, que vous laisseriez Venuse en dépôt dans les
mains des Lucaniens. La garnison lucanienne, dites-
vous, est corrompue par l'argent d'Adraste. Je le crois
comme vous : mais cette garnison est toujours à la solde
des Lucaniens; elle n'a point refusé de leur obéir; elle a
gardé, du moins en apparence, la neutralité. Adraste ni
les siens ne sont jamais entrés dans Venuse : le traité
subsiste; votre serment n'est point oublié des dieux. Ne
gardera-t-on les paroles données que quand on manquera
de prétextes plausibles pour les violer? Ne sera-t-on fidèle
et religieux pour les serments que quand on n'aura rien à
gagner en violant sa foi? Si l'amour de la vertu et la
crainte des dieux ne vous touchent plus, au moins soyez
touchés de votre réputation et de votre intérêt. Si vous
montrez au monde cet exemple pernicieux, de manquer
de parole, et de violer votre serment pour terminer une
guerre, quelles guerres n'exciterez-vous point par cette
conduite impie! Quel voisin ne sera pas contraint de crain-

dre tout de vous, et de vous détester ! Qui pourra désormais, dans les nécessités les plus pressantes, se fier à vous? Quelle sûreté pourrez-vous donner, quand vous voudrez être sincères, et qu'il vous importera de persuader à vos voisins votre sincérité? Sera-ce un traité solennel? Vous en aurez foulé un aux pieds. Sera-ce un serment? Hé! ne saura-t-on pas que vous comptez les dieux pour rien, quand vous espérez tirer du parjure quelque avantage? La paix n'aura donc pas plus de sûreté que la guerre à votre égard. Tout ce qui viendra de vous sera reçu comme une guerre, ou feinte, ou déclarée : vous serez les ennemis perpétuels de tous ceux qui auront le malheur d'être vos voisins : toutes les affaires qui demandent une réputation de probité et de la confiance, vous deviendront impossibles : vous n'aurez plus de ressource pour faire croire ce que vous promettrez.

Voici un intérêt encore plus pressant qui doit vous frapper, s'il vous reste quelque sentiment de probité et quelque prévoyance sur vos intérêts : c'est qu'une conduite si trompeuse attaque par le dedans toute votre ligue, et va la ruiner; votre parjure va faire triompher Adraste. Car comment pourrez-vous vous confier les uns aux autres, si une fois vous rompez l'unique lien de la société et de la confiance, qui est la bonne foi? Après que vous aurez posé pour maxime qu'on peut violer les règles de la probité et de la fidélité pour un grand intérêt, qui d'entre vous pourra se fier à un autre, quand cet autre pourra trouver un grand avantage à lui manquer de parole et à le tromper? Où en serez-vous? Quel est celui d'entre vous qui ne voudra point prévenir les artifices de son voisin par les siens? Que devient une ligue de tant de peuples, lorsqu'ils sont convenus entre eux, par une délibération commune, qu'il est permis de surprendre son voisin et de violer la foi donnée ? Quelle sera votre défiance mutuelle, votre division, votre ardeur à vous détruire les uns les autres! Adraste n'aura plus besoin de vous atta-

quer; vous vous déchirerez assez vous-mêmes; vous jus-
tifierez ses perfidies.

O chefs sages et magnanimes, ô vous qui commandez
avec tant d'expérience à des peuples innombrables, ne
dédaignez pas d'écouter les conseils d'un jeune homme !
Si vous tombiez dans les plus affreuses extrémités où la
guerre précipite quelquefois les hommes, il faudrait vous
relever par votre vigilance et par les efforts de votre
vertu : car le vrai courage ne se laisse jamais abattre.
Mais, si vous aviez une fois rompu la barrière de l'honneur et de la bonne foi, cette perte est irréparable; vous
ne pourriez plus ni rétablir la confiance nécessaire au
succès de toutes les affaires importantes, ni ramener les
hommes aux principes de la vertu, après que vous leur
auriez appris à les mépriser. Que craignez-vous? N'avez-
vous pas assez de courage pour vaincre sans tromper?
Votre vertu, jointe aux forces de tant de peuples, ne
vous suffit-elle pas? Combattons, mourons, s'il le faut,
plutôt que de vaincre si indignement. Adraste, l'impie
Adraste est dans nos mains, pourvu que nous ayons horreur d'imiter sa lâcheté et sa mauvaise foi. (*Télémaque,*
liv. xv.)

Éloquence sacrée.

(Voir page 149.)

Voyez les morceaux de Bossuet, *Morale du christianisme*, page
311 ; *Exorde de l'oraison funèbre de la reine d'Angleterre*, page 304;
péroraison de l'*Oraison funèbre de Condé*, page 314; *Charles-
Gustave*, page 224 ; *Portrait de Cromwell*, page 246 ; *Bataille de
Rocroy*, page 261 ; *Bataille de Fribourg*, page 274;

Les morceaux de Massillon, *L'âme ne meurt pas avec le corps*,
page 214 ; *Péroraison d'un sermon sur la vérité d'un avenir*,
page 316; le morceau de Fléchier, page 220; celui de Fénelon,
page 183.

L'exorde de Bridaine, page 306; le morceau de Poulle, *Dureté
envers les indigents*, page 242; celui de Cambacérès, *Le riche et le
pauvre*, page 236.

Éloquence académique.

(Voir page 149.)

EXTRAIT D'UN DISCOURS PRONONCÉ A L'ACADÉMIE FRANÇAISE, PAR RACINE.

Vous savez en quel état se trouvait la scène française lorsque Corneille commença à travailler. Quel désordre ! quelle irrégularité ! Nul goût, nulle connaissance des véritables beautés du théâtre ; les auteurs aussi ignorants que les spectateurs ; la plupart des sujets, extravagants et dénués de vraisemblance ; point de mœurs [1] ; point de caractères [2] ; la diction encore plus vicieuse que l'action, et dont [3] les pointes et de misérables jeux de mots faisaient le principal ornement : en un mot, toutes les règles de l'art, celles même de l'honnêteté et de la bienséance, partout violées. Dans cette enfance, ou, pour mieux dire, dans ce chaos du poëme dramatique parmi nous, votre illustre frère [4], après avoir cherché quelque temps le bon chemin, et lutté, si j'ose le dire ainsi, contre le mauvais goût de son siècle, enfin inspiré par un génie extraordinaire et aidé de la lecture des anciens, fit voir sur la scène la raison, mais la raison accompagnée de toute la pompe, de tous les ornements dont notre langue est capable, accordant heureusement la vraisemblance et le merveilleux, et laissant bien loin derrière lui tout ce qu'il avait de rivaux.

La scène retentit encore des acclamations qu'excitèrent à leur naissance le *Cid*, *Horace*, *Cinna*, *Pompée*, tous ces chefs-d'œuvre représentés depuis sur tant de théâtres, traduits en tant de langues, et qui vivront à jamais dans la bouche des hommes. A dire le vrai, où trouvera-t-on

---

1. C'est-à-dire, les mœurs des différents pays et des différents siècles n'étaient ni bien observées ni fidèlement retracées.

2. Les auteurs ne savaient pas donner à leurs personnages un caractère convenable.

3. *Dont* se rapporte à *diction*. Cette tournure a vieilli.

4. Ce discours est adressé à Thomas Corneille, qui succédait à son frère comme membre de l'Académie.

un poëte qui ait possédé à la fois tant de grands talents, tant d'excellentes parties[1] : l'art, la force, le jugement, l'esprit?... Quelle noblesse! quelle véhémence dans les passions! quelle économie[2] dans les sujets! quelle gravité dans les sentiments! quelle dignité, et en même temps quelle prodigieuse variété dans les caractères! Combien de rois, de princes, de héros de toute nation nous a-t-il présentés, toujours tels qu'ils doivent être, toujours uniformes avec eux-mêmes[3], et jamais[4] ne ressemblant les uns aux autres! parmi tout cela, une magnificence d'expression proportionnée aux maîtres du monde, qu'il fait souvent parler; capable néanmoins de s'abaisser quand il veut, et de descendre jusqu'aux plus simples naïvetés du comique, où il est inimitable. Enfin, ce qui lui est surtout particulier, une certaine force, une certaine élévation qui surprend, qui enlève, qui rend jusqu'à ses défauts, si l'on peut lui en reprocher quelques-uns, plus estimables que les vertus[5] des autres. Personnage véritablement né pour la gloire de son pays : comparable, je ne dis pas à ce que l'ancienne Rome a eu d'excellents poëtes tragiques, puisqu'elle confesse elle-même qu'en ce genre elle n'a pas été fort heureuse; mais aux Eschyle, aux Sophocle, aux Euripide, dont la fameuse Athènes ne s'honore pas moins que des Thémistocle, des Périclès, des Alcibiade, qui vivaient en même temps qu'eux. Le même siècle qui se glorifie aujourd'hui d'avoir produit Auguste, ne se glorifie guère moins d'avoir produit Horace et Virgile. Ainsi, lorsque dans les âges suivants on parlera avec étonnement des victoires prodigieuses et de toutes les grandes choses qui rendront notre siècle l'admiration des siècles à venir, Corneille, n'en doutons point, Corneille tiendra sa place parmi toutes ces merveilles. La France se souviendra avec plaisir que, sous le plus grand de ses rois, a fleuri le plus

---

1. Qualités.
2. Ordre, plan.
3. Conformes à eux-mêmes.

4. On dirait aujourd'hui *et ne ressemblant jamais*.
5. Les heureuses qualités.

grand de ses poëtes. On croira même ajouter quelque chose à la gloire de notre auguste monarque, lorsqu'on dira qu'il a estimé, qu'il a honoré de ses bienfaits cet excellent génie ; que même, deux jours avant sa mort, lorsqu'il ne lui restait plus qu'un rayon de connaissance, il lui envoya encore des marques de sa libéralité, et qu'enfin les dernières paroles de Corneille ont été des remercîments pour Louis le Grand. (RACINE.)

Le morceau de d'Aguesseau *sur la science*, page 184, appartient à l'éloquence académique, ainsi que celui de Thomas *sur les combats de mer*, page 241.

FIN.

TABLE ALPHABÉTIQUE

DES AUTEURS

QUI ONT FOURNI LES EXEMPLES CITÉS DANS CETTE MÉTHODE.

MORCEAUX CHOISIS.

Aguesseau (D'). *La Science*, page 184. — *Le Travail de la révision*, 244.

Andrieux. *Le Meunier Sans-Souci*, 281.

B. *Exemple de raisonnement par induction*, 212. — *Abdolonyme*, 264. — *Lettre à une mère*, 298.

Batteux. *Analyse littéraire d'une fable de La Fontaine*, 231.

Bernardin de Saint-Pierre. *Description d'une tempête*, 257.

Bory de Saint-Vincent. *Le Tage*, 195.

Bossuet. *Charles-Gustave*, 224. — *Cromwell*, 246. — *Bataille de Rocroy*, 261. — *Bataille de Fribourg*, 274. — *Exorde de l'oraison funèbre de la reine d'Angleterre*, 304. — *Plan d'un discours sur la justice*, 309. — *Morale du christianisme*, 311. — *Péroraison de l'oraison funèbre du prince de Condé*, 314.

Bourdaloue. *Fragment d'un sermon*, 240.

Bridaine. *Exorde improvisé*, 306.

Buffon. *Tableau de la nature sauvage et de la nature cultivée*, 228. — *Le Cheval*, 247. — *L'Oiseau-mouche*, 248. — *L'Ecureuil*, 250. — *Le Serin et le Rossignol*, 251. — *Les Déserts de l'Arabie*, 258.

Cambacérès. *Le riche et le pauvre*, 236.

Chateaubriand. *Le Remords*, 221. — *Tableau de Jérusalem*, 254.

Chénier (André). *La Jeune captive*, 200.

Corneille (Pierre). *Dialogue d'Horace et de Curiace*, 225.

Delille. *Les Bois en automne*, 253. — *Abdolonyme*, 266. — *Le jeune Peintre*, 278.

Desèze. *Exorde du discours pour Louis XVI*, 308.

Fénelon. *La Philanthropie*, 183. — *La Mollesse*, 185. — *Discours de Télémaque aux chefs alliés*, 334.

Fléchier. *La modestie dans les succès*, 220.

Labruyère. *L'Egoïste*, 247.

Lally-Tollendal. *Exorde et plan d'un discours*, 321.

Lamennais. *Dangers des habitudes vicieuses*, 239.

Lebrun. *Ode sur le vaisseau le Vengeur*, 222.

Marie Stuart. *Lettre à la reine Elisabeth*, 293.

Massillon. *L'âme ne meurt pas avec le corps*, 124. — *Péroraison du discours sur la vérité d'un avenir*, 316. — *Autre péroraison*, 140. — *Plan du discours sur la Gloire humaine*, 310.

Mercier. *L'Habitant de la Guadeloupe, dialogue et monologue*, 285.

Mézeray. *Discours du maréchal de Biron à Henri IV*, 328.

Mirabeau. *Discours sur la contribution du quart*, 330.

Montesquieu. *La Jalousie*, 203. — *Lysimaque*, 283.

Pascal. *Faiblesse des organes de l'homme*, 237.

Paul (Saint). *Exorde du discours aux chrétiens*, 304.

Poulle. *La dureté envers les indigents*, 242.

Racine. *Discours de Burrhus à Néron*, 318. — *Eloge de Corneille*, 340.

Raynal. *Description d'un ouragan*, 255.

Rousseau (J.-J.). *Tableau du lever du soleil*, 252.

Sévigné (Madame de). *Lettre à madame de Coulanges*, 274.

Soumet. *La Vaccine*, 277.

Thomas. *Le Palais de l'étude*, 204. — *Tableau d'un combat sur mer*, 241. — *Lettre à Ducis*, 296.

Vincent de Paul (Saint). *Péroraison d'un discours sur les enfants abandonnés*, 140.

Voltaire. *Le Bonheur*, 202. — *L'Athéisme*, 239. — *Bataille de Rocroy*, 261. — *Leçon donnée à l'orgueil et à la mollesse*, 272.

CITATIONS DIVERSES.

Aguesseau (D'), pages 189, 244.

Andrieux, 124.

Augustin (Saint), 218.

Barthélemy, 206.

Boileau, 3, 24, 27, 29, 34, 35, 36, 40, 41, 45, 48, 51, 76, 89, 101, 111, 112, 115, 116, 119, 142, 152, 153, 154, 155, 158, 166, 192, 198, 208.

Bossuet, 25, 88, 40, 45, 73, 74, 83, 138, 189, 191, 192, 205, 207, 211.

Bourdaloue, 144, 206, 240.

Buffon, 96, 97.

Chénier (André), 191, 200.

Chénier (Joseph), 198.

Colardeau, 164, 195.

Colnet, 74.

Corneille (Pierre), 31, 198, 211.

Corneille (Thomas), 154, 192.

Delavigne (Casimir), 43.

Delille, 34, 113, 154, 164, 165, 190, 194.

Démosthène, 61.

Deshoulières (Madame), 161.

Dubos, 190.

Edgeworth, 205.

Fénelon, 41, 132, 189, 193, 194, 217, 218, 220, 256.

Feutry, 74.

Fléchier, 19, 46, 82, 189, 195, 210, 211.

Fontaine (La), 20, 21, 28, 36, 40, 48, 73, 122, 124, 125, 131, 132, 161, 165, 207, 232, 233, 234, 235, 240.

Franklin, 219.

Gilbert, 20.

Gracchus (Caïus), 209.

Guénard, 220.

Guillard, 159, 160.

Guiraud, 51.

Harpe (La), 306, 334.

Labruyère, 188, 190.

Lafayette (Madame de), 193.

Lacépède, 48.

Lamartine, 73, 74, 164, 209.

Lamotte, 195.

Laromiguière, 84.

Lebrun, 45, 163.

Lefranc de Pompignan, 33, 163.

Lemière, 38, 39.

Mascaron, 208.

Massillon, 40, 43, 79, 80, 83, 84, 134, 135, 194, 209.

Molière, 50, 60, 156.

Napoléon, 73.

Panard, 161.

Pascal, 82, 127.

Racan, 198.

Racine, 20, 21, 24, 26, 42, 44, 74, 86, 144, 145, 146, 154, 155, 159, 163, 164, 198, 199, 205, 206, 207, 208, 210, 211, 243.

Racine (Louis), 21, 45, 206.

Rousseau (J.-B.), 25, 28, 30, 36, 82, 160, 162, 164, 165, 192, 199.

Rousseau (J.-J.) 192, 209, 320.

Sévigné (Madame de), 126, 294.

Silvio Pellico, 241.

Thomas, 48, 49.

Vertot, 190.

Voltaire, 25, 26, 41, 44, 80, 126, 152, 153, 154, 155, 193, 194, 198, 199, 205, 207, 210.

TABLE DES MATIÈRES.

PREMIÈRE PARTIE.

PRÉCEPTES.

	Pages.
CHAPITRE Ier. *De l'idée et du jugement*	1
De l'idée et du jugement en général	ib.
Des mots considérés comme signes des idées	2
De la nécessité de définir et de distinguer	4
Des idées abstraites et des idées générales	6
De la liaison des idées	8
Des idées accessoires	9
De la proposition	10
De l'opposition des jugements	11
Des motifs de jugement	12
Exemples relatifs à ce qui précède	17
CHAP. II. *De la diction*	18
De la diction et des phrases en général	ib.
De la construction des phrases et de l'inversion	19
Du pléonasme, de l'ellipse, de la syllepse et de la parenthèse.	20
Des périodes et des phrases coupées	21
De l'harmonie de la phrase	23
De la comparaison	24
De l'antithèse; du contraste	26
De l'épithète	27
Des figures en général	29
Des figures de mots	31
Des figures de pensée	39
De la pureté; de la correction	46
De la clarté	47
De la précision	49
Du naturel	ib.
De la noblesse	50
CHAP. III. *Du raisonnement*	52
De la preuve en général et de la démonstration	ib.
Du raisonnement en général	53
Des bases du raisonnement; de la déduction; de l'induction; de l'autorité	55
De la démonstration par l'absurde	56

Pages.

De la conséquence dans le raisonnement................... 57
Du syllogisme...................................... 58
De l'enthymème.................................... 59
Du dilemme....................................... 61
Des syllogismes composés........................... ib.
Théorie de la réfutation............................ 63
Exemples des diverses manières de réfuter............. 64
Règles relatives à la réfutation..................... 65
Des sophismes en général.......................... ib.
De la pétition de principe et du cercle vicieux.......... 66
Prouver autre chose que ce qui est en question.......... ib.
Juger de la nature d'une chose sans la connaître......... 67
Confondre les diverses significations du même mot........ ib.
Prendre pour cause ce qui n'est point cause............. 68
Des moyens d'éviter les sophismes..................... 69

CHAP. IV. *Des sentiments et des images ; du style ; des déve-*
loppements... 70
Effets de la sensibilité et de l'imagination dans la composition
littéraire...................................... ib.
De la sensibilité et des sentimens................... 71
De l'imagination.................................... 72
Des images... ib.
Des mouvements..................................... 74
Du style en général. 75
De la convenance et de la variété du style.............. 76
De la beauté et des défauts du style.................. 77
Des développements en général....................... 78
Des résumés....................................... 81
De la définition.................................... ib.
De l'énumération................................... 82
Des principes et faits généraux...................... 83
Des causes et des effets............................. ib.
De la comparaison.................................. 84
De l'incompatibilité. 85
Des circonstances.................................. ib.
Des exemples ; de la preuve personnelle. 86

CHAP. V. *Du travail de la composition*................. 87
De la division du travail littéraire, et d'abord de l'invention.. ib.
De la disposition et du plan......................... 88
Des transitions.................................... 89
De l'analyse et de la synthèse....................... ib.
De l'élocution..................................... 91
Des qualités nécessaires à toute composition............ 92

                                               Pages.
De l'unité.. 92
De la liaison.. 93
De la convenance...................................... 95
De la préparation..................................... 96
Du mode de travail.................................... 97
De la révision.. 99
Du talent... 101
Du goût... 104
De l'instruction...................................... 106

CHAP. VI. *Descriptions, récits, dialogues, lettres*.......... 109
De la description en général.......................... ib.
Des diverses sortes de descriptions................... 110
Des qualités de la description........................ 111
De la narration en général............................ 113
De la vérité dans la narration........................ 114
Du but de la narration................................ 117
Du ton et du style convenables à la narration......... ib.
Des qualités de la narration.......................... 118
De la forme de la narration........................... 121
Des réflexions dans le récit.......................... 122
Du dialogue en général................................ 123
Des qualités nécessaires au dialogue.................. ib.
Du monologue.. 124
Règles de l'art épistolaire........................... 125
Des diverses sortes de lettres........................ 126
Du soin et des précautions nécessaires dans la correspondance. 128
Des pétitions et des rapports......................... 129

CHAP. VII. *Du discours*.............................. 131
Du discours en général................................ ib.
De l'éloquence et de la rhétorique.................... ib.
Des parties du discours............................... 132
De l'exorde... 133
De la proposition et de la division................... 134
De la confirmation et de la réfutation................ 137
De la péroraison...................................... 139
Des mœurs oratoires................................... 141
Des bienséances oratoires............................. 143
Des précautions oratoires............................. ib.
Des passions oratoires................................ 144
De l'emploi du pathétique............................. 145
Des diverses sortes de discours....................... 146
De l'éloquence judiciaire............................. 147
De l'éloquence politique.............................. 148

Pages.

De l'éloquence sacrée.................................... 149
De l'éloquence académique............................... *ib.*

APPENDICE.

CHAP. Ier. *De la versification*.......................... 151
  Du vers français en général et du vers alexandrin en particulier. *ib.*
  De l'*e* muet et de l'élision............................. 152
  Des vers masculins et féminins........................... 153
  De l'hiatus... 154
  Des diphthongues....................................... 155
  De la rime en général.................................. 156
  De la rime sous le rapport de l'orthographe.............. *ib.*
  De la rime sous le rapport des consonnances.............. 157
  Des rimes riches et suffisantes......................... *ib.*
  De la succession des rimes.............................. 158
  Du vers de dix syllabes................................. 159
  Des vers de huit syllabes et au-dessous................. 160
  Des vers mêlés, des stances et des strophes.............. 162
  De l'enjambement....................................... 164
  Des licences poétiques................................. 165
  Tableau explicatif des syllabes douteuses............... 166

CHAP. II. *Des divers genres de littérature*................ 168
  Des diverses œuvres littéraires......................... *ib.*
  Des ouvrages d'éloquence, d'histoire et de philosophie... *ib.*
  De la poésie en général................................ 170
  De l'épopée ou poëme épique............................ *ib.*
  Du poëme héroï-comique................................. 171
  De l'idylle ou poésie pastorale........................ *ib.*
  De la fable.. *ib.*
  Du conte... 172
  Du drame en général.................................... *ib.*
  De la tragédie... *ib.*
  De la comédie.. 173
  Des drames de second ordre............................. 174
  De l'ode ou poésie lyrique............................. 175
  De l'élégie.. *ib.*
  De la satire... 176
  De l'épître.. *ib.*
  De la poésie didactique et descriptive................. *ib.*
  Des poésies légères ou fugitives....................... 177

CHAP. III. *Lecture à haute voix*.......................... 178
  De la prononciation.................................... *ib.*
  De l'intonation et de l'accent......................... 179

Pages.
De l'attitude ; de l'expression du visage ; des gestes.......... 180
De la timidité et de l'assurance................................. 181

SECONDE PARTIE.

EXEMPLES ET ÉCLAIRCISSEMENTS.

I. *De l'idée et du jugement*............................... 183
   Définir et distinguer.................................. ib.
   De la certitude et de la probabilité...................... 187

II. *De la diction*.. 188
   De la construction en général.......................... ib.
   Tournures élégantes et remarquables.................... 189
   Tournure par l'infinitif................................ ib.
   Exemples de mauvaises constructions.................... 190
   Inversion... ib.
   Ellipse... 191
   Pléonasme.. 192
   Syllepse.. ib.
   Comparaison... 193
   Antithèse... 194
   Contraste... 195
   Style figuré... 197
   Métonymie.. 198
   Métaphore.. 199
   Métaphore et allégorie................................. 200
   Exemples de diverses figures........................... 204

III. *Raisonnement, démonstration*........................ 212
   Déduction... ib.
   Induction... ib.
   Démonstration par l'absurde............................ 214
   Syllogisme.....7...................................... 216
   Enthymème... ib.
   Réduction du raisonnement exprimé dans le langage ordinaire
     à la forme philosophique.............................. 217
   Dilemme.. 218
   Syllogismes composés.................................. ib.
   Sorite.. 219

IV. *Style, développements*............................... 220
   Images, sentiments.................................... ib.
   Des divers caractères du style.......................... 222
   Style sublime... ib.
   De la beauté du style.................................. 228

	Pages.
Exemple d'analyse littéraire	231
Résumé	235
Développements	236
V. *Travail de la composition*	244
Transition	*ib.*
Révision	*ib.*
VI. *Descriptions, récits, dialogues, lettres*	246
Portraits	*ib.*
Parallèle	251
Tableau	252
Description	255
Divers genres de narration : narration historique; narration oratoire; récit mixte ou narration poétique	259
Ton et style convenables à la narration	272
Qualités de la narration	275
Forme de la narration	283
Dialogue	285
Monologue	293
Lettres	*ib.*
VII. *Discours*	304
Exorde	*ib.*
Proposition et division	309
Confirmation et réfutation	310
Péroraison	314
Mœurs et passions oratoires	318
Précautions oratoires	320
Éloquence judiciaire	321
Éloquence politique	328
Éloquence sacrée	337
Éloquence académique	338
Table alphabétique des auteurs qui ont fourni les exemples cités dans cette Méthode	341

FIN DE LA TABLE DES MATIÈRES.

MANUEL GÉNÉRAL DE L'INSTRUCTION PRIMAIRE, journal hebdomadaire des instituteurs.

Depuis le 1er janvier 1850, le *Manuel général* paraît tous les samedis, imprimé dans le format grand in-4º.

Prix de l'abonnement pour un an : 9 fr.; pour six mois : 4 fr. 50 c.; pour trois mois : 2 fr. 25 c.

Le journal étant tiré strictement au nombre nécessaire pour le service des abonnements enregistrés, les abonnements nouveaux ne commenceront que du 1er du mois dans lequel ils seront demandés.

Les fonds doivent être envoyés avec la demande d'abonnement.

La collection complète de ce journal (du 1er novembre 1832 au 1er janvier 1851), 23 vol. in-8º et 1 vol. in-4º. Prix, brochés, au bureau : 50 fr.

Etude de la langue française.

COURS ABRÉGÉ DE LITTÉRATURE; par M. Théry, recteur de l'Académie d'Ille-et-Vilaine. 2 volumes in-12. Prix, cartonnés.   5 fr.

DICTIONNAIRE (petit) **DE LA LANGUE FRANÇAISE**, à l'usage des écoles primaires; par M. Soulice. 1 vol. in-18. Cart.   1 fr. 50 c.
Ouvrage autorisé par l'Université.

DICTIONNAIRE (petit) **DES RIMES FRANÇAISES**; par M. Sommer, docteur ès lettres. 1 volume in-18. Prix, cartonné.   1 fr. 80 c.

DICTIONNAIRE (petit) **DES SYNONYMES FRANÇAIS**, avec 1º leur définition; 2º de nombreux exemples tirés des meilleurs écrivains; 3º l'explication des principaux homonymes français; par le même auteur. 1 volume in-18. Prix, cartonné.   1 fr. 80 c.

DICTIONNAIRE *raisonné des difficultés grammaticales et littéraires de la langue française*, par J.-Ch. Laveaux; 3e édition, revue d'après le *Nouveau Dictionnaire de l'Académie* et les travaux philologiques les plus récents, par M. Ch. Marty-Laveaux, élève de l'École des chartes. 1 volume grand in-8º. Prix, broché.   10 fr.
Cartonné en percaline gaufrée ou relié en basane.   11 fr. 50 c.
Ouvrage autorisé par l'Université.

DICTIONNAIRE (petit) *raisonné des difficultés et exceptions de la langue française*, par MM. Soulice et Sardou. 1 fort volume in-18. Prix, cartonné.   2 fr. 50 c.
Ouvrage autorisé par l'Université.

GRAMMAIRE *générale et raisonnée de Port-Royal* (Arnaud et Lancelot), publiée avec une notice biographique et critique, les remarques de Duclos, et le supplément à la grammaire générale, par l'abbé Froment. 1 volume in-12. Prix, broché.   2 fr. 50 c.

MANUEL DE STYLE, ou Préceptes et Exercices sur l'art de composer et d'écrire en français, contenant des morceaux écrits en vieux style à rajeunir, des vers à mettre en prose, des exercices sur les homonymes et les synonymes, des sujets de fables, lettres, narrations et discours; par M. Sommer, docteur ès lettres. 2 volumes grand in-18. Prix, brochés.   2 fr. 75 c.

MANUEL DE STYLE ÉPISTOLAIRE, par le même auteur. 2 volumes grand in-18. Prix, brochés.   3 fr.

MODÈLES *de littérature française*, ou Choix de morceaux en prose et en vers tirés des meilleurs écrivains, depuis le xvie siècle jusqu'à nos jours, et disposés dans l'ordre des dates, avec des notices biographiques et littéraires, et des tableaux synoptiques, par M. Chapsal, professeur de grammaire générale. 2 volumes in-12. Brochés.   6 fr.

PRINCIPES *de grammaire générale*, mis à la portée des enfants, et propres à servir d'introduction à l'étude de toutes les langues; par Silvestre de Sacy; 7e édition. 1 volume in-12. Prix, broché.   2 fr. 50 c.
  Ouvrage autorisé par l'Université.

Géographie et Histoire.

ABRÉGÉ *de géographie commerciale et industrielle*, indiquant pour chaque État : sa situation maritime; les principaux ports de mer, places de commerce et centres de grande fabrication, le climat, les productions naturelles, les canaux et chemins de fer, les revenus, la dette publique, etc.; par M. Sardou; 2e édition. 1 volume in-8°. Prix, broché.   4 fr.
  Ouvrage autorisé par l'Université.

DICTIONNAIRE *de géographie ancienne et moderne*, contenant tout ce qu'il est important de connaître en géographie physique, politique, commerciale et industrielle, et les notions indispensables pour l'étude de l'histoire, par MM. Meissas et Michelot. 1 volume grand in-8°, avec 8 cartes coloriées. Prix, broché.   6 fr.
  Cartonné en percaline gaufrée ou relié en basane.   7 fr. 50 c.
  Ouvrage autorisé par l'Université.

DICTIONNAIRE *universel d'histoire et de géographie*, contenant : 1° l'histoire proprement dite; 2° la biographie universelle; par M. Bouillet, officier de la Légion d'honneur; 8e édition, augmentée d'un nouveau Supplément. 1 beau volume de 2000 pages in-8° à deux colonnes. Prix, broché.   21 fr.
  Relié en percaline gaufrée.   23 fr.
  Ouvrage autorisé par l'Université et approuvé par Mgr l'archevêque de Paris.

Applications arithmétiques et géométriques.

ARITHMÉTIQUE (nouvelle) **DES ÉCOLES PRIMAIRES**. divisée en deux parties: 1° *Théorie et pratique du calcul :* nombres entiers; fractions; système métrique; nombres complexes; rapports; 2° *Applications :* applications arithmétiques; puissances et racines des nombres; applications géométriques; et contenant environ 1200 exercices et problèmes gradués; par M. Ritt, inspecteur supérieur de l'instruction primaire. 1 volume in-12. Prix, cartonné.   1 fr. 50 c.
  Réponses et solutions raisonnées des exercices de calcul et problèmes contenus dans la nouvelle arithmétique des écoles primaires; par le même auteur. 1 volume in-12, broché.   1 fr. 50 c.

ÉLÉMENTS *de comptabilité rurale, théorique et pratique*, par M. Am. Malo, professeur à l'École des haras. 1 volume in-12. Prix, broché.   1 fr. 25 c.
  Ouvrage couronné par la Société nationale et centrale d'agriculture de Paris, et autorisé par l'Université.

PRATIQUE (la) *des poids et mesures du système métrique*, ou Guide des maîtres, contenant toutes les opérations de pesage et de mesurage propres à faciliter aux élèves l'emploi des nouvelles mesures; par M. Saigey. 1 volume in-18. Prix, broché. 1 fr.

Ouvrage autorisé par l'Université.

PROBLÈMES D'AGRICULTURE ET D'ÉCONOMIE RURALE, à l'usage des écoles primaires rurales; par M. Neveu-Derotric, inspecteur d'agriculture de la Loire-Inférieure. 1 volume in-12. 1 fr. 25 c.

Les Solutions raisonnées des problèmes d'agriculture et d'économie rurale de M. Neveu-Derotrie; par M. Saigey. 1 vol. in-12. 1 fr. 25 c.

PROBLÈMES D'ARITMÉTIQUE ET EXERCICES DE CALCUL sur les questions ordinaires de la vie, sur la géométrie, la mécanique, l'astronomie, la géographie et la chimie, et servant de complément à tous les traités d'arithmetique; par M. Saigey. 1 volume in-18, contenant près de 1500 problèmes. Prix, broché. 75 c.

Ouvrage autorisé par l'Université.

Les Solutions raisonnées, par M. Sonnet, docteur ès sciences. 1 volume in-18. Prix, broché. 1 fr. 50 c.

Ouvrage autorisé par l'Université.

TRAITE *élémentaire d'arpentage et de lavis des plans,* suivi des règles pour la mesure des bois et des solides; par M. Lamotte. 1 volume in-12, avec planches gravées et coloriées; 8ᵉ édition. Prix, broché. 2 fr. 25 c.

Ouvrage autorisé par l'Université.

Physique. — Chimie. — Histoire naturelle. Agriculture. — Notions industrielles.

COURS *élémentaire d'agriculture et d'économie rurale,* par M. Raspail. 1 fort volume in-18, avec planches gravées. Broché. 3 fr. 75 c.

MANUEL D'AGRICULTURE, à l'usage des cultivateurs et des écoles primaires du nord de la France; par M. Victor Rendu, inspecteur général de l'agriculture. 1 volume in-12. Prix, broché. 1 fr.

Ouvrage autorisé par l'Université et couronné par la Société nationale et centrale d'agriculture.

NOTIONS *les plus essentielles sur la physique, la chimie et les machines,* par M. Sainte-Preuve, professeur de physique au lycée Saint-Louis; 4ᵉ édition. 1 volume grand in-18. Prix, broché. 2 fr. 50 c.

PHYSIQUE (petite) *du globe,* par M. Saigey. 2 volumes in-12 :
Tome premier : *de l'Atmosphère;* 2ᵉ édition. Prix. 1 fr. 50 c.
Tome second : *de la Terre et de l'Eau.* Prix. 1 fr. 50 c.

PRÉCIS *élémentaire d'histoire naturelle,* par M. Delafosse; 5ᵉ édition, ornée de 300 figures. 1 volume in-12. Prix, broché. 5 fr.

Ouvrage autorisé par l'Université.

VEILLÉES *villageoises,* ou Entretiens sur l'agriculture moderne; par M. Neveu-Derotrie, inspecteur de l'agriculture de la Loire-Inférieure; 7ᵉ édition. 1 volume in-12. Prix, cartonné. 1 fr. 25 c.

Ouvrage autorisé par l'Université.

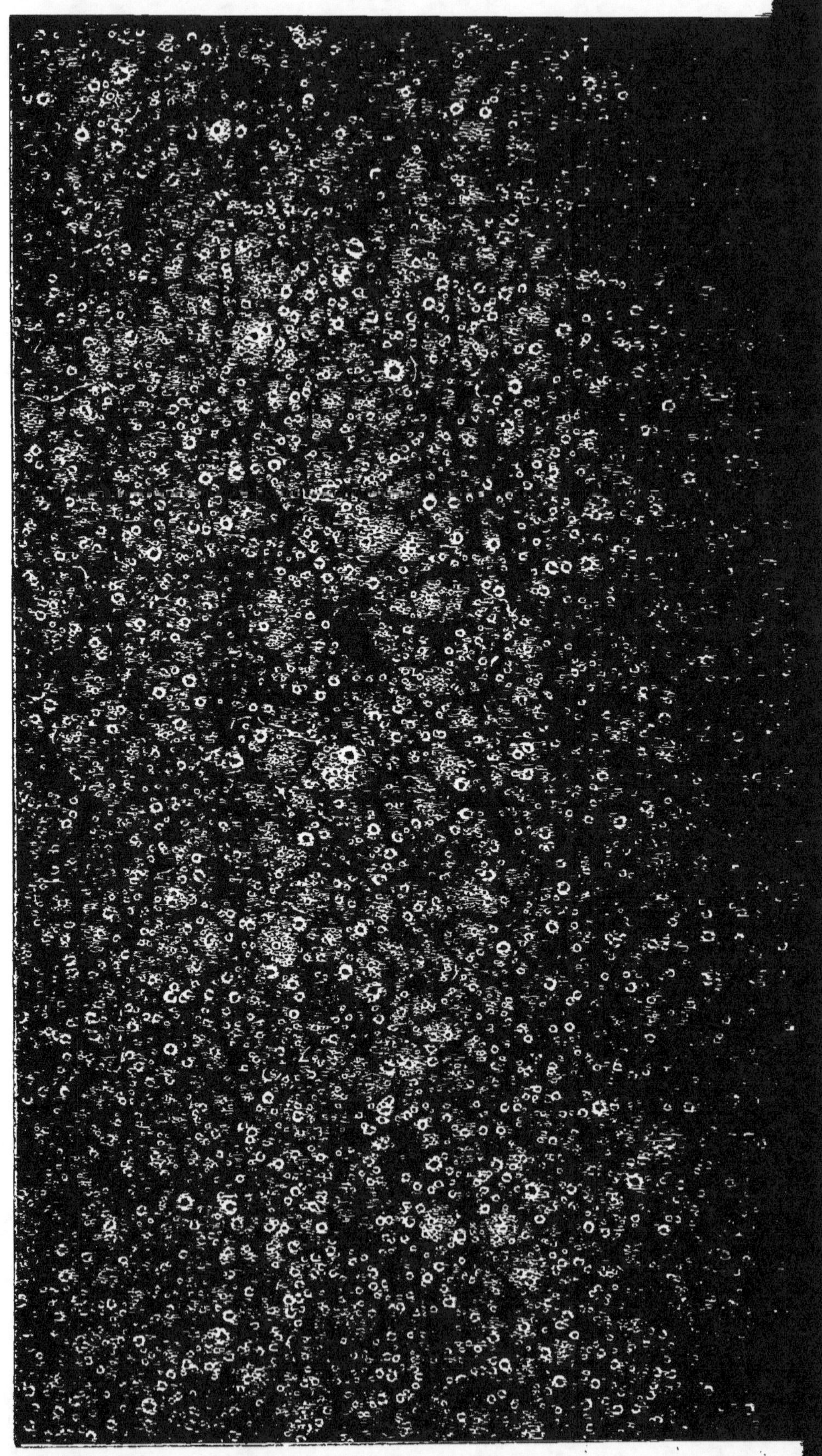

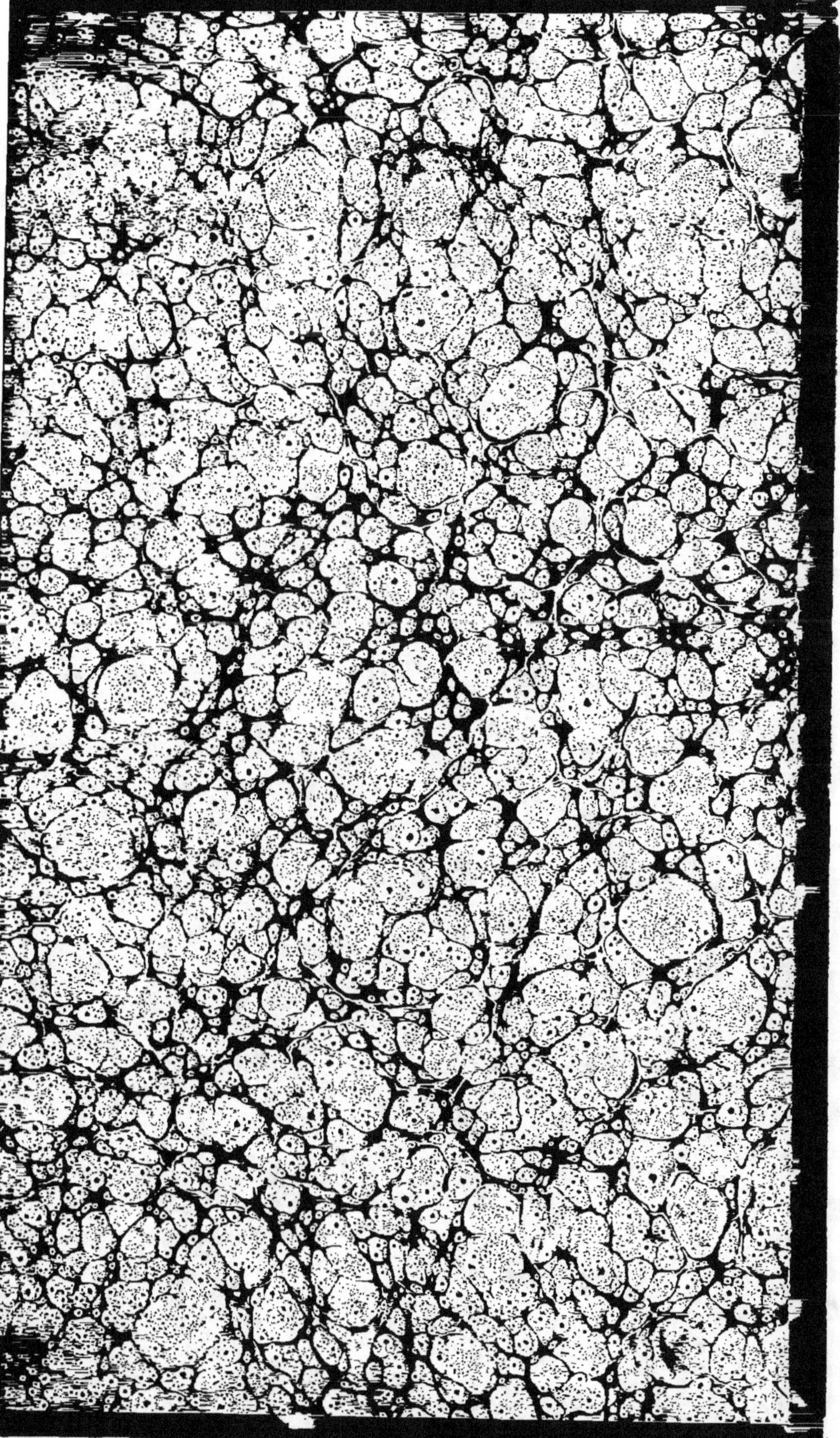

BIBLIOTHEQUE NATIONALE DE FRANCE
3 7531 00518170 7